Keller / Wolf

»HYDE PARK«–MEMORIES

Harald Keller – Reiner Wolf (Hg.)

»HYDE PARK«–MEMORIES
EIN OSNABRÜCKER MUSIKCLUB UND SEINE GESCHICHTE(N)

unter besonderer Mitarbeit von Gisbert Wegener und Anne Rüther

OKTOBER VERLAG

Münster in Westfalen

Die Herausgeber haben sich intensiv bemüht, die Urheber der abgedruckten Fotos zu ermitteln, können aber Irrtümer bei den Autorennachweisen nicht mit völliger Sicherheit ausschließen. Sofern unwissentlich Ansprüche verletzt wurden, bitten wir um Mitteilung an den Verlag.

Namentlich gekennzeichnete Beiträge geben nicht zwangsläufig die Meinung des Verlages und der Herausgeber wieder.

© Oktober Verlag, Münster 2011
2. Auflage
Der Oktober Verlag ist eine Unternehmung
des Verlagshauses Monsenstein und Vannerdat OHG, Münster
www.oktoberverlag.de
Alle Rechte vorbehalten

Satz: Claudia Rüthschilling
Umschlag: Thorsten Hartmann
unter Verwendung mehrerer Fotos von Gerd Mittelberg, Rainer Ehricke und Dietmar Koch
Herstellung: Monsenstein und Vannerdat
gedruckt in der EU

ISBN: 978-3-941895-16-4

INHALT

Vorwort — 9

I. Vom »Schweizerhaus« zur »Lasterhöhle« — 11

Beate Dölling: Nicht nur progressiv, sondern auch gut — 11
Didier Laget: Danke für den »Hyde Park« — 16
Reiner Wolf: Ein »Schweizerhaus« in Osnabrück — 17
Zeitdokument: Ein Saal veränderte sein Gesicht — 33
Dietmar Wischmeyer: »Hyde Park« revisited — 34
Harald Keller: Vom Häuserkampf zum »Hyde Park« — 35
Rauch-Haus-Song — 48
Reiner Wolf: Conny Overbeck im Porträt — 50
Henry Rollins: Conny fütterte uns irgendwie durch — 55
Friederike »Freddy« Nolte: Leben, Essen und Arbeiten im »Hyde Park« — 56
Thomas Wübker: Plötzlich zerbarst die Windschutzscheibe — 58
»Fighting the System«. Interview mit Jello Biafra — 60

II. Wohin soll'n wir sonst gehn … 63

Zeitdokument: Ein Richter besucht den »Hyde Park« — 63
Rainer Lahmann-Lammert: »Warum nicht mal einen Abend verrückt spielen?« Interview mit Bernard Kahmann — 65
Harald Keller: Brennpunkt »Hyde Park« – Die Konfliktchronik — 66
»Wir hatten richtig Bock, die Stimmung anzuheizen«. Interview mit Bob Giddens — 86
Christoph Ehrenberg: »Hyde Park«/August 1983 — 89
Udo Pfennig: Abriss der Ereignisse um den Hyde-Park — 90
Roger Witte: Vom Medienzirkus zum »Circus Hyde Park« – eine Presseschau — 94
Christopher Tenfelde: Der »Hyde Park« vor Gericht –
Die verwaltungsrechtliche Auseinandersetzung mit der Stadt Osnabrück 1976-1983 — 101
Zeitdokument: Stellungnahme des Jugendwohlfahrtsausschusses — 107
Tom Heise: »Schödler!« — 108
Jens Meggers und Thomas Klein: Tatort »Hyde Park« — 110
Reinhart Richter: Zur Ausstellung der Fotogalerie Szene: Hyde Park (1984) — 112

III. Wo sich wirklich alles traf … 115

Jenni Zylka: Runden drehen — 115
Günter Mey: (K)eine ganz normale Diskothek.
Anmerkungen aus jugendtheoretischer Perspektive — 117
Peter Clasen: Der »Hyde Park« – unser schwuler Freiraum — 122
Martin Sonneborn: Ja, so war es … — 123
Martin Barkawitz: Der »Hyde Park« – eine Drogenhölle? — 124
Andreas Mand: Kleinstadthelden — 126
Tom Bullmann: Wanderbewegungen –
Der »Hyde Park« und seine Standortwechsel — 127
»Laute Musik, hundert Gesichter, hundert Stimmen …«. Interview mit Alois Eilermann — 134
Martin Barkawitz: Tex Mortons Fahrgemeinschaft — 137
Corinna Berghahn: Mit dem Nachtbus nach Hause – Auf die Gesichtsfarbe kommt es an — 138
»Die Leute sind dort immer freundlich …«. Interview mit Daniel Johann-Krone — 139

IV. Der Musiktempel – Bands und DJs — **143**

Reiner Wolf: Die Haus-Band(s) — 143
Henry Rollins: Someplace warm — 145
Deko Pellmann: »Ich weiß noch nicht einmal, ob wir Verträge gemacht haben« – Live im »Hyde Park« — 146
Conny Dachs: Geil eben! — 157
»Da wäre ein riesiges Loch gewesen«. Interview mit Heinz Rudolf Kunze — 158
Eric Fish (Subway to Sally): Mit dem ... zum Volke — 161
Michael »Elf« Mayer (Slime): Auf ewig im Gedächtnis — 162
Tom Bullmann: Musikbegeisterte, Selbstdarsteller, Provokateure – Die Akteure hinter den Plattenpulten — 163
Kirsten Schuhmann: Gefühlte fünf Meter über dem Boden — 171
Marcel Kawentel: Groupie Nights — 174
»Illusionswerfer und Scheinapparate«. Interview mit Walter Hauser — 175
Gisbert Wegener: Magische Orte — 179
Christina Lotter, Anne Rüther: Die Konzertchronologie 1976-2010 — 196
Die Autoren/Die Herausgeber — 236

hyde park telex · hyde park telex · hyde park telex · hyde

**BETR.
STAATSVERFOLGUNG
GEGEN
SYMPATHISANTEN DES
HYDE PARKS**

Vorwort

Am 1. August 1983 brachte Wilhelm Wieben in der »Tagesschau« ein Wort über die Lippen, das in dieser Sendung eher selten fällt: Osnabrück. Mit gewohnt unbewegter Miene verlas der Nachrichtensprecher: »Zu schweren Krawallen kam es in der vergangenen Nacht in der Innenstadt von Osnabrück. So genannte Punker lieferten der Polizei stundenlang Straßenschlachten.«
Das klang nach einem jener Themen, die in den Redaktionen der »Bild-Zeitung« Greifreflexe auslösen. Und tatsächlich titelte das Revolverblatt am folgenden Tage: »Osnabrück: 1000 Punker – blutige Schlacht«. Weiter dichtete der ungenannte Autor: »Rund 1000 Punker mit buntgefärbten Haaren, kahlgeschorene Skinheads und Rocker in Leder haben der Polizei in Osnabrück nachts eine blutige Straßenschlacht geliefert.« Am selben Tag berichtete die »Frankfurter Allgemeine Zeitung« vergleichsweise nüchtern über »Straßenkrawalle in Osnabrück vor einem Jugendlokal«, erhöhte aber die Zahl der Störenfriede flugs auf 2.000. Tatsächlich demonstrierten in jenen Tagen Jugendliche aus allen Schichten und teils entgegengesetzten kulturellen Milieus einträchtig gegen die Schließung des Musikclubs »Hyde Park«, der damals schon zu einer Osnabrücker Institution geworden war und Besucher aus ganz Niedersachsen, Nordrhein-Westfalen, Bremen und den Niederlanden anzog. Das behördlich verfügte Ende des »Hyde Parks« rief Proteste auf, deren Ausmaß und Wucht die Stadtväter überraschte und zu Reaktionen zwang.

Der »Park« zog erst einmal in ein Zirkuszelt, und der Betrieb lief weiter. Er tut es bis heute. Seit Eröffnung des Musikclubs im Jahr 1976 hat der »Park« mehrere Generationen kommen und gehen sehen, hat sich immer wieder erneuert und verjüngt. Im »Hyde Park« kreuzten sich Wege, Dinge nahmen ihren Anfang, Schicksale ihren Lauf, Sehnsüchte fanden Erfüllung oder wurden enttäuscht. Dieses Buch soll weniger ver-, sondern erklären, es *dokumentiert* Ereignisse und Erinnerungen, versammelt Erlebnisse und Anekdoten. Aus der Summe der Beiträge ergibt sich ein Bild vom »Hyde Park« mit vielen Tupfern und reichhaltigen Details, und doch ist es weit entfernt von einer endgültigen Darstellung des »Hyde Parks«. Denn dessen Geschichte ist noch nicht beendet – eines Tages wird dieses Buch fortgeschrieben werden müssen.
Die Herausgeber möchten allen danken, die mit Auskünften, der Bereitstellung von Dokumenten und Beiträgen zur Entstehung dieses Buches beigetragen haben, allen Interviewpartnern, ferner den Mitarbeiterinnen und Mitarbeitern des Archivs und der Verlagsleitung der »Neuen Osnabrücker Zeitung«, dem »Stadtblatt Osnabrück« und dem Medienzentrum Osnabrück sowie insbesondere Carlo Korte und Alois Eilermann, Hanna von Behr, Steve Broughton, Peter Clasen, Rainer Ehricke, Eva-Maria Jacob, Monika Lejeune, Bernd Meckert, Heiko Schulz, Klaus Thiem, Reinhard Westendorf, Eva Zaun.
Und natürlich Conny.

I. Vom »Schweizerhaus« zur »Lasterhöhle«

Beate Dölling: Nicht nur progressiv, sondern auch gut

Ich hatte endgültig genug von den Jungs, die uns im Nettebad die Bikinioberteile klauten. Ich hatte auch keinen Bock mehr, Swing zu »Ein Bett im Kornfeld« oder Bump zu »Lady Bump« zu tanzen. The Sweet und Village People gingen mir tierisch auf die Nerven – von Boney M. und den Bay City Rollers ganz zu schweigen. Ich wollte raus aus den privaten Partykellern, weg von den großen Brüdern der Freundinnen, es war dringend Zeit, andere Leute kennen zu lernen!

In Osnabrück gab es 1976 zwar schon das »Grammophon«, allerdings waren meine Freundin Marion und ich gerade erst 15 und das »Grammo« zu übersichtlich – wir flogen jedes Mal pünktlich um 22 Uhr raus. Uns blieben dann nur noch drei Kugeln Stracciatella in der Eisdiele an der Ellerstraße, wo wir die Oberteilgrapscher aus dem Nettebad wiedertrafen. Ein Teufelskreis! Dann verbreitete sich plötzlich die Nachricht, ein neuer Laden hätte aufgemacht, an der Rheiner Landstraße. Dort gäbe es *progressive* Musik und tolle Leute, alle schon älter und total abgefahren. Als waschechte Sonnenhüglerin wusste ich jedoch weder, wo die Rheiner Landstraße war, noch was *progressive* Musik sein sollte. Ich schaute in meinem Wörterbuch nach, da stand: *fortschreitend, zunehmend, fortschrittlich*. Prima, das war, was ich wollte: der gemeinen Disko-Musik entkommen; und der neue Laden sollte auch schon am Nachmittag aufhaben!

Am nächsten Samstag fuhren Marion und ich mit dem Bus zum »Hyde Park«, ein riesiges Fachwerkhaus mit Kneipe, Küche, Teestube, Kickerraum und Saal. Dazu gehörte ein Biergarten mit verwinkelten Ecken, krummen Bäumen, Bruchsteinmauer. Wir fühlten uns gleich wohl, saßen auf der Bruchsteinmauer und beobachteten die tollen Leute und hörten *progressive* Musik: Jimi Hendrix, The Who, Genesis, Patti Smith, Joan Armatrading, David Bowie … Die Musik war nicht nur *progressiv*, sie war auch gut! Noch nie hatte ich so geile Musik gehört und so geile Leute gesehen – außer kurz im »Grammo«. (Fußnote: Das Wort *geil* gab es damals schon. *Cool* hingegen war 1976 noch nicht im jugendlichen Sprachgebrauch.)

Im Biergarten standen überall Grüppchen. Die Jungs, meistens mit langen Haaren, hatten Schlaghosen an und bunte T-Shirts. Die Mädchen trugen weite Fludderröcke und Clogs, bunte Blusen mit lila Seidenschals oder völlig verflickte Jeans. Ich hatte damals auch noch eine Jeans mit 24 Flicken, die ich nicht mehr zur Schule anziehen durfte.

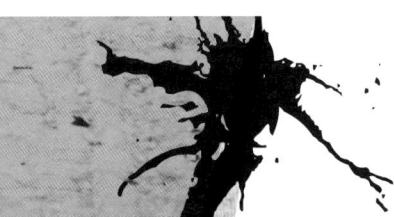

Von dem Tag an waren wir jede mögliche Minute im »Hyde Park«, tranken Jasmintee, hielten uns fern von Hippies, erweiterten ständig unseren Musikgeschmack, kickerten mit allen möglichen Typen und bekamen von Heinz, dem Kölner, in der Kneipe auch schon mal ein Bierchen ausgegeben. Nur vor Conny, der Besitzerin, mussten wir uns in Acht nehmen, denn die schmiss uns Punkt 22 Uhr raus, weil wir noch nicht 18 waren. Trotzdem, der »Hyde Park« wurde unser zweites Zuhause. Meistens hingen wir nachmittags im Biergarten herum und wühlten uns abends durch die Menge. Wenn am Wochenende eine Band spielte, blieben wir so lange draußen, bis es keinen Eintritt mehr kostete und quetschten uns dann durch den verschwitzten Saal, wo wir noch ein, zwei Zugaben mitkriegten. »Hyde Park« machte Spaß, man traf dort Leute, die genauso drauf waren wie man selber – frei und offen – und vor allem gegen Abba, gegen Atomkraftwerke, gegen Spießer. Spießer waren all diejenigen, die nicht in den »Hyde Park« gingen. So teilte sich die Osnabrücker Gesellschaft schnell in zwei Hälften, eben in die »Hyde Park«-Gänger und -Nichtgänger, wobei die einen mit den anderen nichts zu tun haben wollten. Deswegen war es auch besser, weder den Eltern oder Lehrern noch den Arbeitgebern zu sagen, dass man in dieser »Haschhöhle, wo nur die Verrückten rumlaufen« – wie sie zu sagen pflegten –, verkehrte.

Klar haben wir auch Joints geraucht, aber dazu musste man nicht extra in den »Hyde Park« gehen. Dope kriegte man überall, in Schulen, Jugendtreffs, auf der Großen Straße. Marion und ich waren jedoch mehr an den »Verrückten« interessiert, denn alles, was die Spießer als unzumutbar abstempelten, war unheimlich reizvoll für uns. Im Herbst 1976 lernte ich auch gleich einen kennen, der mein ganzes Leben prägen sollte, sogar einen *Ausländer*, mit langen Haaren, weißem Kunstfellmantel, grüner Samthose und umwerfendem Humor! Es war an einem Sonntagnachmittag, in der Teestube. Die Sunny Jim Band war von Hamburg nach Berlin unterwegs und machte Zwischenstation im »Hyde Park«, um »Hallo« zu sagen und um nach einem Gig zu fragen. (Fußnote: Diese Szene habe ich über 20 Jahre später in meinem Jugendroman »Hör auf zu trommeln, Herz« beschrieben.) Da uns damals nur das persönliche Kennenlernen blieb – weil es noch kein *Facebook* oder *Chatrooms* gab, ja nicht mal ein Handy! –, freuten wir uns über jede mögliche Bekanntschaft. Ich freute mich an dem Tag besonders, denn die Typen, die »wie ausgehungerte Cowboys in die Teestube stiefelten«, kamen aus England, und der Kunstfellträger sogar aus Frankreich! Sowas Exotisches traf man selten in Osnabrück. Er hieß Didier. Wir kickerten zusammen. Er brachte mich später zur Bushaltestelle. Wir küssten uns. Wir

Didier Laget (rechts) mit der Sunny Jim Band.

schrieben uns. Wir sahen uns bei seinem nächsten Gig in Osnabrück wieder, trafen uns in anderen Städten. Wir liebten uns in Frankreich. Zwischendurch lebten wir unser eigenes Leben – seins war von Musik bestimmt, meins vom Schreiben und natürlich von anderen *Bekanntschaften*. Pogo zum Beispiel, erster Punk aus Osnabrück, mit dem ich im »Park« schon die wildesten Nächte durchgefeiert habe. Ich war inzwischen 18, aber Pogo, blutjung, war nun derjenige, der sich vor Conny in Acht nehmen musste.

Es ging dann auch bei der Musik ziemlich punkig weiter. 1978 hörte ich das erste Mal Nina Hagen im »Hyde Park«. Ich war überwältigt, von der Stimme, den Texten, der Lautstärke der Musik. Einfach Wahnsinn, genau wie all die verschiedenen Bands, die ich inzwischen im »Park« gesehen hatte. Plötzlich kamen bekannte Musiker sogar nach Osnabrück: Einstürzende Neubauten, Fehlfarben, Inga Rumpf, Trio, Neonbabies, Gruppo Sportivo, Misty in Roots. Auch Herman Brood mit seiner »Wild Romance« heizte einmal im Jahr mächtig ein.

Als die Dead Kennedys im Park spielten, platzten die Scheiben aus den Fugen, und ich hatte das erste Mal in meinem Leben Platzangst. Es gab inzwischen mehr Punks in Osnabrück als nur Pogo. Solche, die ihre Jeans und die Haare mit Domestos bleichten und meilenweit nach sauberem Klo rochen oder solche, die unter der Woche schöne Strickjacken trugen und sich an Wochenenden in räudige Hosen und verklebte T-Shirts stürzten, ordentliche Ohrstecker gegen Sicherheitsnadeln tauschten und sich aneinanderketteten. Es tauchten auch Skinheads auf und es gab Stunk, aber Conny hat alle gnadenlos rausgeschmissen, die sich nicht benehmen konnten. Zum Glück blieb das Publikum im »Park« bunt gemischt – alle möglichen Leute kamen von weit her, und manchmal trauten sich sogar ein paar *Spießer* an die Rheiner Landstraße, um etwas Verruchtes zu tun und wenigstens einmal im »Park« gewesen zu sein.

Als der erste »Hyde Park« schließen musste, war ich in Spanien und habe via Zeitungsartikel, die mir Freunde schickten, die Schließung ver-

oben: Streifenhörnchen und Schädel.

unten: So brav ging es zu an dem Ort, den manche Erwachsene als »Haschschuppen« bezeichneten.

folgt – ein schmerzhafter Prozess, selbst mit mehr als 1.000 Kilometern Abstand. Das Zelt danach blieb halt immer nur »das Zelt danach«, das ich besuchte, wenn ich in Osnabrück war.

Als ich eine Weile in den Staaten lebte, wurde aus dem Zelt ein Neubau. Der hatte nur noch indirekt mit dem alten »Park« zu tun – alles war zu rund, zu neu und zu hell, aber es waren noch dieselben Leute da, die man von früher kannte: Heinz, Ede, der Lange, Gille, die zwei Spanier, Brownie, Conny ... und Herman Brood, der gehörte inzwischen schon zur Familie.

Im Winter 1985/1986, als ich aus San Francisco wiederkam, eine Weile in Osnabrück blieb, völlig abgebrannt, aber »voll am Zeichnen«, bot mir Conny an, die Küche im »Hyde Park«-Neubau anzumalen. Inzwischen war ich 24 und durfte so lange im »Park« bleiben, wie ich wollte. Conny war auch gerade in den Staaten gewesen und hatte eine Postkarte von einem Truck-Stop mitgebracht, auf dessen Front in dicken Lettern »Eat here!!!« stand und verschiedene Sandwiches und saftige Spiegeleier aufgemalt waren. Sie drückte mir die Postkarte in die Hand, gab mir die Speisekarte, einen guten Stundenlohn und sagte: »So will ich das auch haben.« Also malte ich mit dicken Lettern: »Eat here!!!«, verschiedene Sandwichsorten und saftige Spiegeleier außen an die Küche. Und weil es so einen Spaß machte, verzierte ich auch gleich noch die Klotüren. Damit konnte ich mich nicht nur eine Weile über Wasser halten, sondern mich auch – Conny sei Dank! – neu orientieren: Wohin wollte ich, was wollte ich tun?

Der Speiseraum im Holzbau. Beate Döllings Wandmalereien wurden zwischenzeitlich übertüncht.

Ich ging nach Berlin – damals noch West-Berlin, mit Mauer und »Berlinzuschlag« – und arbeitete beim Rias Berlin als freie Journalistin. Ich kam immer mal wieder nach Osnabrück und ging in den »Park«. 1996, zum 20-jährigen »Hyde Park«-Jubiläum, wollte ich eine Sendung über den »Park« machen (Fußnote: Aus der Sendung wurde nichts, weil das Thema zu lokal sei) und interviewte »Hyde Park«-Leute, auch Herman Brood, der Weihnachten 1996 wieder im Park spielte. Aber es war ein elendes Wiedersehen. Er saß allein im Umkleideraum, eine fast leere Flasche Whisky vor sich, und ich traute mich kaum, ihm meine Fragen zu stellen, weil er so tieftraurig und völlig fertig vor mir saß, nicht nur ein Rock 'n' Roll-Junkie. – Ja, der »Hyde Park« sei eine Art Zuhause für ihn, und man könne sagen, er und seine Wild Romance seien eine Art Hausband, so oft hätten sie dort schon gespielt und die Leute seien einfach cool. –

Das anschließende Konzert habe ich vorzeitig verlassen, weil ich es nicht ertragen konnte, ihn so kaputt auf der Bühne zu sehen, wo ich ihn doch ganz anders kannte. 2001 sprang er dann in Amsterdam vom Dach des Hilton Hotels. In seinem Abschiedsbrief stand: »Macht das Beste draus. Vielleicht sehen wir uns wieder.«

Wen ich dann unerwartet wiedergesehen habe, war »mein« Franzose. Die Sunny Jim Band hatte sich Mitte der Achtzigerjahre getrennt. Ich traf Didier seitdem nicht mehr in Osnabrück, nur noch selten in Frankreich. In den Neunzigern heirateten wir – aber nicht einander, zogen unsere nicht gemeinsamen Kinder groß, blieben *locker* in Kontakt, aber sahen uns 18 Jahre lang nicht. 2005, als wir beide zufällig in Spanien waren, trafen wir uns wieder, nach all den Jahren! Keiner hätte es für möglich gehalten, aber es war sofort wieder um uns geschehen. Wir kickerten nicht zusammen wie 1976, er brachte mich auch zu keiner Bushaltestelle, aber nach dem Wiedersehen schrieben wir uns wie damals Briefe, diesmal allerdings per E-Mail.

Nun sind wir ein Paar und leben in Berlin und Frankreich und schreiben zusammen Bücher.

Im aktuellen »Park« am Fürstenauer Weg bin ich noch nie gewesen, obwohl ich noch Kontakt zu diversen »Hyde Park«-Leuten habe. Aber was nicht ist, kann ja noch werden ...

Der »Rock 'n' Roll Junkie« Herman Brood ging regelmäßig im Winter auf Tour und gastierte traditionell rund um Weihnachten im Osnabrücker »Hyde Park«.

Didier Laget: Danke für den »Hyde Park«

Wir spielten ein paar Mal im »Hyde Park« und mochten den Laden und die Leute so sehr, dass wir auf dem Weg von unseren Gigs in Hamburg oder Berlin zurück nach Amsterdam in Osnabrück hielten, um im »Park« vorbeizuschauen. Die Bühne und der Saal hatten genau die richtige Größe für die Sunny Jim Band. Und wenn es richtig voll war, heizte es sich so auf, dass man selbst im Winter keine Heizung brauchte.

Nach den Gigs haben wir oben, unter dem Dach, geschlafen. Ich mochte es sehr, früher als alle Anderen aufzustehen und im leeren Haus herumzuwandern. Im Saal roch es nach kaltem Rauch und Bier, die Sofas, die vor dem Konzert noch schön arrangiert waren, standen nun kreuz und quer im Saal herum. Überall ausgetretene Kippen. Meistens stand die Anlage auch noch auf der Bühne und das Schönste war, sich morgens ans Schlagzeug zu setzen, auf die Toms einzudreschen und die Resonanz im leeren Raum zu hören. Das Nächstschönste war, in die Küche zu gehen und kalte Spaghetti Bolognaise aus einem riesigen Kochtopf zu essen. Ich erinnere mich noch genau an den Geruch. Wenn ich den Deckel öffnete, roch es nach Oregano, Thymian und Tomaten. Mit einer Plastikgabel stocherte ich dann in einem Klumpen Spaghetti herum, versuchte gleich ein paar Fleischstückchen mit aufzuspießen und verleibte mir alles an Ort und Stelle ein. Manchmal brach dabei die Plastikgabel durch.

Was jedoch alles toppte, war, dass ich eine Osnabrückerin kannte, die ich auch im »Hyde Park« kennen gelernt hatte. Die rief ich dann an, von einem dieser Münztelefone im Flur vor der Küche, und sie kam vorbei.

Was ich sonst noch dazu sagen kann, ist:

Danke, Conny, für den »Hyde Park«!

Der Blick von der DJ-Kanzel Richtung Saaleingang. Rechterhand befand sich die lange Theke.

Reiner Wolf: Ein »Schweizerhaus« in Osnabrück[1]

Eine Zeitreise zwischen bürgerlichem Ausgehvergnügen und dem Lebensstil des Rock 'n' Roll

Ein Stückchen Schweiz an der Grenze zu Hellern: Das »Schweizerhaus« auf zeitgenössischen Postkarten.

1905 ließ der im Adressbuch als »Oekonom« geführte Friedrich Feldmann an der Lengericherstraße 96 ein großzügig proportioniertes Gebäude mit Fachwerk-Giebeln und ausgesägten Stirnbrettern errichten. Er tat dies an der Grenze der städtischen Feldmark, am Rande des Heger Holzes, fernab der Wohnsiedlungen der prosperierenden Stadt Osnabrück. Lediglich das wenige hundert Meter dahinter liegende »Kaffeehaus Bellevue« deutete darauf hin, dass sich diese ländliche Gegend dafür eignen könnte, die Osnabrücker zu einem Ausflug in die Außenbezirke zu bewegen. Unter dem Saal des Neubaus hielt der in der Milchwirtschaft erfolgreiche Feldmann zunächst noch einige Kühe. Daher glaubte seine Enkelin Ilse Knake sich noch 1987 daran erinnern zu können, dass ihr Großvater die 1907 eröffnete »Gast und Schankwirtschaft« nach einem dort tätigen Melker namens »Schweizer« benannt habe. Wahrscheinlicher jedoch erhielt das »Schweizerhaus« seinen Namen aufgrund seiner im »Schweizerstil« gehaltenen Fassade, wie es Feldmanns (vermutlich erste) Reklame nahelegt. Die Schweiz galt in jener Zeit als Synonym für landschaftliche Idylle. »Blücher«, wie Friedrich Feldmann auch genannt wurde, kam gerade noch zur rechten Zeit. Der im 19. Jahrhundert einsetzende Wandel der Freizeit- und Geselligkeitsformen verlangte nach Veränderungen der gastronomischen Landschaft. Viele vormalige Fuhrhaltereien, Gartenrestaurants und Kaffeeschänken

---

1 Bei zeitgenössischen Zitaten wurde die Schreibweise des Originals beibehalten.

an den Ausfallstraßen der Stadt hatten sich in den vorangegangenen Jahrzehnten zu beliebten Ausflugslokalen entwickelt. Die Stadtbewohner suchten Erholung vor allem bei Tagesausflügen in die nähere Umgebung des Wohnortes. Fernreisen nahm man, weil aufwändig und kostspielig, höchstens aus geschäftlichen Gründen auf sich. Zudem war die Freizeit ein knapp bemessenes Gut. Selbst den Reichsbeamten stand seit den 1880er-Jahren lediglich ein durchschnittlicher Jahresurlaub von acht Tagen zu, Arbeiter verfügten über noch weniger Zeit zur Regenerierung. Die ländlichen Kaffeehäuser mussten daher – vor allem für ein bürgerliches Publikum – durch einen längeren Spaziergang zu erreichen sein.

Zum Ende des 19. Jahrhunderts hin weitete sich das Vereinsleben stark aus. Dabei scheint der Grund für die steigende Beliebtheit und somit für die wachsende Zahl von Vereinen vor allem in deren Angeboten zu zwangloser Geselligkeit zu liegen – unabhängig von den eigentlichen Vereinszielen. Entsprechend erhöhte sich der Bedarf an Veranstaltungsräumen. Ohne Saalbetrieb schien seit dem späten 19. Jahrhundert kaum ein Gasthaus mehr auszukommen. Im ganzen Reich setzte eine regelrechte »Tanzsaalwelle« ein. Und in Osnabrück beklagte der Bericht der Handelskammer von 1898 »das Ueberhandnehmen öffentlicher Lustbarkeiten«.

Der reformerische »Verein zur Errichtung eines Licht-Luft-Bades« konnte am 1. Juni 1908 sein Vereinsziel verwirklichen: Auf dem großen Grundstück hinter dem »Schweizerhaus« entstand eine »Badanstalt«. Die Lebensreformer versprachen sich durch das Schwimmen unter freiem Himmel und in frischer Luft positive Auswirkungen auf die Gesundheit; und das »Schweizerhaus« war um eine Attraktion reicher.

Gruppenfoto des Schaustellerverbandes vor dem Eingang des »Schweizerhauses«.

Dieser gestiegene Bedarf nach naturnaher Erholung ist vor allem durch die veränderten Lebensbedingungen im Zuge der Industrialisierung zu erklären. »Durch den beständig, zumal bei trockenem Wetter aufwirbelnden Kohlenstaub wurden natürlich nicht nur die Fassaden der Häuser an diesen Straßen arg beschmutzt, sondern auch die an der Straße gelegenen Zimmer so verstaubt, dass die Hausbesitzer kaum wagen durften, die Fenster zu öffnen«, wird der Senator M. Wilkiens in der »Chronik der Stadt Osnabrück« zitiert.

Postkarten als Werbematerialien mit dem Eselkarren als besonderer Attraktion.

Anzeige des »Schweizerhauses« im Osnabrücker Adressbuch von 1911.

Aber nicht nur das Verlangen nach ungetrübten Naturerlebnissen stieg mit der wirtschaftlichen Konjunktur, sondern auch der Bedarf an zusätzlichen Flächen für Wohnstätten und Betriebsanlagen jenseits der bisherigen Stadtgrenzen. Die Stadt wurde größer. Die Nachfrage nach Bauland wuchs dermaßen, dass bis zum Ende des 19. Jahrhunderts hin nahezu alle Laischaften – diese für westfälische Städte typischen, wirtschaftlich fundierten Zusammenschlüsse – ihr Weideland aufteilten, um es als Bauland zu verkaufen. Die Heger Laischaft hingegen, Eigentümerin des »Heger Holzes«, bildete eine Ausnahme. Sie konnte ihr genossenschaftliches Waldgebiet sogar vergrößern, verknüpft mit dem Anspruch, es als Wandergebiet und Erholungsraum zu erhalten.

Ein florierender Betrieb

Nach dem verlorenen Ersten Weltkrieg setzte sich in der Stadt Osnabrück die wirtschaftliche Entwicklung der Vorkriegszeit ungemindert fort. Für Friedrich Lehmann, Stadtbaurat von 1909 bis 1933, drohte die Stadt aus allen Nähten zu platzen. Allein der Krieg stellte für ihn eine »wertvolle Pause« dar, »zur Besinnung in der stetig weitertreibenden, fast atemberaubenden Entwicklung«. Gleichwohl mussten die nötigen Weichen gestellt werden. Insbesondere das verstärkte Verkehrsaufkommen verlangte nach Maßnahmen. So wurden unter anderem die sternförmig vom innerstädtischen Ring – dem Wall – abgehenden Ausfallstraßen, wie etwa die in die Lengericherstraße mündende Lotterstraße, systematisch erweitert. In dieses Bild passt auch der Ausbau des Osnabrücker Straßenbahnnetzes. Seit

dem 7. Februar 1927 reichte die über die Lotterstraße führende »blaue« Linie (ab 1938 »Linie 1«) bis direkt vor das »Schweizerhaus« als deren letzte Haltestelle.
Der alte Fritz Feldmann brauchte nun nicht länger seine Gäste persönlich mit dem Kremser (Personenkutsche) vom Heger Tor abzuholen. Diese verbesserte Erreichbarkeit kam sicherlich der Attraktivität des »Schweizerhauses« zugute, führte aber mittelfristig zu einer wachsenden Nachfrage nach Baugrundstücken entlang der neuen Trassenführung und somit auf lange Sicht unweigerlich zu deren Besiedlung. Tatsächlich begannen sich die Hausbautätigkeiten entlang der Lengericherstraße bereits in den Dreißigerjahren zaghaft auf das Gebiet um die Ernst-Sievers-Straße und In der Barlage auszudehnen. Auf der Grundlage des Generalbauplanes von 1914 strebte das »Stadterweiterungsamt« (!) eine Besiedlung der Stadtrandgebiete mit Klein- und Mittelhäusern in geschlossenen Siedlungen an.
Wie überall in Deutschland geriet auch in Osnabrück die vormals für unabänderlich gehaltene soziale Schichtung der Bevölkerung in Bewegung. Neue gesellschaftliche Gruppierungen wie etwa die Angestellten verlangten nach spezifischen Angeboten für ihre vermehrte Freizeit. Im Februar 1919 empörte sich die »Osnabrücker Volkszeitung« über die Tanzwut ihrer Mitbürger: »26 Tanzvergnügungen an einem Tage! Damit hat Osnabrück sicherlich als Mittelstadt den Rekord geschlagen, einen traurigen Rekord allerdings ...«
Trotz deutlicher Tendenzen zu einer Individualisierung des Freizeit- und Konsumverhaltens wurden Vereine keineswegs obsolet; im Gegenteil, in der Zeit der Weimarer Republik nahm ihre Zahl noch einmal erheblich zu. Oft genug waren es gerade Vereine, die eine Ausweitung des Freizeitangebots einforderten.

Der Wettbewerb zwischen den Gasthäusern sowie die gestiegenen Unterhaltungsbedürfnisse eines sich differenzierenden Publikums zwangen die Wirte dazu, ihr Angebotsspektrum zu erweitern. Eine Kaffee-Veranda oder ein Biergarten allein reichten nicht mehr aus. Insbesondere Musik, Tanz und Spielgeräte sollten die Attraktivität erhöhen. Auch das »Schweizerhaus« beschäftigte eine Hauskapelle und bot regelmäßig Tanzveranstaltungen an. Zudem befand sich hinter dem Gasthaus ein »Tierpark« mit Voliere und Affenhaus. Für die Kinder der Gäste wurde ein Spielplatz mit Kletterstangen, Schaukel und Karussell angelegt und sogar ein Esel gehalten. Fritz Feldmann lockte nicht nur den beim Kaffeehaus »Bellevue« beheimateten Tennisverein mit einer attraktiveren Spielstätte zum »Schweizerhaus«. Auch die beiden Schützenvereine »Lustgarten« und »Bürgerschützen« konnte er mit dem Bau einer größer dimensionierteren Schießanlage zum Wechsel vom »Bellevue« zu seinem Lokal bewegen.

Dem benachbarten »Bellevue« jedenfalls machte – trotz ausgefallener Attraktionen (vergleiche die nebenstehende Anzeige) – die Konkurrenz des »Schweizerhauses« spürbar zu schaffen. Ab 1926 bemühten sich immer wieder wechselnde Besitzer und Betreiber um das traditionsreiche »Kaffeehaus«.

Der Mitbewerber von gegenüber: Anzeige des »Bellevue« im Osnabrücker Adressbuch von 191

Das »Dritte Reich« und der Krieg

Obwohl die Ideologie des Nationalsozialismus im Grunde alles Städtische ablehnte, wurde in der Zeit nach der Machtergreifung die Modernisierungs- und Urbanisierungspolitik der »Systemzeit« weiter vorangetrieben. So wurden Grünflächen im Innenstadtbereich verkleinert, etwa im Bereich der Wallpromenaden, entlang der vormaligen Stadtmauern. Hier wurden, vor allem im westlichen, also dem »Heger Holz« zugewandten Teil, Bäume gefällt, um Platz für die steigende Zahl der Verkehrsteilnehmer zu schaffen.

Erst der Ressourcen verschlingende Zweite Weltkrieg bremste derartige Maßnahmen. Da beeindruckt auch nicht, dass Osnabrück 1940, vor allem durch Eingemeindungen, den Status einer »Großstadt« mit über 100.000 Einwohnern erhielt. Der Krieg sorgte für eine weitreichende Zerstörung dieser Großstadt: Bei Bombenangriffen wurden 60 bis 70 Prozent der Stadt, der Innenstadtbereich sogar bis zu 85 Prozent zerstört.

Das »Schweizerhaus« am Rande der Stadt blieb von den Bomben weitgehend verschont, musste aber der Wehrmacht Quartier bereiten, die Teile des Gebäudes beschlagnahmt hatte. Später zog auch eine »holländische Baukompanie« hier ein. Zum Ende des Krieges richtete sich dann die 2. Volkssturmkompanie in dem Gasthaus ein. Dieses Gastspiel war jedoch nicht von Dauer: Am 3. April 1945, sieben Uhr morgens, wurde in der Feldstellung im »Bellevue« das Vorrücken feindlicher Panzer registriert. Um 7.15 Uhr sollten acht bis zehn Männer vom Volkssturm die Posten vor dem »Bellevue« verstärken. Aber als diese dort um 8.30 Uhr unter Feuer genommen wurden, warfen sie ihre billigen italienischen Karabiner weg und suchten das Weite. Als erstes Osnabrücker Gebäude wurde das wenige Meter vor dem »Bellevue«, auf der Straßenseite des »Schweizerhauses«, stehende Krematorium des Heger Friedhofes von Britischen Truppen besetzt. Von hier aus versuchte deren Befehlshaber Kontakt zum deutschen Stadtkommandanten aufzunehmen, um die Übergabe der Stadt zu verhandeln.

Noch vor dem Krieg, im September 1938, hatte Friedrich Feldmann die Übertragung des Betriebes sowie der Schankerlaubnis auf seinen Sohn Rudolf veranlasst. Der Weitergabe an die nächste Generation stand nichts im Wege, schließlich leitete jener zu diesem Zeitpunkt den väterlichen Betrieb schon seit 30 Jahren und war zudem »unbestraft und unbescholten und arischer Abstammung«, wie es in dem in jener Zeit üblichen Duktus hieß. Doch schon vier Jahre später, am 12. Juli 1942, starb Rudolf Feldmann »nach langer schwerer Krankheit«. Am 22. Juli 1942 wurde der Witwe Helene Feldmann die unbeschränkte Schankerlaubnis ihres Mannes übertragen. Wenige Monate nach seinem Sohn verschied auch der Begründer des »Schweizerhauses«, Friedrich Feldmann. Er wurde 81 Jahre alt.

Nachkrieg und Dynastie

Zu einer Zeit, als im »Kristallpalast« an der Bohmter Straße (seit dem 14. September 1946) schon jeden Abend »Tanz« veranstaltet wurde, war das »Schweizerhaus« noch vom Britischen Militär besetzt. Die Familie Feldmann hatte bei Kriegsende auch ihren Wohnbereich räumen müssen. Erst im November 1949 zog die Besatzungsmacht aus dem

Lokal, so dass Friedrich Feldmann, der Enkel des Gründers gleichen Namens, am 17. Dezember 1949 den elterlichen Betrieb wiedereröffnen konnte.

»Friedel« Feldmann, Jahrgang 1923, absolvierte seine Lehre bei Eduard Petersilie, dem Vetter seiner Mutter, im angesehenen Osnabrücker »Hotel Germania«. Erich Maria Remarque verewigte Petersilie, eine prominente Gestalt der örtlichen Gesellschaft, in seinem Roman »Der schwarze Obelisk« als »Eduard Knobloch« und beschrieb ihn mit den mokanten Worten: »ein fetter Riese mit einer braunen Perücke und einem wehenden Bratenrock«.

1942 wurde Friedrich Feldmann zur Luftwaffe eingezogen und arbeitete dort als Koch. Inzwischen verheiratet und Vater zweier Kinder, erhielt er im September 1950, als Erbe seiner Mutter Helene Feldmann, »die Erlaubnis zum Betriebe einer unbeschränkten ›Schank- und Gartenwirtschaft‹ auf dem Grundstück Rheiner Landstr. 140« (wie die Lengericherstraße mittlerweile hieß). Am 30. August 1951 bekam der Firmenerbe zusätzlich eine sogenannte »Singspielkonzession« zuerkannt. Damit war es ihm erlaubt, »innerhalb seines Saalrestaurants gewerbemäßig Singspiele, Gesangs- und deklamatorische Vorträge, Schaustellungen von Personen oder theatralische Vorstellungen, ohne daß ein höheres Interesse der Kunst oder Wissenschaft dabei obwaltet, gelegentlich [Herv. im Original] öffentlich zu veranstalten, oder die Räumlichkeiten zu deren öffentlicher Veranstaltung benutzen zu lassen.« Allerdings durften derartige Veranstaltungen »keinesfalls den Gesetzen oder guten Sitten zuwiderlaufen«. Mit Hinblick auf eine ansonsten entbehrungsreiche Zeit ging es dem Lokal recht gut, es blühte sogar auf – auch deshalb, weil viele Gebäude, in denen sich zuvor das Vereinsleben abgespielt hatte, zerstört worden waren.

Das »Schweizerhaus« galt mit seinem 800 Personen fassenden Festsaal lange Zeit als Ersatz für die im Krieg zerstörte »Stadthalle« in Osnabrück. Hierhin verlegten die namhaften Vereine und Verbände der Stadt ihre Treffen und ihre Bälle. Das »Schweizerhaus« wurde der Ort für gesellschaftliche Ereignisse wie dem Sportpresseball und diente sogar als Ersatzproberaum für das Osnabrücker Sinfonieorchester.

Bereits 1950 beschäftigte der Betrieb neben dem Betreiber, seiner Frau sowie seiner Mutter noch »zwei Hausgehilfinnen, einen Hausdiener, einen Büfettier mit Frau und an Sonntagen 5 Aushilfskellner«. Nach den Entbehrungen und Ernüchterungen des Krieges beschränkten sich die Bedürfnisse des Publikums zunächst auf ein reichhaltiges Speise- und Getränkeangebot sowie ein solides Ambiente. Gleichwohl wartete das

Anzeigen des »Schweizerhauses« von 1961 (links) und von 1963 (rechts) in der »Neuen Tagespost«.

Schweizerhaus von Anfang an mit einem eigenen Musikensemble unter dem Kapellmeister Gustl Huuck auf. Die heftigen Zerstörungen des Krieges bewirkten weitreichende Veränderungen des Stadtbildes. Noch unter der Oberhoheit der Britischen Militärverwaltung beschloss die vorläufige Stadtverwaltung in Erwartung kommender Entwicklungen den Ausbau des Verkehrsnetzes. Im Wirtschaftsplan der Stadt Osnabrück von 1948/49 lässt sich bereits die Zukunftsvision einer autokonformen Stadt erkennen.

Am 30. Oktober 1959 starb Friedrich Feldmann mit nur 36 Jahren an einem Herzinfarkt. Einen Monat später erhielt Christel Feldmann die Bestätigung darüber, »dass sie für die Dauer des Witwenstandes zur Weiterführung des bisherigen Betriebes berechtigt ist«. Bereits am 3. Dezember des gleichen Jahres erhielt sie die »unbeschränkte Schank- und Speisewirtschaft [sic!] sowie Singspielkonzession«.

Erste Risse

Friedrich Feldmanns Witwe, eine studierte Lehrerin für Sport, sah sich nicht in der Lage, das »Schweizerhaus« alleine weiterzuführen. Sie bemühte sich bald darum, einen Pächter zu finden. Im November 1961 verzichtete Christel Feldmann zugunsten des gebürtigen Berliners Alfred Naumann auf ihre Konzession für das »Hotelrestaurant Schweizerhaus zu Osnabrück«. Mit Naumann übernahm ein erfahrener Gastronom das Prestige-Lokal an der Rheiner Landstraße. Zuvor hatte er 18 Jahre lang die Tiergarten-Festsäle in Berlin geleitet. Dennoch sagte man in Osnabrück noch lange: »Lass uns ins Feldmanns gehen!«, wenn man das »Schweizerhaus« aufsuchen wollte.

Die Sektbar im »Schweizerhaus« – auch später im »Hyde Park« ein beliebter Treffpunkt.

Das »Medium Terzett«, Osnabrücks erste »Boygroup«, bei einem Auftritt im »Schweizerhaus«.

Vermutlich um die für ihn ungleich wichtigere Genehmigung für die Beherbergung von Gästen zu erhalten, verzichtete Naumann im April 1962 auf die Singspielkonzession. Diese Entscheidung behinderte den weiteren Betrieb jedoch in keiner Weise; sollte nämlich »für ihn gelegentlich eine Ausnahme-Genehmigung erforderlich werden (...), wollte er sich dieserhalb mit dem Ordnungsamt ins Benehmen setzen«, versicherte ihm eben jenes städtische Amt.

Nach wie vor stellten Vereine mit ihren Treffen und Festlichkeiten ein wichtiges wirtschaftliches Standbein für Gasthäuser wie das »Schweizerhaus« dar. Doch gerade von Seiten der Vereine erwuchs den Saalbetrieben auch eine bedrohliche Konkurrenz. Der mit der wirtschaftlichen Konsolidierung der Bundesrepublik einhergehende Wohlstand ermöglichte Vereinen den Bau von eigenen Spielstätten und eigenen Vereinsheimen, zum Teil sogar mit angeschlossener Gastronomie. Von 1962 bis 1967 baute die Osnabrücker Schützengilde die »Schützenburg« mit 14 Schießständen für Kleinkaliber- und 25 Schießständen für Luftgewehre sowie zwei automatischen Kegelbahnen und einen 150 Personen fassenden Saal. Mit Erlöschen der persönlichen Bindung an das »Schweizerhaus« durch den Tod Friedrich Feldmanns bestand auch für den ansässigen Tennisverein keine Notwendigkeit mehr, sich mit dem Bau eines Vereinshauses zurückzuhalten. 1962 wurde ein neues, größeres Clubhaus, nun mit Bewirtungsmöglichkeiten, errichtet. 1975 wurde dem Clubhaus dann ein Anbau hinzugefügt, in dem auch eine Theke untergebracht war.

Langsam begann sich das Umfeld für Ausflugslokale zu verändern. Stellte zur Jahrhundertwende der Besuch eines Ausflugslokals eine angemessene Möglichkeit dar, kurzzeitig dem Alltag zu entfliehen und am gesellschaftlichen Leben teilzuhaben, so erlaubte die zunehmende Automobilisierung dem potenziellen Publikum, auch weiter entfernte Ziele anzusteuern. Sogar Urlaubsreisen – die große Schwester des kleinen Ausfluges – wurden durch den wachsenden Wohlstand der Wirtschaftswunderjahre für breitere Schichten möglich.

Der Siegeszug des Individualverkehrs in den Fünfziger- und Sechzigerjahren veränderte massiv das Gesicht westdeutscher Städte. Der damalige Stadtbaurat Carl Cromme räumte der Verkehrsplanung eine zentrale und entscheidende Bedeutung ein, und zwar zum »Wohle und der gesunden Entwicklung der gesamten Stadt und ihrer Bürgerschaft«. Im Zweifelsfalle hatten dem steigenden Verkehrsaufkommen auch Grünflächen zu weichen. In einem solchen Umfeld wurde auch die elektrische Straßenbahn als ein Anachronismus empfunden. Am 28. Juni 1959 fuhr auf der Linie 1 der letzte Wagen zum »Schweizerhaus«; ein Jahr später wurde der gesamte Straßenbahnverkehr eingestellt.

Am 15. Oktober 1963 warf Naumann nach nicht einmal zwei Jahren das Handtuch. Bereits am 14. August 1963 verzichtete er zugunsten der »Osnabrücker Aktien-Bierbrauerei« (»OAB«) auf die »unbeschränkte Gast- und Schankwirtschaft« für das, nach Meinung seines Nachfolgers, »völlig heruntergewirtschaftet[e]« »Schweizerhaus«.

Die Bierbrauer vom Westerberg hatten zunächst zwar auch kein schlüssiges Konzept, wie es mit dem Standort »Schweizerhaus« weitergehen sollte. Auf keinen Fall aber wollte man auf die großräumige Gaststätte als Absatzgaranten gänzlich verzichten. So hielt man von Seiten der Brauerei auch noch an dem Lizenzvertrag fest, als »die Besitzung Schweizerhaus« am 27. September 1963 durch Kauf des Gebäudes und Erwerb des Erbbaurechts in das Eigentum des Bauunternehmers Reinhold Jandeck übergegangen war. Am 2. Oktober 1963 stellte das Ordnungsamt unter der Bedingung eine Konzession in Aussicht, dass noch »6 Herrentoiletten mit drei Abschlagbecken und 3 Damentoiletten eingebaut werden«.

Jugendliches Tanzvergnügen »Schweizerhaus« – wie so oft wagten die Damen den ersten Schritt.

Ein Preuße im Schweizerhaus

Dann betrat ein Mann die Bildfläche, der den unerschütterlichen Eindruck erweckte, das »Schweizerhaus« zu neuer Größe führen zu können: Carl Otto von Hinckeldey wird beschrieben als ein Mann mit preußisch-militärischem Auftreten. »Der wollte einen auch schon mal stramm stehen lassen«, erinnert sich der Musikagent Gerd Ebel an seinen damaligen Geschäftspartner. Eigentümer Reinhold Jandeck und die Pächterin »OAB« setzten ihre Hoffnungen in diesen ebenso energischen wie umgänglichen Mann.

Jedoch gestalteten sich die Konzessionsverhandlungen mit der Stadt Osnabrück schwieriger als zunächst erwartet. Die Gründe dafür hingen sicherlich mit der schillernden Persönlichkeit des Ex-Offiziers zusammen. Die »OAB« zog am 31. Oktober 1963 erwartungsgemäß ihren Antrag auf Schankerlaubnis zurück, da sie ab dem 1. November das »Schweizerhaus« an Hinckeldey unterverpachtete. Das Rechtsamt der Stadt Osnabrück äußerte jedoch Bedenken aufgrund einer zur Bewährung ausgesetzten sechsmonatigen Gefängnisstrafe des Antragstellers »wegen Verwahrungsbruchs«. Genauere Auskunft über den Fall verweigerte der zuständige Generalbundesanwalt. Der vermeintliche Delinquent jedenfalls erklärte dem Rechtsamt den Tatbestand so: Ein mit Hilfe seines Vorgesetzten verfasstes Manuskript sei durch die Spionagetätigkeit eben jenes Ranghöheren – aber ohne sein Wissen – in den Ostblock gelangt. »In dieser Abhandlung waren zum damaligen Zeitpunkt geheimzuhaltende militärische Gliederungen niedergelegt worden, deren Bekanntgabe hätte vermieden werden müssen. Damit war der Tatbestand des Verwahrungsbruches gegeben.«

Schließlich urteilte das Rechtsamt am 11. März 1964, die Verurteilung Hinckeldeys sei »für das Erlaubnisverfahren ohne besondere Bedeutung und kann unsere Entscheidung im Wesentlichen nicht beeinflussen«. Beunruhigender schien den städtischen Rechtsexperten hingegen die ungelöste »Toilettenfrage« zu sein.

Was für eine »Toilettenfrage«? In der ersten Hälfte des 20. Jahrhunderts nimmt die Bedeutung »bauhygienischer« Voraussetzungen für die Genehmigung von Schankkonzessionen enorm zu. In Absprache mit dem Ordnungsamt, dem Bauamt und dem Gesundheitsamt machte das Rechtsamt der Stadt Osnabrück eine Betriebserlaubnis von einer Erweiterung des Toilettenangebots abhängig, da der im »Schweizerhaus« vorhandene Bestand von »5 Damenaborte[n], 2 Herrenaborten und 7 Abschlagbecken« nach dem »heutigen Stand der Hygiene und dem erforderlichen Schutz der öffentlichen Ordnung und Sicherheit« nicht ausgereicht habe.

Erst die in Aussicht gestellte Behebung dieses Mangels ermöglichte überhaupt eine *vorläufige* Schankerlaubnis. Die »Osnabrücker Aktien-Bierbrauerei« sicherte am 7. November zu, »die mit Schreiben vom 2.10.1963 aufgeworfene Toilettenangelegenheit« zu bereinigen, obschon sie eigentlich den Besitzer des Gebäudes, Reinhold Jandeck, in der Pflicht sah. Dieser aber meinte vielmehr eine Zuständigkeit der »OAB« zu erkennen. Selbst nachdem der Bauunternehmer sich aufgrund wiederholten Drängens des Ordnungsamtes auf einen Fertigstellungstermin festlegen ließ, gefährdete er die Ausstellung einer unbeschränkten Schankerlaubnis für seinen Unterpächter Hinckeldey, indem er dieses Ultimatum verstreichen ließ, ohne die zugesagten sanitären Anlagen zu errichten. Schlussendlich aber scheint das Osnabrücker Amt für öffentliche Ordnung zufrieden gestellt worden zu sein. Am 4. Dezember 1964 erhielt Hinckeldey die unbefristete Erlaubnis zu einer »unbeschränkten Schank- und Gastwirtschaft« im »Schweizerhaus«.

Dieses Missmanagement gleich zu Beginn wirft ein aufschlussreiches Licht auf die internen Bedingungen, unter denen sich das »Schweizerhaus« künftigen Herausforderungen zu stellen hatte. Die Aufteilung der Verantwortung auf drei Parteien, die des Besitzers (Jandeck), des Pächters (OTB) und des Betreibers (Hinkeldey), behinderte die Anstrengungen, die nötig gewesen wären, um den Anforderungen der Zeit entsprechen zu können. Niemand fühlte sich zu einem Engagement genötigt, das über seinen engeren Aufgabenbereich hinausging.

Der Niedergang

Die größte Herausforderung des »Schweizerhauses« stellte wohl der verlorene Status als *Ausflugs*gaststätte dar. Neuere Bebauungspläne reichten mittlerweile bis zum traditionellen Naherholungsgebiet Heger Holz heran. Reinhold Jandecks primäres Geschäftsinteresse lag nicht zwangsläufig in einer Fortführung der Gaststätte, ungleich lukrativer schien eine Parzellierung des zur Verfügung stehenden Areals als Bauland. 1964 ließ der Bauunternehmer direkt hinter dem »Schweizerhaus« dreistöckige Wohnhäuser errichten. Die Stadt wuchs über das Ausflugslokal hinaus, das seine Funktion als Naherholungsziel endgültig einbüßte.

Bereits Mitte der Sechzigerjahre kursierten Gerüchte über einen drohenden Abriss des »Schweizerhauses«. Derartige Verlautbarungen von städtischer Seite konnten den Ruf der Gaststätte nachhaltig stören und trafen Hinckeldey recht unvorbereitet. In einem Brief an die Stadt beschwerte er sich über die Verunsicherung seiner Kundschaft – immer wieder höre er, »ist denn eine Veranstaltung dann und dann noch möglich, in der Zeitung stand doch, dass das Schweizerhaus abgebrochen wird!«. Die Osnabrücker Schützenvereine »Lustgarten« und »Bürgerschützen« – beide stellten laut Hinckeldey das »Rückgrat des Betriebs« dar – erwogen deshalb, sich ein neues Domizil zu suchen.

Die Geschäfte liefen demzufolge nicht so gut wie erhofft. Am 15. März 1965 sah sich Hinckeldey genötigt, die Stadt um eine Aussetzung von deren Steuerforderungen zu bitten.

Zusätzlich erschwert wurde die Situation durch einen tiefgreifenden gesellschaftlichen Wandel ab Mitte der Sechzigerjahre. Die Freizeit, insbesondere die der jüngeren Menschen, wurde individueller gestaltet. Das Ausgehverhalten, der Wunsch nach Musikgenuss und Tanz lösten sich vom stark strukturierten Vereinsleben. Urlaubsreisen, vormals ein Privileg, wurden zu einem Massenkonsumgut. Und der Fernseher bestimmte zunehmend den Feierabend.

Bei der Umstellung des Musikprogramms von Hugo Strasser auf aktuellere, jugendgemäßere Klänge war dem »Schweizerhaus«-Wirt der Branchen-Neuling Gerd Ebel behilflich. Ebel vermittelte sogenannte »Tanz-Bands« an Veranstalter und Saalbetreiber. »Und da war es verpönt, jedes Wochenende dieselbe Band zu haben, da musste gewechselt werden. Und das haben die dann auch alle gemacht (...). Der Herr Hinckeldey hat dann jedes Wochenende eine andere Band gehabt. Und der Laden lief, es kam junges Volk hinterher.«

Doch die Entwicklung machte nicht Halt und erforderte immer weitere Umstellungen. Ebel registrierte Anfang der Siebzigerjahre einen weiteren Bruch bei den Publikumserwartungen. Es waren nicht mehr nur die Tanzkapellen mit der jeweils aktuellen Hitparade im Repertoire gefragt; zunehmend wurde nach den Original-Bands gefragt. Erschwerend kam hinzu, dass sich inzwischen der »Beat« in zahlreiche Unterarten des »Rock« diversifiziert hatte: »Und dann merkte er [Hinckeldey] so Anfang der Siebzigerjahre: das ging runter. Dann war das auf einmal nicht mehr in. Inzwischen hatten sich auch auf dem Lande die ganzen Säle so etabliert, war eine richtige Szene vorhanden.«

Mit viel Optimismus trat der adelige Gastronom die Flucht nach vorne an: Seine Frau übernahm im April 1968 in Unterpacht das benachbarte »Parkhaus Bellevue«. Zudem plante er den Ausbau bislang ungenutzter Kellerräume im »Schweizerhaus«, was beinahe eine Verdopplung der Galerieräume zur Folge gehabt hätte. Und er führte eine Benutzungsgebühr für die von Amts wegen erweiterten Toilettenanlagen ein – letzteres brachte ihm jedoch, außer Unterlassungsermahnungen des Ordnungsamtes, nicht viel ein.

Allen Anstrengungen zum Trotz trat nicht die erhoffte Wende ein. Ende 1969 stellte die Osnabrücker Innungskrankenkasse beim Verwaltungsgericht den Antrag auf Eröffnung eines Konkursverfahrens. Bei einer Gläubigerversammlung konnte das drohende Aus noch einmal abgewendet werden: Die Anwesenden stundeten ihre Forderungen und versicherten, zunächst keine Maßnahmen gegen den Schuldner zu unternehmen, sofern dieser einen glaubwürdigen Weg aufzeigen könne, wie seine Außenstände in absehbarer Zeit merklich reduziert werden könnten.

Eine diesbezügliche Planung sah die Aufgabe des »Bellevues« vor. Ebenfalls wurden die Pläne, den Keller auszubauen, fallengelassen. Ferner prophezeite Hinckeldeys Anwalt: »Durch Personaleinsparungen und durch einen erhöhten Umsatz dürfte zumindest das ›Schweizerhaus‹ wieder rentabel geworden sein (...)«.

Nur, wie war der Umsatz zu steigern? Wurde nicht schon alles unternommen, den Betrieb des »Hotels und Familienrestaurants« den sich wandelnden Ansprüchen des Publikums anzupassen? Wenn nichts mehr geht: »Sex sells«. Seit Mitte der Sechzigerjahre fielen letzte Grenzen bei der öffentlichen Darstellung von Sexualität.

Anzeige des »Schweizerhauses« in der Veranstaltungszeitschrift »Zong«, 1973.

Gruppenfoto von »After Ten« – eine seinerzeit vielbeschäftigte Tanzband.

Insbesondere die Kommerzialisierung dieses Trends erreichte immer neue Personengruppen.

Zunächst erkundete Hinckeldey neues Terrain mit dem Engagement skandinavischer Oben-ohne-Bands wie den »Ladybirds« oder »Sweetheart«. 1972 dann versuchte er es mit einer »Sex-Show-Messe« in den Räumen des »Schweizerhauses«. Mit dieser Art Entertainment jedoch handelte er sich den massiven Widerstand der Behörden ein. Die Staatsanwaltschaft und die Landeskriminalpolizeistelle Osnabrück mussten bei einer Überprüfung am 4. November feststellen, dass Filme wie der »Lustverkäufer« vorgeführt wurden, »in dem Geschlechtsverkehr bis zum Samenerguß dargestellt wurde, wobei die Geschlechtsteile deutlich herausgestellt wurden. Außerdem wurde Geschlechtsverkehr mit einem künstlichen Glied vorgeführt. Deutlich waren die Sätze ›Fick mich‹ und ›Ah du hast einen steifen Schwanz‹ u. ä. zu hören (…).« Zudem – so bemängelten die amtlichen Begutachter – ließ Hinckeldey es zu, »daß in der Lesben-Show Unzuchtshandlungen dargeboten wurden. Zwei Frauen stellten u.a. den Cunnilingus dar.« Für die unbedarfteren unter den behördlichen Lesern wurde dieser Sachverhalt näher erläutert: »Die Bewegungen und Gesten stellten d [sic!] eindeutig dar, daß beide Frauen ›lesbische Liebe‹ durch Berühren der Geschlechtsteile mit der Zunge demonstrierten (…).« Die Ordnungshüter erließen umgehend die Schließung dieser speziellen Messeveranstaltung.

Dass es einmal soweit kommen könnte, hätte sich der Gründer des »Schweizerhauses« wohl nicht vorstellen können. Laut den Erinnerungen seiner Enkeltochter bewachte der alte Fritz Feldmann »früher aus seiner Stammtischecke die Tanzfläche«. Wurde, wie er meinte, unsittlich getanzt oder geschmust, vertrieb er mit seinem Krückstock das Tanzpaar vom Parkett mit den Worten: »Dat giff ett bi mi nich – ruut!«

Der »Konkursverwalter«

Hinckeldey wartete nicht, bis sein auf 15 Jahre befristeter Pachtvertrag von selbst auslief – der Termin wäre der 15. August 1978 gewesen. Anfang 1975 richtete er an seinen jüngeren Geschäftsfreund Gerd Ebel die Anfrage, ob der nicht Interesse habe, das »Schweizerhaus« zu übernehmen. Neben seiner Band-Agentur führte Ebel zu diesem Zeitpunkt sehr erfolgreich einen Saalbetrieb in der Nähe des Dümmer Sees, das »Kramer« in Rüschendorf. »Dann kam dieses Angebot vom ›Schweizerhaus‹, und dann habe ich gesagt, gut, das mache ich dann auch. Dann sind wir zur ›OAB‹ gegangen, die gab es damals noch. Und die sagten dann: ›Ja, schlechter als im Moment kann es gar nicht laufen‹.«

Am 31. März 1975 gab C. O. von Hinckeldey den Betrieb des »Schweizerhauses« auf. Die Wiederöffnung ereignete sich am 30. April 1975 mit einem »Tanz in den Mai«. Als neuer Wirt änderte Gerd Ebel nichts am bisherigen Betrieb, er nutzte das »Schweizerhaus« in der Hauptsache, um »seinen« Bands, meist regional bekannte Tanz-Bands, zusätzliche Auftrittsmöglichkeiten zu verschaffen. Das bedeutete für das Gasthaus: An den Wochenenden gab es gut besuchte Tanzveranstaltungen mit Bands, aber in der Woche tat sich wenig. Da er aber verpflichtet

war, die Gaststätte auch für die wenigen verbliebenen Stammgäste wochentags geöffnet zu halten, engagierte Gerd Ebel für den Kneipenbetrieb eine junge Studentin namens Cornelia Overbeck, die schon für ihn bei »Kramer« in Rüschendorf gearbeitet hatte. Die Konzentration auf die Wochenenden aber, so Ebel, »funktionierte so *gerade*. Dann gingen wir in den Sommer, (...) das Hauptgeschäft war natürlich im Winter, und das ging dann so. Aber ein Tag hatte nicht ausgereicht, um diesen großen Laden zu finanzieren. Und da habe ich das ganze Geld von Rüschendorf quasi immer so rübergezogen, damit sich das alles unter dem Strich rechnete.«

Um Vereine an das Lokal zu binden, war es für Wirte oftmals notwendig, selbst als Vereinsmitglied aktiv zu sein. Friedrich Feldmann junior etwa war nicht nur ein begeisterter Tennisspieler beim VfL, er war auch Mitglied im Schaustellerverband, obwohl er gar kein Schaustellergewerbe betrieb. Als Mitglied des Schützenvereins »Lustgarten« ließ er sogar seinen einjährigen Sohn als jüngstes Mitglied in die Schützengemeinschaft aufnehmen. In diesem Verein trafen sich auch die Schützenbrüder Reinhold Jandeck und Hinckeldey. Beide ließen sich zeitweilig zum König küren, genauso wie Hinckeldeys Vorgänger Alfred Naumann und der »Schweizerhaus«-Gründer Friedrich Feldmann.

Die Bereitschaft zu derart weit gehendem Engagement war bei Gerd Ebel, der sich in erster Linie als Konzertveranstalter und Bandmanager, weniger als Gastronom verstand, nicht sehr ausgeprägt. Lediglich der karnevalistische »Rheinländer-Verein Osnabrück« ließ es sich nicht nehmen, bis zum Ende des »Schweizerhauses« hier seine traditionelle Linsensuppe zum Rosenmontag zu bestellen. Auch der Hotelbereich war verkümmert. Lediglich eine Handvoll Handelsvertreter übernachtete aus Gewohnheit im »Schweizerhaus«; für diese wenigen Übernachtungsgäste musste der Küchenbetrieb weitergeführt werden. Den nächsten Entwicklungsschüben in der Rock-Musik noch zu folgen, fiel auch Gerd Ebel schwer. »Ich war da schon so ein bisschen rausgewachsen aus der Szene, aus dieser alternativen Szene.« Zwar versuchte auch er es mit internationalen Rock- und Pop-Acts, wie etwa den »Searchers«, »Middle of the Road« oder den legendären »Yardbirds« (allerdings in der B-Besetzung) und wagte sich sogar an sogenannten »Progressive Rock« heran. Diese Konzertpolitik wurde jedoch nicht konsequent genug verfolgt, um eine engere Bindung eines bestimmten, jüngeren Publikums herstellen zu können.

Gerd Ebels 24 Jahre junge Thekenkraft Conny Overbeck hingegen war bestens in die entsprechenden Szenen integriert. Außerdem hatte sie schon Erfahrungen beim Organisieren des »Terrassenfestes« der jungen Fachhochschule Osnabrück sammeln können. So sah die Studentin eine günstige Gelegenheit, mit ein paar Freunden das »Schweizerhaus« zu übernehmen und Ebel eine Möglichkeit, das wenig lukrative Gasthaus wieder abgeben zu können. Für ihn hieß es: »Die gleiche Prozedur: ›OAB‹, wieder: ›Ja, schlechter kann es ja gar nicht laufen‹.« Connys gerade angetretene Erbschaft von 15.000 Mark wurde für die Übernahme der Inneneinrichtung verwendet; die damals stolze Summe von 2.000 Mark Pacht im Monat glaubte man mit jugendlicher Unbekümmertheit durch das laufende Geschäft aufbringen zu können.

Am 15. Mai 1976 öffneten Kneipe und die neue Teestube ihre Pforten. Der eigentliche Startschuss für das nun unter dem Namen »Hyde Park« firmierende Lokal aber fiel mit dem ersten Konzert am 18. Juni 1976. Die ungarische Band

Omega wurde noch von Ebel vermittelt: »Die haben da abgerockt, den ersten Tag, und das war in der Woche, und das war voll. Ich habe die Welt nicht mehr verstanden: ›Wie geht dat denn? – Diese Leute auf einmal ...‹.«

Die Brachiallösung: Abriss des traditionsreichen Gebäudes, das aus architektonischen Gründen und als Ort regionaler Kulturgeschichte hätte erhalten werden müssen.

Der »Park« und das Ende

»Der Laden lief vom ersten Tag an«, erinnert sich die »Hyde Park«-Wirtin noch heute gern. Diesmal war mehr geschehen als nur ein nochmaliger Betreiberwechsel. Auch wenn Cornelia Overbeck in den folgenden Auseinandersetzungen um eine unbeschränkte Konzession immer wieder betonte, dass sie den Betrieb der von Ebel übernommenen Gaststätte nicht verändert habe: Die Aufgabe des Namens »Schweizerhaus« und die Umbenennung in »Hyde Park« war vollauf berechtigt. Nicht allein die Veränderungen am Interieur – so wurde etwa das Parkett im Saal freigelegt, um mit dem Teppichboden die Tische in der künftigen Teestube zu bespannen – rechtfertigen die Namensänderung. Der »Hyde Park« wurde zu einem Tanzlokal der *ganz* anderen Art. Alles Einengende wurde vermieden. Bei gewöhnlichem Betrieb wurde kein Eintritt erhoben. Es gab keinen oder jedenfalls keinen offiziellen Dresscode. So wurde beispielsweise einmal nach einem entlaufenen Patienten des Landeskrankenhauses im »Hyde Park« gesucht. Man fand ihn in Pyjama und Bademantel gekleidet vor der Theke stehen, wo er wie alle anderen Gäste bedient wurde. Vor allem aber: Es gab keinen Verzehrzwang, jeder holte sich seine Getränke zu erschwinglichen Preisen selbst von der Theke – wenn er wollte.

Wie anders verlief noch der Gastbetrieb im »Schweizerhaus«. 1971 etwa beschwerte sich ein Gast beim Ordnungsamt, dass der Kellner sich weigerte, ihm eine Cola *ohne* Rum zu bringen, da ein sogenanntes »Gedeck« zwingend sei, obwohl das Gaststättengesetz die Wahlfreiheit zwischen alkoholischen und nichtalkoholischen Getränken garantierte. Undenkbar wäre auch eine Gebühr für die Toilettenbenutzung im »Hyde Park« gewesen, für deren Erhebung Hinckeldey vier Jahre zuvor noch vom Ordnungsamt ermahnt worden war. Auch das Publikum war ein gänzlich anderes. Wenige Jahre später wurden während eines Konzertes von »Gruppo Sportivo« im »Hyde Park« aus Übermut die Toiletten kaputtgetreten – das wiederum wäre im »Schweizerhaus« undenkbar gewesen.

Für die Nachbarn der Diskothek überstieg der Zulauf des nun wieder zahlreicheren Publikums das Maß des Erträglichen. Nach Jahren der Anwohnerproteste und Rechtsstreitigkeiten schloss am 31. Juli 1983 der »Hyde Park« seine Pforten an der Rheiner Landstraße, allerdings begleitet von einem lauten ›Knall‹ (siehe dazu den Beitrag von Udo Pfennig). Der Musikclub »Hyde Park« suchte sich ein neues Zuhause.

In der Rückschau drängt sich das Bild vom »Hyde Park« als einem verwilderten Abenteuerspielplatz auf. Die Kinder der Wiederaufbaugeneration tanzten in den Ruinen, die ihre Eltern auf der Suche nach immer größerem Wohlstand hinter sich gelassen hatten. Keine Frage, das gutbürgerliche Ausflugslokal »Schweizerhaus« musste schon ziemlich an Zugkraft verloren haben, dass eine Diskothek wie der »Hyde Park« in seinen Mauern hatte heimisch werden können.

Gleichwohl bedeutete der »Hyde Park« lediglich eine Zwischenstation im stetigen Niedergang des »Schweizerhaus«-Gebäudes. Dabei gab es mehrfach Anläufe, eine Restauration mit Tanzveranstaltungen wiederzubeleben, welche aber allesamt scheiterten. Sogar eine Nutzung als »Gästehaus mit 24-Stundenservice« (ein kaum verhüllter Euphemismus für ein Bordell) stand zeitweise zur Diskussion. Die Stadt beendete derartige Überlegungen, indem sie nach zähen Verhandlungen das Gebäude erwarb und den sofortigen Abriss verfügte. Am 1. Juli 1988, nach nunmehr 81 Jahren wechselvoller Geschichte, ebneten Bagger und Planierraupen das »Schweizerhaus« ein. Anstelle des stolzen Gasthauses sollte eine ansprechende Grünfläche entstehen, tatsächlich blieb ein Stück Brachland mit Parkmöglichkeiten zurück. Ein trauriges Bild für jeden, der das »Schweizerhaus« kannte – egal in welcher seiner Phasen.

Quellen

Erdmut Christian August/Städtische Bühnen Osnabrück: Weiterspielen. Osnabrücker Theaterarbeit von 1945-1984 (Festschrift zum 75jährigen Bestehen des Osnabrücker Stadttheaters am Domhof), Osnabrück 1984.

Gerhard Becker (Hg.), unter Mitarbeit von Joachim Lahrmann und Günter Terhalle: Stadtentwicklung im gesellschaftlichen Konfliktfeld. Naturgeschichte von Osnabrück, Pfaffenweiler 1991.

Thomas G. Dorsch und Martin Wenz: Das Wohngebiet »Westerberg« in Osnabrück. Geschichte und Zielplanung (Arbeitshefte zur Denkmalpflege in Niedersachsen 24), Hameln 2001.

Inge Frankmöller: »Neues Bauen« in Osnabrück während der Weimarer Republik. Architektur und Stadtplanung in der Amtszeit des Stadtbaurates Senator Friedrich Lehmann (Osnabrücker Kulturdenkmäler. Beiträge zur Kunst- und Kulturgeschichte der Stadt Osnabrück, Band 1), Bramsche 1984.

Darijana Hahn: Treu und fest. Vereine und Gaststätten. In: Herbert May und Andrea Schilz (Hg.): Gasthäuser. Geschichte und Kultur, Petersberg 2004, S. 253-260.

Thorsten Heese: Gesellschaft im Aufbruch. Der Club zu Osnabrück und die Entwicklung des Osnabrücker Vereinswesens. Eine Vereinsgeschichte (Osnabrücker Kulturdenkmäler. Beiträge zur Kunst- und Kulturgeschichte der Stadt Osnabrück, Band 13), Bramsche 2009.

Ludwig Hoffmeyer: Chronik der Stadt Osnabrück, 5. Aufl., Osnabrück 1985.

Karl Kühling: Osnabrück 1933-1945. Eine Stadt im Dritten Reich, Osnabrück 1980.

Ralf M. Langer, Birgit Panke-Kochinke und Rolf Spilker: Clubs, Cafés und Knappschaftsbiere. Zur Vereins- und Freizeitgeschichte (Osnabrücker Kulturdenkmäler. Beiträge zur Kunst und Kulturgeschichte der Stadt Osnabrück, Band 7), Bramsche 1993.

Das Grundstück des früheren »Schweizerhauses« im Frühjahr 2011: Schutt und abgestellte Autos auf ungepflegtem Gelände.

Ilsetraut Lindemann: Osnabrücks Aufbruch in das Industriezeitalter, in: Osnabrücker Land 1995, S. 108-116.

Herbert May: Größer, höher, moderner. Die bauliche Entwicklung der Gasthäuser um 1900, in: Herbert May und Andrea Schilz (Hg.): Gasthäuser. Geschichte und Kultur, Petersberg 2004, S. 103-118.

O.V.: 100 Jahre Schützenverein Lustgarten von 1895 e.V. Jubiläumsschrift, Osnabrück 1995.

Erich Maria Remarque: Der schwarze Obelisk, Frankfurt a. M./Berlin/Wien 1982 [1956].

Alfred Spühr und Claude Jeanmaire: Die Osnabrücker Straßenbahn. Die Geschichte der elektrischen Strassenbahn sowie deren Vorgänger und Nachfolger, Gut Vorhard 1980.

Gerd Steinwascher (Hg.): Geschichte der Stadt Osnabrück, Osnabrück 2006.

Simone Vossmann: Kaffee im Bauernhaus. Ausflugstourismus und Gasthäuser im Raum Oldenburg, in: Herbert May und Andrea Schilz (Hg.): Gasthäuser. Geschichte und Kultur, Petersberg 2004, S. 207-220.

Herbert Willecke: Osnabrücker Sport. Turnen und Sport in zwei Jahrhunderten, Osnabrück 1980.

Niedersächsisches Landesarchiv – Staatsarchiv Osnabrück (NLAStAOs):

Dep 3c; Nr.1650

Dep 3c; Nr.1651

Dep 3c; Nr.1652

Dep 3c; Nr.1653

Dep 3c; Nr.1654

Dep 3c Gewerbe; Akz. 13/93 Nr. 5143

Dep 3c Gewerbe; Akz. 13/93 Nr. 2331 A

Dep 3c; Nr. 712

Dep 3c; Nr. 1800

Tom Bullmann/Harald Keller/Reiner Wolf: Interview mit Conny Overbeck, 2011.

Tom Bullmann/Reiner Wolf: Interview mit Conny Overbeck, 2011.

Gisbert Wegener/Reiner Wolf: Interview mit Gerd Ebel, 2010.

H.: »Aus« kam nach 81 Jahren, Neue Osnabrücker Zeitung, 1988.

kh: Schweizerhaus bald wieder Ausflugslokal?, Neue Osnabrücker Zeitung, 1987.

Ilse Knake: Leserbrief in der Neuen Osnabrücker Zeitung, 1987.

O.V.: 50 Jahre Schweizerhaus, Osnabrücker Tageblatt, 1957.

O.V.: Schweizerhaus bald als »Gästehaus«?, Neue Osnabrücker Zeitung, 1987.

Erschienen am 21. Oktober 1952 in der »Neuen Tagespost«

Ein Saal veränderte sein Gesicht

Das Schweizerhaus eröffnete seine Wintersaison mit einem Fest der VfL-Tennisabteilung

„Hallo, hallo – hier meldet sich die Switzer-house-hall", klang es am Sonnabendabend aus den unsichtbaren Lautsprechern des prächtig umgebauten und in hellstes Licht getauchten Saales im „Schweizerhaus", als die Tennis-Abtlg. des VfL ihren „Atom-Ball" startete. Die spritzige, witzige und mit reizenden kleinen Bosheiten ausgestattete Reportage – von Karl Heinz Kötter verfaßt – schaffte a tempo eine ungemein heitere Atmosphäre.

Der Saal des Schweizerhauses hat sein Gesicht völlig verändert, die frühere Gemütlichkeit aber trotz des vornehmen Gewandes behalten. Der um die umgestaltete Veranda vergrößerte Raum faßt jetzt neunhundert Besucher. Schwere grüne Damastvorhänge können ihn so verkleinern, daß auch für intime Festlichkeiten der entsprechende Rahmen vorhanden ist. Gediegene Seidentapeten, eine Eintäfelung mit mahagonifarbenen Luwa-Platten und herrliche Beleuchtungskörper unterstreichen den repräsentativen Charakter des Saales.

Ganz besonders angenehm empfanden die Besucher die sehr wirksame Anlage für vorgewärmte Frischluft und Entlüftung sowie die gleichfalls unsichtbare modernste Lautsprecheranlage (Tonsäulensystem mit zehn Lautsprechern), die den Ton auf allen Plätzen gleich stark ertönen läßt. In die schmiedeeisernen, weiß lackierten Beleuchtungskörper mit aufgesetzten Messingornamenten ist eine indirekte farbige Beleuchtung eingebaut. Das neue Büfett ist ein Schmuckstück. Mit diesem Umbau hat das Osnabrücker Handwerk wieder einmal sein hohes Leistungsvermögen bewiesen.

Auch die ausgezeichnete Kapelle Gustl Huuck hatte sich „in neue Schalen geworfen". Ihr Kapellmeister, ein Trompeter von hohen Graden, darf auf die große Beliebtheit seiner Kapelle stolz sein, die nun schon drei Jahre in ein und demselben Haus und mit großem Erfolg konzertiert.

Der Vorsitzende der Tennis-Abtlg. des VfL, Karl Heinz Freund, begrüßte die zahlreichen Besucher des „Atom-Balls". Er dankte dem Maitre de plaisir und Regisseur des Abends, Karl Heinz Kötter, sowie dem Wirt und Vereinsmitglied Friedel Feldmann für die Überlassung des Saales am Eröffnungstage.

Nachdem Günter Grotemeier am Mikrophon eine Reihe von Atombomben platzen ließ, spielten Hildegard Reinert und Heinz Wilhelm den vielbelachten Sketch „Die verpaßte Gelegenheit". Ein fein ausgedachtes und neuartiges „Zeitlupen - Tennis", bei dem die beiden phosphoreszierenden „Cracks" mit dem leuchtenden und schwebenden Ball die überraschendsten komischen Wirkungen erzielten, fand lebhaften Beifall. Ein Motorradrennen mit den entzückendsten „Maschinen" in Gestalt junger Damen sowie Lothar Dierker, der glänzende Amateurhumorist, waren weitere „Eigenbaunummern", denen ein Tanzturnier folgte. Mutter Feldmann wurde durch eine Ansprache, einen Rosenstrauß und einen Ehrentanz besonders gefeiert.

Beim Tanz der Moleküle verwandelten sich dann die eisenhart schmetternden Tenniskanonen in schwebende Jungfrauen und rhythmische Jünglinge. Der „Atom-Ball" der Tennis-Abteilung des VfL war ein Fest der fröhlichen und gesunden Jugend in einem prächtigen Rahmen. -nt-

Abdruck mit freundlicher Genehmigung der »Neuen Osnabrücker Zeitung«.

Dietmar Wischmeyer: »Hyde Park« revisited

Am Wochenende in den »Park« nach Osnabrück zu fahren, war für uns Jugendliche vom Land ein Ausflug ins Zentrum des Bösen, New York hätte nicht exotischer sein können, war's wahrscheinlich auch nicht. In den »Park« konnte man unmöglich mit dem Moped fahren, damit hätte man ja seine Nichtvolljährigkeit öffentlich zugegeben, also musste jemand mit »Lappen« und Zugriff auf den elterlichen PKW gefunden werden.

An der Rheiner Landstraße angekommen, dröhnte einem schon von fern hochfrequentes Gitarren-Geschrabbel in den Ohren. Schlurfende Gestalten in US-Parkas, Mädchen in Opa-Unterhemden lungerten vor der Tür herum. Ab und zu hielt ein Mittelklassewagen und Männer mit frisch gebügelten Trenchcoats traten raus: »Guten Abend, hätten Sie etwas Rauschgift für mich?« Damals steckte die Undercover-Forschung der Polizei noch in den Kinderschuhen. Was einem zuerst beim Betreten der satanischen Höhle auffiel, war der unsägliche Dreck überall, wirklich alles klebte, war versifft und stank. Wobei Dreck in den Siebzigern nicht einfach Dreck war, sondern eine Kampfansage an das analfixierte Establishment, insofern notwendiges revolutionäres Beiwerk. Ebenso verdächtig der Kumpanei mit dem »Schweinesystem« waren Speisen mit mehr als zwei Zutaten, die womöglich auch noch lecker schmeckten – während die Dritte Welt im Hunger versank. Konsequente Umsetzung dieser Ideologie war im »Park« ein Fraß, der unter uns Witz-Granaten den Namen »Perücke mit Karnickelscheiße« trug und aus pappigen Eier-Spaghetti mit Dosenerbsen bestand. War man erst mal drin, lehnte man hauptsächlich cool an der Wand rum und hoffte auf eine Polizei-Razzia, damit man zuhause was zu erzählen hatte. Mädchen anquatschen ging wegen der Lautstärke nicht, und wenn man es dennoch versuchte, folgte nicht selten die Antwort: »Verpiss dich, ich bin total auf Pille.«

Ob es wirklich genauso war, wie es mir meine Erinnerung heute vorspielt, vermag ich nicht zu sagen. Doch unter den biographischen Orten nimmt die Lasterhöhle in Osnabrück eine wichtige Stellung ein. Zum Disko-Abend im

Der Flipper-Bereich im Zirkuszelt.

Gemeindehaus von Bad Essen war der »Hyde Park« das größtmögliche Gegenteil und gleichzeitig sein wilder, stinkender Bruder. Beide waren typisch und wichtig für eine Jugend auf dem Dorf in den Siebzigern, genau wie Dr. Jekyll und Mr. Hyde ja auch ein und dieselbe Person sind.

Harald Keller: Vom Häuserkampf zum »Hyde Park«[3]

Im März 1979, in der lokalen Presse war wieder einmal die Schließung des »Hyde Parks« vermeldet worden, bezogen Bürger in mehreren Leserbriefen Stellung zu der Problematik. Hans N. schrieb: »(...) Ich erinnere mich noch gut an die Auseinandersetzungen um ein unabhängiges Jugendzentrum und an die Methoden der Stadt, dies zu verhindern. Es wurde versucht, diese Gruppe zu kriminalisieren, wie es jetzt mit den Besuchern des Hyde Parks wieder passiert.«

Der Verfasser war nicht der einzige, der einen solchen Zusammenhang herstellte. Nachdem erstmalig die Schließung des »Hyde Parks« vollzogen worden war, gaben sich zirka 50 Jugendliche, vor allem Besucher, aber auch Mitarbeiter des »Hyde Parks«, ein Stelldichein beim damaligen Oberstadtdirektor Wimmer und brachten, so die Tagespresse, unter anderem vor: »(...) der ›Hyde Park‹ sei keine Diskothek im typischen Sinne, sondern ein Kommunikationszentrum«.

Mit einem unabhängigen Jugendzentrum hatte der »Hyde Park« der frühen Ära gemein, dass weder Eintritt erhoben wurde noch Verzehrzwang herrschte. Es gab keine Auslese im Eingangsbereich, keine Benimm- oder Kleidungsvorschriften. Drinnen bot sich Gelegenheit zum Reden, Tanzen, Kickern oder Flippern, je nach persönlicher Fasson. Der »Hyde Park«, der in den Siebzigern bereits nachmittags geöffnet hatte, war ein gastronomischer Gewerbebetrieb und insofern von der Organisationsstruktur nicht mit einem unabhängigen Jugendzentrum vergleichbar. Dennoch fanden die Osnabrücker Jugendlichen im »Hyde Park« einen Ort, der räumlich wie von der Angebotsseite her einem Jugendzentrum sehr nahe kam. Der Zusammenhang zwischen dem Erfolg des »Hyde Parks« und der in Osnabrück ursprünglich sehr regen Jugendzentrumsbewegung zeigt sich auch in einer Stellungnahme des Jugendwohlfahrtsausschusses vom 24. August 1983, mit der auf die heftigen Auseinandersetzungen im Zuge der Schließung reagiert und für einen Weiterbestand des »Hyde Parks« plädiert wurde. Dort heißt es unter anderem: »In diesem Zusammenhang sei daran erinnert, daß Unruhen mit jungen Leuten im Bereich der Innenstadt, insbesondere der Altstadt, auch die Ereignisse um ein sog. Unabhängiges Jugendzentrum, seit Eröffnung des Hyde-Parks vor 7 Jahren nicht mehr vorgekommen sind.«

Experimentelles Handeln

Der Zulauf zum »Hyde Park« in den Siebzigern findet offensichtlich seine Erklärung zu einem nicht geringen Teil auch darin, dass den Osnabrücker Jugendlichen trotz intensivster Bemühungen ein selbstverwaltetes Jugendzentrum über Jahre hinweg vorenthalten worden war. Der Beginn der bundesweiten Jugendzentrumsbewegung datiert auf etwa 1968. Anders als vorangegangene Generationen ließen sich die Jugendlichen dieser Ära nicht mehr darauf ein, die Lebensentwürfe ihrer Eltern blind-

---

3   Bei zeitgenössischen Zitaten wurde die Schreibweise des Originals beibehalten.

lings zu übernehmen. In den USA war mit den Hippies, den politischen Yippies, den Black Panthers und anderen Gruppen eine vielfältige Sub- und Gegenkultur entstanden, deren Ideen von einer alternativen Gesellschaftsordnung und einem selbstbestimmten Dasein vor allem über die Musik und das Kino, aber auch über alternative Presseprodukte und Fernsehsendungen nach Deutschland gelangt waren und den Anstoß gaben, die eigenen Lebenskonzepte in Frage zu stellen. Eher klein war die Gruppe derjenigen, die als außerparlamentarische Opposition einen Systemwandel anstrebten. Noch sehr viel weniger waren es, die diesen Wandel mit Waffengewalt zu erzwingen versuchten.

Die Folgen der neuen Denkungsart aber zeigten sich vermehrt im unmittelbaren Nahbereich, vor allem bei der Suche nach gesellschaftlichen Freiräumen. In den Sechzigern und Siebzigern wurden jugendorientierte Freizeitmöglichkeiten außer von kommerziellen Anbietern vor allem von Verbänden und den Kirchen oder auch von den Kommunen bereitgestellt. Diese Einrichtungen aber waren oft nur leicht abgewandelte und mit jugendlichem Touch versehene Zweige der jeweiligen Hauptorganisation. Sie dienten nicht der Selbstbestimmung der Jugendlichen, sondern hatten deren Eingliederung in bestehende Strukturen zum Ziel. Demgemäß wurden die Jugendlichen im Sinne einer konservativen Jugendschutzideologie pädagogisch betreut, kontrolliert und angeleitet. Erst mit den Umwälzungen der späten Sechziger, die sich gemeinhin mit der Chiffre »die 68er-Bewegung« verbinden, entstanden neue Konzepte von Jugendarbeit. In Darmstadt beispielsweise wurde ein »Jugendplan« formuliert, der als Gegenstand kommunaler Jugendfürsorge vorsah, die »Jugendlichen bei der Ausbildung von Kritikfähigkeit und Ich-Stärke (zu) unterstützen, ihnen (zu) helfen, Angst vor Ungehorsam abzubauen, Selbstbewußtsein und Selbstvertrauen zu gewinnen, Mißerfolge ohne Aggressionen nach außen oder innen zuzugeben und verarbeiten zu können, in experimentellen [sic!] Handeln zu lernen, wie das eigene Verhalten der Umwelt und die Umwelt menschlichen Bedürfnissen angepaßt werden kann.«

Lieber Jugendzentrum als »Haus der Jugend«

Vor allem dort, wo spezielle Angebote für Jugendliche dünn gesät waren, bildeten sich ab 1968 und noch bis weit in die Siebziger hinein Initiativen, die die Einrichtung selbstverwalteter Jugendzentren forderten. Der Höhepunkt der JZ-Bewegung lag etwa um 1973 bis 1974. Das Thema wurde von jugendorientierten Fernsehsendungen wie »Jour Fix« und »Diskuss« aufgenommen,

Das handgemachte Flugblatt war kommunikationstechnisch der Vorläufer der E-Mail: einfach anzufertigen und schnell in Umlauf gebracht.

die wiederum Initialzündungen für neue JZ-Initiativen lieferten. Eine Befragung aus dem Jahr 1974 besagt, dass 80 Prozent der bestehenden Jugendzentrumsinitiativen auf Orte mit einer Einwohnerzahl zwischen 5.000 und 50.000 entfielen. Eine dieser Städte hieß Georgsmarienhütte; sie liegt vor den Toren Osnabrücks. Hans-Georg Weisleder erinnert sich:

»In den Siebzigerjahren waren insbesondere die jungen Leute unglaublich politisiert. Es war die hohe Zeit der K-Gruppen und der sonstigen linken Gruppen. Jeder war diffus links, und machte auch mit bei den Demos. Und in GM-Hütte gab es auch so eine politische Gruppe, die setzte sich vor allen Dingen für ein Jugendzentrum in Selbstverwaltung ein, weil es ja in GM-Hütte außer Kneipen und traditionellen Jugendverbänden nichts gab. Und von dieser Initiative für ein selbstverwaltetes Jugendzentrum war ich, glaube ich, seit 1972 Sprecher. Und meine Kumpels waren auch alle dabei. Das heißt, meine Freunde und ich haben eigentlich den Kern dieser politischen Bewegung gestellt. Die Bewegung war aber insgesamt größer und sehr aktiv. Zum Beispiel haben bei Versammlungen und Protestaktionen für ein unabhängiges Jugendzentrum 200 bis 250 Jugendliche mitgemacht. Das kann man sich heutzutage gar nicht mehr vorstellen, dass ganz normale Jugendliche deswegen auf die Straße gegangen sind und vor dem Rathaus demonstriert haben. Der Rat der Stadt hat dann 1975 diesem Drängen nachgegeben. Da wurde in GM-Hütte ein selbstverwaltetes Jugendzentrum eingerichtet, was es als Jugendeinrichtung heute noch gibt, aber nicht mehr selbstverwaltet. Das Jugendzentrum organisiert jetzt die Arbeiterwohlfahrt und heißt ›Alte Wanne‹.«

Mit dieser Errungenschaft waren die Georgsmarienhütter Jugendlichen erfolgreicher als ihre Osnabrücker Altersgenossen. Auch dort hatte sich Anfang der Siebzigerjahre eine Jugendzentrumsinitiative gebildet. In einem Konzeptpapier aus dem Jahr 1972 heißt es: »Eine Stadt braucht einen kommunikationswirksamen Mittelpunkt für Jugendliche. In einem solchen Jugendzentrum sollen die Jugendlichen sebst [sic!] über die Belange des Hauses bestimmen können. Es muß ihnen möglich sein, dort ihre vielfältigen Bedürfnisse auszudrücken und zu befriedigen.«

Die Forderung nach einem Unabhängigen Jugendzentrum wurde mit dezidiert formulierten pädagogischen Intentionen unterfüttert. In dem tradierten, teils noch ausgesprochen autoritär durchgesetzten Normensystem der frühen Siebziger standen viele Jugendliche in Konflikt mit etablierten Gruppen und Institutionen wie beispielsweise der Familie oder der Schule. Um eine in demokratischem Sinne gelungene Sozialisation zu gewährleisten, hielten es die Verfasser für geboten, dass die Jugendlichen in selbstbestimmtem Rahmen a) verminderte Repression, b) Verhaltensalternativen, c) kollektive Problemlösungen und d) Subjektivität kennen lernen und erfahren konnten. Ein Anschlusspapier übertrug diese abstrakten Überlegungen auf eine detailliert ausgeführte Raumplanung. Demnach sollten in einem selbstverwalteten Jugendzentrum eine Teestube, multifunktionale Räumlichkeiten, Musikzimmer, ein Archiv und eine Bibliothek nebst Leseraum zu finden sein. Im Zentrum des Geschehens stünde dabei die Teestube als multifunktionaler Raum, der als barrierefreie Anlaufstelle und der ungezwungenen Begegnung dienen, aber auch für Ausstellungen, Konzerte und Musikübertragungen, Film- und Lichtbildveranstaltungen, Diskussionen, Vorträge, Lesungen, Vollversammlungen und vieles mehr

zur Verfügung stehen sollte. Mit diesem Nutzungskonzept verband sich die Festlegung: »Die Öffnungszeit der Teestube muß von Mittags bis nachts reichen. Während dieser Zeit sollen Preiswerte Getränke und Speisen angeboten werden. Es darf kein Verzehrzwang bestehen. (...) Die Teestube sollte Platz für mindestens 250 Personen bieten. [mehrfach sic!]«
Diese Projektbeschreibung ist nicht zuletzt vor dem Hintergrund der damaligen lokalen Jugendarbeit zu sehen, die in einem »Offenen Brief« des Initiativbündnisses Jugendzentrum »an die Stadt Osnabrück« im März 1972 wie folgt beschrieben wurde: »Es gibt in dieser Stadt für Jugendliche außer dem ›Haus der Jugend‹ nur Kommerzielle Treffpunkte wie Diskotheken und Spielhallen, wobei besonders in Erstgenannten die Jugendlichen durch hohe Preise ausgebeutet werden; eine Kommunikation, das Aussprechen und Behandeln der vielfältigen eigenen Probleme, eine kreative Entfaltung, engen Kontakt zu anderen herzustellen, ist hier kaum möglich. Das Haus der Jugend hat wegen seiner sterilen Ausstattung und patriarchalischen Verwaltungsstruktur keine Attraktivität, Besucherschwund und Rückgang der Zahl der Veranstaltungen (von 389 im Jahre 1965 auf 163 im vorletzten Jahr) sind Zeichen einer ernsthaften Krise. Popkonzerte (die immer sehr viele Jugendliche aller Schichten anziehen) werden unter Angabe von fadenscheinigen Gründen ab sofort nicht mehr veranstaltet, politisch-engagierte Gruppen werden ausgewiesen oder müssen unter Pseudonym tagen. [...] Insgesamt will man anscheinend das ohnehin nur von exklusiven Kreis besuchte HdJ noch stärker auf Bastel-, Spiel-, Tanz und Folkloregruppen, Kinder- und Pfadfindergruppen fixieren. Hier wird Freizeit gestaltet (nur nicht von den Betroffenen) [mehrfach sic!].«

Diese Situationsbeschreibung mündete in die Forderung nach einem Jugendzentrum, »in dem die Jugendlichen sich ohne Kontrolle von oben frei bewegen und entwickeln können.« Das Anliegen verband sich zudem mit einer sozialen Komponente: »Auch sozial benachteiligte Jugendliche müssen [...] die Möglichkeit haben, in sinnvoller Weise ihre Vorstellungen zu verwirklichen.« Beigefügt waren dem Schreiben einige hundert Unterschriften, die die Initiatoren nach eigenen Angaben binnen weniger Tage gesammelt hatten.

Party mit der Polizei

Die UJZ-Initiative traf sich montags im »Haus der Jugend« und entwickelte rege Aktivitäten. Die Qualitäten ihrer verfassten Vorstellungen und Arbeitspapiere standen hinter städtischen Beschlussvorlagen nicht zurück. Diese solide Basis machte offenbar Eindruck, namens der Stadt Osnabrück bot der Dezernent für Soziales und Jugendpflege, Wolfgang Engel, ein Gespräch an, das die Initiative jedoch ablehnte, da sie, wie es in der von ihr herausgegebenen Publikation »Information 1. Unabhängiges

Das Doppelalbum »Keine Macht für Niemand« von Ton Steine Scherben erschien im Oktober 1972. Der Klassiker ist noch immer im Handel.

Jugendzentrum Osnabrück« heißt, »sich nicht berechtigt fühlte, allein für die osnabrücker jugend zu sprechen und um von vornherein zu verhindern, das [sic!] sich eine elitäre gruppe bildet, die ein vollkommen fertiges konzept als richtlinie für alle ausarbeitet und somit selbstinitiative ausschaltet.« Einer für den 10. April 1972 anberaumten Plenumsdiskussion blieben die städtischen Vertreter fern.

Am darauffolgenden Samstag veranstaltete die nichtkommerzielle Musikinitiative Osnabrück in der Schloss-Aula ein Doppelkonzert mit Die Bröselmaschine (Gage: 600 D-Mark) und Ton Steine Scherben (Gage: 650 D-Mark). Die Scherben um den charismatischen Sänger Rio Reiser waren Bestandteil der Hausbesetzerbewegung und zuvor in Berlin an der Einnahme des Georg-von-Rauch-Hauses beteiligt gewesen. Sie hatten diese Aktion in ihrem »Rauch-Haus-Song« anschaulich beschrieben. Ob die Aktion vorher geplant war oder ob die Konzertbesucher von den kämpferischen Texten der Berliner Polit-Rocker – ihre Songtitel lauteten beispielsweise »Macht kaputt, was euch kaputt macht« oder »Ich will nicht werden, was mein Alter ist« – angespornt wurden, lässt sich nicht sagen. Jedenfalls zog ein Teil des Publikums anschließend quer über die Straße, um sich das leerstehende Haus Neuer Graben 26 ›anzuschauen‹. Und »man stellte [fest] daß, das haus wegen seine größe und zentralen lage für ein jugendzentrum geradezu wie geschaffen ist [mehrfach sic!].« Am Sonntag »kamen dann auch schon n'en haufen leute in ›unser haus‹ [Anm.: eine Anspielung auf den »Rauch-Haus-Song«]. spontan bildeten sich gruppen, die die total verdreckten räume säuberten, verschiedene jugendgruppen z.b. kriegsdienstverweigerungsgruppe agittheater, gastarbeitergruppe sehen hier die möglichkeit nach ihren vorstellungen zu arbeiten [mehrfach sic!].«

Vier Jugendliche übernachteten in dem Haus und wurden am Montag im Morgengrauen von Polizisten abgeführt, wobei nach Darstellung der Betroffenen ohne Not Besen zerbrochen, Tische umgestürzt und Plakate zerrissen wurden. Danach wurde das Haus, das dem Sanierungsträger Neue Heimat gehörte, polizeilich bewacht. Dennoch gelang eine erneute Besetzung, aber nach Verhandlungen mit einem Vertreter der Stadt zog man freiwillig von dannen, um im »Haus der Jugend« den aktuellen Stand zu diskutieren. Bei dieser spontan angesetzten Veranstaltung war dann auch der städtische Sozialreferent Wagner anwesend und hinterließ bei den Jugendlichen den Eindruck, sich für ihre Belange einsetzen zu wollen. Prophetisch heißt es in einem Bericht über den Abend: »Aber der Verwaltungsweg ist lang und viele Hürden der Bürokratie sind zu überwinden.« Um ihren Forderungen Nachdruck zu verleihen, organisierten die Jugendlichen in der Folgewoche diverse bunte Protestaktionen und brachen auch das Haus am Neuen Graben immer wieder auf, das ebenso regelmäßig von der Neuen Heimat wieder verrammelt wurde. Es entspann sich ein Katz-und-Maus-Spiel mit den zur Bewachung abgestellten Polizeibeamten, bis sich drolligerweise beide Seiten am Samstag nach einer neuerlichen Besetzung und anschließenden Räumung zu einer friedlichen Party im Garten des Anwesens zusammenfanden.

Unser Haus

Das Haus Neuer Graben 26 wurde nicht zum Jugendzentrum, sondern im Zuge einer Straßenverlegung abgerissen. Zentrumsfern, im Stadtteil Schinkel an der Schinkelbergstraße 6, fand sich ein anderes

Objekt. Dieses Mal zeigte sich die Stadt entgegenkommend, nachdem die JZ-Initiative den Auflagen, einen Trägerverein zu gründen und ein jugendpflegerisches Konzept vorzulegen, nachgekommen war. Am 5. April 1973 wurde der Überlassungsvertrag unterzeichnet. Demnach stellte die Stadt das Anwesen zur Verfügung und übernahm die laufenden Kosten für das Gebäude und die Versicherung. Zudem zahlte sie einen einmaligen Zuschuss in Höhe von 2.200 D-Mark, davon 2.000 Mark in Form von Sachleistungen. Ein Minimalbetrag, der zusätzliche Spenden erforderlich machte, wenn der UJZ e. V. den selbstgestellten Aufgaben gerecht werden wollte. Einen Haken allerdings hatte die Vereinbarung: Das Haus war ebenfalls für den Abriss vorgesehen. Es sollte Platz machen für das heute an besagter Stelle zu findende Schinkelbad. Trotz dieser Befristung gingen die Jugendlichen, die bis dahin große Beharrlichkeit bewiesen hatten, mit großem Engagement an die Arbeit, richteten die Räumlichkeiten her und planten auch bereits eine Erweiterung durch Hinzunahme einer angrenzenden Tischlerwerkstatt. In Flugblättern wurde immer wieder dazu aufgefordert, dass sich über die Vereinsmitglieder hinaus alle Jugendlichen an der Ausgestaltung der Räume und sämtlicher Angebote beteiligen sollten. Dazu gab es mittwochs ein Plenum, auf dem die betreffenden Belange erörtert wurden. Geöffnet war der Treffpunkt mittwochs bis sonntags jeweils ab 17.00 Uhr. Der Zuspruch war so groß, dass sich die Immobilie bald als zu klein erwies, zumal sich die Initiatoren bereitfanden, auch jüngsten Besuchern Aufenthaltsmöglichkeiten zu bieten, wie einem Flugblatt entnommen werden kann: »(...) schon vom ersten Tag an suchten Scharen von Kindern im UJZ eine Möglichkeit zum Spielen. Das ist zu verstehen, wenn man sieht, daß die städtischen Behörden hier versagt haben, denn es gibt zu wenig Kindergartenplätze, Schularbeitszirkel und kindgerechte Spielmöglichkeiten. Das UJZ hat deshalb einen ersten Schritt nach vorn gemacht: gleich in den ersten Tagen wurde eine Kindergruppe in den obersten Räumen des Hauses eingerichtet, die z.ZT. [sic!] Di. und Fr. und bald an 5 Tagen in der Woche Kinder betreuen und bei den Schularbeiten anleiten wird.« Angesichts dieser Ausweitung des Angebots war es verständlich, dass der Verein binnen kurzem von der Stadt eine Aufstockung der finanziellen Zuwendungen forderte.

Von Godot bis Franz K.

Trotz der räumlichen und finanziellen Beschränkungen vermochten es die Jugendlichen auf Anhieb, in Eigeninitiative ein beachtliches Kulturangebot auf die Beine zu stellen. Schon einen Monat nach Übernahme des Hauses gab es beispielsweise regelmäßige Filmvorführungen. Osnabrück besaß zu diesem Zeitpunkt nur noch vier Filmtheater, die ihre Programme seinerzeit vor allem mit Massenware und Sexfilmen bestritten. Gehobene Filmkunst wurde allein donnerstags geboten, im Hasetor und Rosenhof vorwiegend populäre Klassiker, im Astoria gelegentlich auch Erstaufführungen, darunter Beispiele des jungen amerikanischen Kinos. Nichtgewerbliche Filmarbeit betrieb in erster Linie die Junge Filmgemeinde im »Haus der Jugend«. Hier allerdings gelangte nur alle 14 Tage ein Film zur Aufführung, und es musste jeweils ein Abonnement für sechs Filme en bloc erworben werden.

Insofern war die Arbeit der »UJZ-Filminitiative«, die für alle Besucher offen einmal wöchentlich tagte, eine deutliche Bereicherung des kulturellen Lebens, zumal die Eintrittspreise sich ausschließlich an den Kosten orientierten und somit konkurrenzlos niedrig lagen, in der Anfangswoche zum Beispiel bei maximal 50 Pfennigen (später eine Mark) pro Film. Die Programmatik der Kinogruppe wurde in einer Veranstaltungsübersicht publik gemacht: »die filminitiative bemüht sich, filme zu zeigen, die unsere probleme als jugendliche in dieser gesellschaft betreffen. Wir wollen keine traumwelt, keine flucht aus den uns betreffenden fragen. Nach den filmen ist die möglichkeit (keine pflicht) zur diskussion und an den film anschließende aktivitäten gegeben.«

Die erste Programmwoche des UJZ-Kinos ist wie folgt dokumentiert:

5.5.-6.5.	Warten auf Godot
9.5.-13.5.	Weil ich kein Kind mehr bin (DDR)
16.5.-19.5.	Katzelmacher
23.5.-26.5.	Ich heiße Erwin und bin 17 Jahre alt
31.5.-2.6.	Schule? Opas Penne!!! Wie lange noch?? (Schülerfilm)

Sowohl dem Programm wie der Organisation nach war hier schon angelegt, was später beispielsweise die Arbeit der Initiative Unifilm (ab 1975) und der Kinogruppe in der Lagerhalle (ab Ende 1976) kennzeichnen sollte.

Demgegenüber hatte die Organisation von Non-Profit-Konzerten dank der Musikinitiative Osnabrück, die ihre Einnahmen und Ausgaben in Alternativblättern öffentlich machte, bereits eine gewisse Tradition. Das UJZ knüpfte daran an. Nach einer dreimonatigen Schließungszeit, in der in Eigenregie die angrenzende ehemalige Tischlerwerkstatt zum Veranstaltungssaal umgebaut worden war, gab es ein regelmäßiges Konzertangebot. Nicht zuletzt wurden Auftrittsmöglichkeiten für Osnabrücker Bands geschaffen. Diese Konzerte fanden zumeist sonnabends statt. Im November 1973 gastierten die gerade reformierten Missus Beastly, die Osnabrücker Formation Tetragon und die Polit-Rock-Band Franz K. Am 23. November gab es eine Jam-Session. Zusätzlich veranstaltete das UJZ ein Konzert mit dem Folk-Barden Tucker Zimmerman im »Haus der Jugend«. Annonciert wurde ferner ein Gastspiel der niederländischen Bluesrocker Livin' Blues in der Aula der Fachhochschule am Westerberg, in jenen Jahren neben der Halle Gartlage der einzige Saal, der für größere Rock-Konzerte genutzt werden konnte.

> **Stefan Josefus, Schlagzeuger, Texter und Produzent von Franz K.:**
> *Ich habe in meinen Unterlagen einen Vermerk gefunden, dass wir auf der Fahrt zum Gig nach Osnabrück 1973 mit unserem berühmt berüchtigten Bandwagen, dem legendären Leichenwagen Marke Opel Blitz, Bj. 56, eine Reifenpanne auf der Autobahn hatten. Ich habe davon sogar noch ein kleines Schwarzweiß-Foto. Das hatte uns aber nicht daran gehindert, in Osnabrück anzukommen und aufzutreten.*

Noch im März 1974 organisierte der UJZ-Verein einen Auftritt der Jugendtheatergruppe »Rote Grütze« mit dem Stück »Darüber spricht man nicht« in der Aula der PH (Schloss).

Neben Film und Konzerten nahmen Gruppenaktivitäten großen Raum ein und sollten mit der Zeit noch ausgeweitet werden. Doch dazu kam es nicht mehr. Am 29. Dezember verwüsteten Schinkelaner Jugendliche, selbst regelmäßige Besucher des Hauses, aus Frustration über dessen vorübergehende Schließung das Zentrum derart, dass sich bis auf weiteres jede Nutzung ausschloss. Ein Foto aus dem Februar 1974 zeigt das Gebäude an der Schinkelbergstraße als halbe Ruine.

Der Traum ist aus

Dieser Rückschlag war von einer solchen Wucht, dass der Vereinsvorstand aufgab und der Trägerverein vorerst alle Aktivitäten einstellte. Das Bedürfnis nach einem Jugendzentrum und jugendorientierter Kulturarbeit aber war ungebrochen. Jüngere Akteure rückten nach, bald verband sich das Ringen um ein Unabhängiges Jugendzentrum mit dem Kampf gegen die Stadtsanierung. Diese Entwicklung brachte eine Ausweitung der Proteste und Protestformen mit sich und es entstand eine Koalition mit Betroffenen und einer bürgerlichen Opposition, die gegen die Zerstörung von Osnabrücks Innenstadt aufbegehrte – an der Dielingerstraße beispielsweise wurde ein kompletter Straßenzug abgerissen, die Weiterführung der dann sechsspurigen Strecke durch eine Schneise im Herrenteichswall bis hin zum Nonnenpfad war lange Zeit fester Bestandteil einer aberwitzigen Planung. Die Sanierungsgegner wussten dabei Denkmalschützer und Kulturhistoriker auf ihrer Seite. Seitens der Jugendlichen kam es erneut zu Hausbesetzungen.
Bis zur

links: Das Haus Schöningh war vorübergehend besetzt und wurde als selbstverwaltetes Jugendzentrum genutzt.
rechts: Als wertvoll eingestuft, dennoch in Trümmer gelegt: das Haus Schöningh am Domhof.

behördlichen Räumung wurde beispielsweise das städtebaulich wertvolle Haus Schöningh an der Ecke Lortzingstraße/Domhof als Jugendzentrum beansprucht und über zwei Monate hinweg bis zum Abriss, der entgegen einer einstweiligen Anordnung des Verwaltungsgerichts erfolgte, auch als solches genutzt. Der Tonfall zwischen den Kontrahenten war inzwischen deutlich frostiger geworden – der damalige Oberstadtdirektor Wimmer titulierte den Sprecher der Jugendzentrumsinitiative öffentlich als »kriminellen Hausbesetzer«, umgekehrt fielen auch manche Flugblatt-Texte recht unfreundlich aus. Immer wieder kam es, gerade in Zusammenhang mit der kompromisslosen Durchsetzung der Sanierungsmaßnahmen, zu Polizeieinsätzen und auch zu dubiosen Übergriffen von Privatleuten, denen das breite Bündnis aus Jugendzentrumsbewegung und bürgerlichen Sanierungsgegnern offenbar ein Dorn im Auge war.

Trotz der Abkühlung des Gesprächsklimas gelang es, die Pläne für die Bereitstellung eines Gebäudes zur Nutzung als Unabhängiges Jugendzentrum voranzutreiben. Ausgewählt worden war ein früheres Polizeirevier am Hasetorwall 18. Nachdem lange verhandelt worden war und die UJZ-Initiative zahlreiche Auflagen der Stadt, die unter anderem die dauerhafte Mitarbeit eines Sozialarbeiters einforderte, erfüllt und auch massive Einschränkungen ihrer Wünsche hingenommen hatte, wurde der Überlassungsvertrag im Februar 1976 unterzeichnet. Trotz dieser allgemein als positiv betrachteten Entwicklung sprach Oberstadtdirektor Wimmer noch kurz vorher davon, das »UJZ werde wohl platzen«. Der Vorstand des UJZ war dann ungeschickt genug, Wimmer einen Anlass zu geben, eben diese Hoffnung zu verwirklichen: Ein Vorstandsmitglied ließ sich in der Presse mit den Worten zitieren, der Vertrag sei »nur ein Fetzen Papier, den zu unterschreiben notwendig war, um das Haus zu kriegen.« Diese Äußerung nahm der Verwaltungsausschuss zum Anlass – manche nannten es einen Vorwand –, den eben erst ratifizierten Vertrag mit der UJZ-Initiative fristlos zu kündigen. Die entsprechende Pressemitteilung ging einher mit der Ankündigung, die Stadt werde das frühere Polizeirevier zunächst in Eigenregie als Jugendzentrum übernehmen und eventuell zu einem späteren Zeitpunkt in die Verantwortung jugendlicher Träger übergeben.

Das Haus am Hasetorwall wurde, obwohl ein entsprechender Beschluss des Verwaltungsausschusses vorlag, nie als Jugendzentrum genutzt. Im Juni 1976 verbreitete die »Neue Osnabrücker Zeitung« eine entlarvende Stellungnahme des Oberstadtdirektors Wimmer, derzufolge »alle, die ein Jugendzentrum wirklich ›unabhängig‹ machen wollten, einer Illusion nachliefen.«

Ausweichquartier »Hyde Park«

Trotz seines vorzeitigen Endes und einer auch deshalb äußerst unglückseligen Entwicklung, weil fortan das unverschuldete Scheitern von Vertretern der Verwaltung und der Politik des Öfteren als Argument gegen ein selbstbestimmtes Jugendzentrum angeführt wurde, gingen vom ersten selbstverwalteten Jugendtreffpunkt am Schinkelberg und zum Teil auch von dessen direkten Nachfolgern wesentliche Impulse aus. Diese betrafen die alternative Presse, die Kultur-, aber auch die Kinder- und

Jugendarbeit. Im Februar 1977 wurde wiederum im Schinkel seitens der Stadt mit dem »Ostbunker« ein Kinder- und Jugendzentrum eingerichtet, bei dessen Planung und Ausgestaltung die Jugendlichen von der ersten Phase an eingebunden waren. Das Resultat beschrieb die »Neue Osnabrücker Zeitung« mit den Worten: »Der Ansturm auf Osnabrücks erstes und bislang einziges Jugendzentrum war enorm (...).« Von der Animation zur Eigeninitiative über Kino bis zum Musikangebot – die ab 1984 regelmäßig an jedem letzten Freitag im Monat stattfindenden Punk-Konzerte wurden legendär und über Osnabrücks Stadtgrenzen hinaus bekannt – finden sich zumindest in den Anfangsjahren des Ostbunkers viele konzeptionelle Ideen, die beinahe gleichlautend auch schon von der Jugendzentrumsinitiative verfolgt worden waren.

Ohne jugendpflegerischen Anspruch, aber eindeutig ähnlich zeigte sich auch das Angebot des »Hyde Parks«, als der 1976 öffnete. Es gab am Wochenende regelmäßig Konzerttermine und einen wöchentlichen Kinoabend mit Filmen, darunter Titel, die auch schon im Unabhängigen Jugendzentrum aufgeführt worden waren. Ob großzügige Öffnungszeiten und Verzicht auf Eintrittsgelder und Verzehrzwang, die Landschaft aus Lümmelsofas oder die bestens sortierte Teestube – im »Hyde Park« der Anfangsjahre wurden zahlreiche Ansprüche erfüllt, die die damalige Jugend mit einem selbstverwalteten Jugendzentrum verband, sodass der »Park« sicherlich für manche enttäuschte UJZler zum Ausweichquartier wurde.

Laut Conny Overbeck war dieser Effekt kein Resultat bewusster Planung; die besondere Anmutung des »Parks« verdankte sich den gegebenen Räumlichkeiten, die Möblierung den beschränkten finanziellen Möglichkeiten der frischgebackenen Pächter. Alles zusammen aber entsprach, wie auch die programmliche Gestaltung, schlicht dem zeittypischen Geschmack und damit der Nachfrage des Zielpublikums. Im Herbst 1981 musste der Osnabrücker Oberbürgermeister Weber, der sich infolge von Anliegerbeschwerden mit dem »Hyde Park« befasst hatte, einräumen: »(...) etwas so Alternatives wie den Hyde Park hat die Stadt mit den Jugendzentren nicht aufbauen können.«

Hans-Georg Weisleder, ehemals in der Jugendzentrumsbewegung aktiv, später Mitarbeiter des »Hyde Parks« und heute Stadtjugendpfleger von Osnabrück, bestätigt:

> Die Alternative zum elterlichen Wohnzimmer: Möbel zum Herumlümmeln und eine Teestube waren in den Siebzigern Standard.

»Das war genauso, wie wir uns eigentlich ein Jugendzentrum vorgestellt haben. Mit viel größeren Möglichkeiten, als wir es uns in Georgsmarienhütte selbst geschaffen hatten. Das war auch ziemlich groß, bot aber nicht die Möglichkeiten wie der ›Hyde Park‹. Die Preise waren günstig, es gab keinen Verzehrzwang und das Miteinander war leger. Es gab unter anderem einen Billard- und Kickerbereich und eine Teestube. Man kann schon sagen, dass viele das eher als Jugendzentrum empfunden haben, wobei vergessen wurde, dass das eigentlich ein kommerzielles Angebot war, von dem die Pächter, die Betreiber, ja auch gelebt haben.«

Ein paar Jahre später, im Zuge des Neubeginns am Fürstenauer Weg, wurde der Zusammenhang zur Jugendzentrumsbewegung nochmals deutlich, als die Sozialistische Jugend Deutschlands – Die Falken in einem Flugblatt zwar für den Erhalt des »Hyde Parks« eintrat, im selben Atemzug aber eine veränderte Trägerschaft forderte, da »das kulturelle Angebots [sic!] des Hyde Parks stark nachgelassen« habe und in »keinem Verhältnis zu den hohen Getränke [sic!] und Konzertpreisen« stehe. Deshalb forderten Die Falken unter anderem:

»EINEN SELBSTVERWALTETEN HYDE PARK DURCH DIE OSNABRÜCKER JUGEND
› dadurch ein besseres Kulturprogramm (da Profite nicht mehr in private Kassen fließen)
› die Förderung anderer selbstverwalteter Jugendeinrichtungen […]«

Die Zeiten aber waren bereits im Wandel begriffen. Die Prinzipien des Profitverzichts und der Selbstverwaltung wurden letztendlich abgelöst von Ideen wie Start-up und Ich-AG. Der »Hyde Park« freilich behielt seinen Rang und auch seine Bedeutung im Rahmen jugendlicher Freizeitgestaltung, wie sich einer Expertise der RAG-Nord entnehmen lässt: »Das zentrale pädagogische Argument in diesem Zusammenhang lautet: Der Hyde-Park ist eine zeitgemäße Veranstaltung für Jugendliche und ergänzt (nicht ersetzt !) [sic!] andere Freizeitangebote im öffentlichen Bereich. Damit trägt der Hyde-Park einer spezifischen Entwicklung der realen Lebensverhältnisse von Jugendlichen Rechnung. Die herkömmlichen pädagogischen Konzepte erreichen nicht mehr alle Jugendlichen, weil sie sich in der Regel nur zu langsam und bürokratisch auf die rasch wandelnden Lebensbedingungen, deren Ergebnis das Verhalten der Jugendlichen nach neuen eigenen Werten ist, umstellen können.«

Quellen

Holger Baum: Gegendarstellung. Neue Osnabrücker Zeitung, 15.4.1975.
Hanna von Behr/Harald Keller: Interview Hans-Georg Weisleder, 2010.
d.: Lärm und Schmutz lassen Anlieger nicht schlafen. Neue Osnabrücker Zeitung, 25.9.1981.
Diverse: Der Osnabrücker Bürger. Juni 1975.
Diverse: Zeitung für Osnabrück, Nr. 1, Februar 1978.
-dr-: In der Teestube wird ab und zu auch Tee gekocht. Neue Osnabrücker Zeitung, 7.4.1976.
Wolfgang Engel: Gegendarstellung. Neue Osnabrücker Zeitung, 12.4.1975.
Harry Friebel, Doris Gunkel-Henning, Jürgen Prott, Stephan Toth: Selbstorganisierte Jugendgruppen zwischen Partykultur und politischer Partizipation, Opladen: Westdeutscher Verlag, 1979.
-fhv-: »Nur ein Fetzen Papier«. Neue Osnabrücker Zeitung, 1.3.1976.
-jo-: Stadt hat grünes Licht. Neue Osnabrücker Zeitung, 5.4.1975.
B. Landeck/Initiativbündnis Jugendzentrum: »Offener Brief an die Stadt Osnabrück«, 2.3.1972.

H.: »Für öffentliche Zwecke geeignet«. Jugendliche besetzten Haus Schöningh. Neue Osnabrücker Zeitung, 21.1.1975.

H.: CDU: »UJZ-Vertrag fristlos kündigen«. Neue Osnabrücker Zeitung, 3.3.1976.

Helmut Hertel: Stadt nach wie vor zu Gesprächen bereit. Neue Osnabrücker Zeitung, 25.1.1975.

Hartmut Holtmann: Haben die Bürger in Osnabrück etwas zu sagen? Süddeutsche Zeitung, Nr. 17, 22./23.1.1972.

Hans N.: Leserbrief in der Neuen Osnabrücker Zeitung, 10.3.1979.

O. V.: Pädagogische Intentionen eines unabhängigen Jugendzentrums. Konzeptpapier, 1972.

O. V.: Heute Bezug des Jugendzentrums. Gestern Vertrag unterzeichnet. Neue Osnabrücker Zeitung, 5.4.1973.

O. V.: Jugendzentrum von Rowdies demoliert. Neue Osnabrücker Zeitung, 2.1.1974.

O. V.: Bildunterschrift Unabhängiges Jugendzentrum Schinkelbergstraße. Neue Osnabrücker Zeitung, 8.2.1974.

O. V.: Auch Jusos für Jugendzentrum. Neue Osnabrücker Zeitung, 23.11.1974.

O. V.: »Keine spürbaren Ergebnisse«. Neue Osnabrücker Zeitung, 30.1.1975.

O. V.: »Widerrechtliche Hausbesetzung für UJZ ein schlechter Dienst«. Neue Osnabrücker Zeitung, 7.3.1975.

O. V.: »Die Hausbesetzer sind eine kriminelle Vereinigung!« Neue Osnabrücker Zeitung, 14.4.1975.

O. V.: SPD: Nicht als Mitläufer von Kriminellen mißbrauchen lassen. Neue Osnabrücker Zeitung, 15.4.1975.

O. V.: »Ihre Ziele sind gerechtfertigt«. Stellungnahme der Arbeitsgemeinschaft Stadtsanierung. Neue Osnabrücker Zeitung, 15.4.1975.

O. V.: Jusos für UJZ am Hasetorwall. Neue Osnabrücker Zeitung, 6.6.1975.

O. V.: Stadt: Jugendzentrum nur in öffentlicher Verantwortung. Neue Osnabrücker Zeitung, 20.6.1975.

O. V.: Störung der Verhandlungen? Neue Osnabrücker Zeitung, 11.7.1975.

O. V.: Stadt entwirft den Vertrag für Jugendzentrum Hasetorwall. Neue Osnabrücker Zeitung, 5.9.1975.

O. V.: Jusos zum UJZ: »Wimmer handelt doppelzüngig«. Neue Osnabrücker Zeitung, 26.6.1975.

O. V.: »Polemik schadet UJZ«. Neue Osnabrücker Zeitung, 28.6.1975.

O. V.: »Vertragsentwurf ablehnen«. Presseerklärung des Unabhängigen Jugendzentrums (UJZ), Neue Osnabrücker Zeitung, 17.9.1975.

O. V.: Stadt kündigt Vertrag mit UJZ. Neue Osnabrücker Zeitung, 11.3.1976.

O. V.: »Nicht leichtfertig«. Stellungnahme der SPD-Fraktion. Neue Osnabrücker Zeitung, 11.3.1976.

O. V.: Die Mehrheit lehnt ab. Neue Osnabrücker Zeitung, 3.4.1976.

O. V.: UJZ eine Illusion? Neue Osnabrücker Zeitung, 26.6.1976.

O. V.: UJZ nicht von Jusos abhängig machen ... Neue Osnabrücker Zeitung, 30.6.1976.

O. V.: Zur sozial- und jugendpolitischen Bedeutung des »Hyde-Parks«. Auszug aus der Niederschrift der öffentlichen Sitzung des JWA (= Jugendwohlfahrtsausschuss) vom 24.08.1983.

O. V.: Wir brauchen Geld. Flugblatt des Jugendzentrum Osnabrück e. V.

Anne Paech: Kino zwischen Stadt und Land. Marburg 1985.

RAG-Nord (= Regionale Arbeitsgemeinschaft): Zwischenbericht über das Projekt »Jugendpolitische Perspektiven der Stadt Osnabrück am Beispiel der Entwicklung um den Hyde-Park und die Jugendeinrichtungen in städtischer und freier Trägerschaft«

Sabine S.: Leserbrief in der Neuen Osnabrücker Zeitung, 26.1.1979.

Schl.: »Die Ratsfraktionen betreiben menschenfeindliche Politik«. Neue Osnabrücker Zeitung, 15.1.1975.

Ulrike Schmidt: Hier krempelten junge Leute die Ärmel auf. Neue Osnabrücker Zeitung, 5.2.1977.

Jochen Schrader: Das UJZ eröffnet in Kürze. Pressemitteilung des Unabhängigen Jugendzentrums e.V., o.J. [1976].

-sh-: Heute Bezug des Jugendzentrums. Neue Osnabrücker Zeitung, 5.4.1973.

-sö-: Sozial-Diskothek in Osnabrück? Neue Osnabrücker Zeitung, 7.3.1979.

-sö-: Der »Hyde Park« ist wieder geöffnet. Neue Osnabrücker Zeitung, 9.3.1979.

Stefan Thürmer u. a.: Weiterhin kommerzieller Hyde Park????? Flugblatt, o. J.

Unabhängiges Jugendzentrum: Diverse Flugblätter aus den Jahren 1972 ff..

Unabhängiges Jugendzentrum (Hg.): Information 1. Unabhängiges Jugendzentrum Osnabrück. Mitteilungsblatt des Initiativbündnisses Jugendzentrum, 1972.

Unabhängiges Jugendzentrum: Offener Brief an die Stadt Osnabrück, 12.1.1973.

Unabhängiges Jugendzentrum (Hg.): Programm November '73.

Unabhängiges Jugendzentrum (Hg.): UJZ-info, 10.6.1975.

Unabhängiges Jugendzentrum (Hg.): Osnabrücker Fresse. Zeitung des Jugendzentrum Osnabrück. Februar 1975.

-wkö-: Aus Ärger über Schließung das Jugendzentrum demoliert. Neue Osnabrücker Zeitung, 15.3.1974.

Reiner Wolf u. a.: Interview mit Conny Overbeck, 2011.

Zi. (= Wendelin Zimmer): Weber: Keine Repressalien gegen die Hausbesetzer. Neue Osnabrücker Zeitung, 5.4.1975.

Zi. (= Wendelin Zimmer): Parteien und Verbände fordern Aufklärung. Neue Osnabrücker Zeitung, 11.4.1975.

Zi. (= Wendelin Zimmer): Verwaltungsgericht: Stadt war der richtige Adressat. Neue Osnabrücker Zeitung, 12.4.1975.

Wendelin Zimmer: Stadtverwaltung ignoriert Gerichtsbeschluß. Neue Osnabrücker Zeitung, 10.4.1975.

Rauch-Haus-Song[4]

von Ton Steine Scherben, 1972
T/M: Rio Reiser und R. P. S. Lanrue

Der Mariannenplatz war blau, soviel Bullen waren da,
und Mensch Meier musste heulen, das war wohl das Tränengas.
Und er fragt irgendeinen: »Sag mal, ist hier heut 'n Fest?«
»Sowas Ähnliches«, sacht einer, »das Bethanien wird besetzt.«
»Wird auch Zeit«, sachte Mensch Meier, stand ja lange genug leer.
Ach, wie schön wär doch das Leben, gäb es keine Pollis mehr.
Doch der Einsatzleiter brüllte: »Räumt den Mariannenplatz,
damit meine Knüppelgarde genug Platz zum Knüppeln hat!«

Doch die Leute im besetzen Haus
riefen: »Ihr kriegt uns hier nicht raus!
Das ist unser Haus, schmeißt doch endlich
Schmidt und Press und Mosch aus Kreuzberg raus.«

Der Senator war stinksauer, die CDU war schwer empört,
dass die Typen sich jetzt nehmen, was ihnen sowieso gehört.
Aber um der Welt zu zeigen, wie großzügig sie sind,
sachten sie: »Wir räumen später, lassen sie erstmal drin!«
Und vier Monate später stand in Springers heißem Blatt,
dass das Georg-von-Rauch-Haus eine Bombenwerkstatt hat.
Und die deutlichen Beweise sind zehn leere Flaschen Wein
und zehn leere Flaschen können schnell zehn Mollies sein.

---

4   Abdruck mit freundlicher Genehmigung von Gert C. Möbius.

Doch die Leute im Rauch-Haus
riefen: »Ihr kriegt uns hier nicht raus!
Das ist unser Haus, schmeißt doch endlich
Schmidt und Press und Mosch aus Kreuzberg raus.«

Letzten Montag traf Mensch Meier in der U-Bahn seinen Sohn.
Der sagte: »Die woll'n das Rauch-Haus räumen,
ich muss wohl wieder zu Hause wohnen.«
»Is ja irre«, sagt Mensch Meier »sind wa wieder einer mehr
in uns'rer Zweiraum Zimmer Luxuswohnung und das Bethanien steht wieder leer.
Sag mir eins, ha'm die da oben Stroh oder Scheiße in ihrem Kopf?
Die wohnen in den schärfsten Villen, unsereins im letzten Loch.
Wenn die das Rauch-Haus wirklich räumen,
bin ich aber mit dabei und hau den ersten Bullen,
die da auftauchen, ihre Köppe ein.

Und ich schrei's laut:
»Ihr kriegt uns hier nicht raus!
Das ist unser Haus, schmeißt doch endlich
Schmidt und Press und Mosch aus Kreuzberg raus.«

3x
Und wir schreien's laut:
»Ihr kriegt uns hier nicht raus!
Das ist unser Haus, schmeißt doch endlich
Schmidt und Press und Mosch aus Kreuzberg raus.«

Reiner Wolf: Conny Overbeck im Porträt

*Ich saß zwischen Hundegebirgen in karierten Gärten,
spielte Wandergitarre, wie im CVJM gelernt,
und konnte mich nicht entscheiden
zwischen Reinhard Mey und Kick Out The Jams, Motherfuckers.
Tohuwabohu.*
(Textzeilen aus »Tohuwabohu« vom in Osnabrück aufgewachsenen Sänger Heinz Rudolf Kunze, Jahrgang 1956)

Aus dem privaten Album: Cornelia Overbeck (links) beim ›Döllmern‹ im elterlichen Wohnzimmer

Wenn es nicht zu pathetisch klänge, könnte man sagen: Cornelia Overbeck, das Mädchen mit dem urwestfälischen Namen, hat den Rock 'n' Roll in die nordwestdeutsche Provinz gebracht. Mit der Gründung des »Hyde Parks« wurde Osnabrück zu einer festen Größe in den Tourplänen vieler internationaler Rock-Acts. Und auch die regionale Szene profitierte durch Connys Club. Cornelia Overbeck wird im Dezember 1952 in eine klassische Ernährer-Hausfrau-Kind-Familie hineingeboren. Ihre Schwester ist zu diesem Zeitpunkt schon neun Jahre alt. Die Familie bewohnt eine Dachgeschosswohnung in der Gertrudenstraße.

Cornelia Overbecks Vater Herbert war im Zweiten Weltkrieg noch kurz vor seinem Abitur eingezogen worden, als Rekrut nach Osnabrück gekommen und hatte hier seine künftige Frau kennen gelernt. 1943 fand während eines Fronturlaubs die Vermählung von Herbert und Liselotte statt, einige Monate später kam das erste Kind Bärbel zur Welt.

Nach dem Krieg kann Herbert Overbeck den Lebensunterhalt seiner jungen Familie durch eine Stelle bei den Osnabrücker Kupfer- und Drahtwerken (OKD) sichern. Ganz den Werten des Wirtschaftswunders verhaftet, bemüht er sich um den sozialen Aufstieg. Der gesellschaftliche Status machte sich damals wie heute am Einkommen fest oder, das war eher zeittypisch, an einer erfolgreichen Laufbahn im Staatsdienst. Herbert Overbeck wechselt deshalb zur Deutschen Bundespost, damals noch eine Bundesbehörde. »... da hat sich dann mein Vater zum Postamtmann hochgearbeitet«, berichtet Conny Overbeck. Sie ist 15, als die Familie in die Bozener Straße zieht, in eine eigens für Postbedienstete errichtete Siedlung.

In manchen Darstellungen werden die Jahrgänge 1951 und 1952 den so genannten »68ern« zugerechnet. Diese Einordnung ist allerdings nicht unproblematisch. Als 1967 die Schlüsselereignisse der »68er« Schlagzeilen machen, befinden sich die nach 1950 geborenen in einer gänzlich anderen Situation als die meinungsführenden Studenten: Sie leben als Schüler noch bei ihren Eltern. Conny Overbeck beispielsweise ist 14, als die tödlichen Schüsse auf Benno Ohnesorg fallen.

In diesem Sinne »schlittert« Conny haarscharf an den »68ern« »vorbei«. Sie und viele ihrer Altersgenossen bilden eher so etwas wie die Nachhut dieser Revolte. In der zeitgenössischen Publizistik wundert man sich über dieses Phänomen eines säkularen »Kinderkreuzzuges« (Günter Amendt). Wie Schulkameraden und Freundinnen auch, hat Conny als politisierte Schülerin die »Peking Rundschau« abonniert und ist beteiligt an Protestaktionen gegen Fahrpreiserhöhungen. Sie wächst damit in ein Umfeld hinein, in dem eine linke Gesinnung viel mehr dem Mainstream entspricht als in den Altersgruppen der rebellischen Studenten von 1967/68, welche sich eine solche Haltung erst erarbeiten mussten.

Diese nachfolgenden Jahrgänge lassen sich nur schwerlich als eine eigene Generation betrachten; es mangelt ihnen an identitätsstiftenden Gemeinschaftserlebnissen, die sie zu einer »echten« Generation mit eigenen Mythen und ganz eigenem Lebensstil, eigener Kleidung oder eigener Musik zusammenschweißen. Connys Altersgenossen zehren von den kollektiven Erlebnissen und Erinnerungen der älteren Geschwister – so mancher vielleicht mit dem nagenden Gefühl, nicht zur richtigen Zeit am richtigen Ort gewesen zu sein.

Doch auch für Conny sollte sich eine Gelegenheit ergeben, zur rechten Zeit am rechten Ort zu sein. Zum »rechten Ort« siehe den Beitrag über das »Schweizerhaus« in diesem Buch, zur »rechten Zeit«: Erstarrte Konventionen werden nicht nur von radikalen Minderheiten in Frage gestellt. Unter den Rahmenbedingungen einer mentalen wie ökonomischen Entspannung liberalisiert und pluralisiert sich in der Bundesrepublik die Gesellschaft auf breiter Basis. In der Politik will der ehemalige Widerstandskämpfer Willy Brandt als Kanzler »mehr Demokratie wagen«. Die Utopie anstreben, um das Mögliche zu erreichen, lautet einer seiner Leitsätze. Und bei der Fußballweltmeisterschaft 1974 treten für die BRD ein paar langhaarige Spieler an, die wegen ihrer Frisur wenige Jahre zuvor sicherlich aus dem Kader geflogen wären.

Auch im Bereich der Popmusik findet eine Pluralisierung der Stile statt. Connys Vorpächter, der Konzertmanager Gerd Ebel, macht Anfang der Siebzigerjahre einen Bruch in der Musikentwicklung aus, nachdem die Beatles als großer Hegemon in den Sechzigerjahren alles zusammengehalten hatten: »Und dann, nach drei, vier Jahren, splittete sich das schon wieder auf. Dann kamen Deep Purple, rockigere, progressivere Musik, in Deutschland Amon Düül und Guru Guru und wie sie alle hießen. Da war dann der Zeitpunkt gekommen, wo sich das alles rechnete! Da hat die Conny – wahrscheinlich unbewusst – das Richtige gemacht.«

Die Rock-Musik hat trotz zunehmender Popularität in den Siebzigerjahren ihre subversiven Kanten noch nicht gänzlich verloren; die härtesten und unerbittlichen Kämpfe mit der Elterngeneration aber sind schon ausgetragen. Dennoch bleibt Musik als Abgrenzungsmerkmal für diese Altersgruppen wichtig.

Seit 1965 sorgt der »Beat Club« für Streit über das nachmittägliche Fernsehprogramm in bundesdeutschen Wohnzimmern. Auch für Conny galt: »Samstags, diese halbe Stunde, das war heilig.« Und in den Kinderzimmern ermöglicht der zunehmende Wohlstand das Abspielen der Musik über *eigene* Schallplattenapparate beziehungsweise Tonbandgeräte. »Da hatte man so einen kleinen Schallplattenapparat gehabt – und Singles von den Beatles; die hat man immer wieder aufgelegt, mitgesungen und versucht, den Text mitzuschreiben, wenn der nicht in der ›Bravo‹ abgedruckt war. Die Platten, das war mein Schatz!«

Connys musikalische Sozialisation verläuft beinahe klassisch: Zu den »sakrosankten« Beatles gesellen sich irgendwann die rebellischeren Stones, bevor Conny Bands wie die Kinks oder Pretty Things für sich entdeckt.

Ihre erste Konzerterfahrung verdankt sie noch den braven Bee Gees: Mit 16 fährt sie, vom Schwager zum Bahnhof gebracht und von dort auch wieder abgeholt, zu deren Konzert mit dem Zug nach Münster. Ein Jahr darauf reist sie zum »Love and Peace Festival« auf die Ostseeinsel Fehmarn. Das als Antwort auf »Woodstock« geplante Musikfest geht im Chaos unter; aber immerhin erlebt Conny, gemeinsam mit 20.000 Menschen, den letzten Auftritt von Jimi Hendrix.

1974 wird der Musikagent und Veranstalter Gerd Ebel bei einem »Terrassenfest« der Fachhochschule Osnabrück auf die rührige Mitorganisatorin Conny Overbeck aufmerksam. Nachdem die spätere »Hyde Park«-Wirtin auf dem Zweiten Bildungsweg ihre Fachhochschulreife erlangt hatte, studierte sie zunächst in Wuppertal Betriebswirtschaft. Den Eltern missfiel jedoch das ausschweifende Partyleben der Tochter dort, so dass sie ihre Jüngste nach einem Semester ins heimische Osnabrück zurückholten, wo sie besser zu kontrollieren war – wer bezahlt, bestimmt auch, wo es langgeht. Hier, an der frisch gegründeten Fachhochschule, setzte sie ihr Studium fort und war damit eine der ersten Frauen im Rund der Kommilitonen: »Da mussten erst mal die Dozententoiletten zu Damentoiletten umfunktioniert werden.« Gerd Ebel fragt sie, ob sie nicht beim »Bauernschwof« seines Saalbetriebs »Kramer« in Rüschendorf als Thekenkraft helfen wolle. Für die 22-jährige Studentin eine gute Gelegenheit, sich zu finanzieren: »An einem Wochenende konnte ich 150 D-Mark verdienen, das war damals gutes Geld.«

Als Ebel 1975 das ehemalige Ausflugslokal »Schweizerhaus« übernimmt, bietet sich Conny die Gelegenheit, statt an den Wochenenden immer aufs Land fahren zu müssen, nun über die Woche weitgehend eigenverantwortlich die »Pinte« des »Schweizerhauses« zu betreiben. Das »Schweizerhaus« hat schon bessere Tage erlebt. So sind anfangs nur »Opa Willi« und ein paar weitere Stammgäste zu bewirten. Conny zieht aber schnell Leute aus ihrem Bekanntenkreis dorthin, wo sie Billard spielen und preisgünstig Bier trinken können. In dieser Atmosphäre reift die Idee, dass man aus dem Gebäudekomplex doch mehr machen könne. Conny: »Das ist ja nicht alles auf meinem Mist gewachsen. Die anderen sind zum ›Schweizerhaus‹ gekommen, da hat man gesessen und dann rumgesponnen – ich habe da gearbeitet, hatte gerade das Geld, und einer musste ja die Konzession haben, und dann habe ich gesagt: ›Okay, ich mach' das.‹«

Das nötige Startkapital hat ihr gerade eine Großtante hinterlassen, und Gerd Ebel kommt die Gelegenheit sehr entgegen, das unrentable »Schweizerhaus« abgeben zu können. So nehmen Conny, ihr damaliger Lebensgefährte Jürgen Schwabe, außerdem der Betreiber der traditionsreichen Altstadtkneipe »Fättken«, Eddie Whitehead, sowie dessen Teilhaber Jürgen Bräuning das Projekt »progressive Großdisko für Osnabrück« in Angriff. Am 18. Juni 1976 erwacht mit einem lauten Konzert der Rockgruppe »Omega« das weggedämmerte »Schweizerhaus« als »Hyde Park« aus seinem Dornröschenschlaf.

Conny Overbeck ist mehr als das stets präsente Gesicht des »Parks«; sie ist auch der Motor. Ihre Energie, so beschreiben es Weggefährten, reißt die Leute aus ihrem Umfeld mit. Sie versteht es, die auf unterschiedliche, kleinere Lokalitäten verteilten Szenen, in denen sie selber unterwegs ist, in dem neuen Laden zu bündeln. »Das funktionierte, weil alle diese verrückten Leute zusammenarbeiteten, die einzeln vermutlich nicht viel ausgerichtet hätten«, urteilt Steve Broughton von der Edgar Broughton Band, als Musiker häufig Gast im »Park« und inzwischen lange mit der Inhaberin befreundet. »Fantastic unique things« hätten sich daraus ergeben. Und dass alle an einem Strang zogen, war und ist Connys integrierender Persönlichkeit zu verdanken.

Rock 'n' Roll ist nicht nur Geschäftsidee, sondern gehört zum Lebensstil. Conny fährt weiterhin regelmäßig mit Freunden auf Konzerte, auch als sie schon selber welche in ihrem Club veranstaltet; sie organisiert die Touren und sorgt mit selbstgeschmierten Stullen für das leibliche Wohl ihrer Freunde. Auch eine Aufführung des Films »Rocky Horror Picture Show« im alten Münsteraner »Jovel« steht mal auf dem Programm. Eine kleine Karawane mit mehreren Autos setzt sich von Osnabrück aus in Bewegung. Mit dabei Conny Overbeck, stilecht kostümiert.

Diese Lebensfreude hat vermutlich nicht geringen Anteil an der Erfolgsgeschichte des »Hyde Parks«. Conny Overbeck vereinigt in ihrer Person zwei Eigenschaften, die in dieser Kombination nicht so häufig anzutreffen sein dürften: nüchternen Geschäftssinn und absichtslose Begeisterungsfähigkeit. Connys Geschäftstüchtigkeit beeindruckte schon ihren vormaligen Chef, den Konzertveranstalter Ebel: »Sie hatte die Begabung, auf die Leute zuzugehen. Ich kann so ein Beispiel erzählen: In der so genannten Sommerpause waren ringsum die ganzen Schützenfeste, und wir hatten ja nun diesen Saalbetrieb (...). Und da habe ich gesagt, Conny, kannst du das in der Zeit nicht mal eigenverantwortlich machen – alles, was du reinholst, kannst du behalten, brauchst mir keine Miete geben, Hauptsache, du hältst das da ein bisschen am laufen. Da war noch nie so viel Betrieb, wie in

Unter neuer Leitung wurde aus dem bürgerlichen Ausflugslokal »Schweizerhaus« der Rock 'n' Roll-Tempel »Hyde Park«.

der Zeit, in der sie das gemacht hat. Sie ist da tagsüber mit einer Flasche Korn in die Bauernhäuser rein, hat einen ausgegeben, und abends war die Bude voll.«

Der »Hyde Park« bringt von Anfang an erhebliche Einnahmen. Dieser Umstand hat jedoch keine Auswirkung auf die freigebige Grundhaltung Conny Overbecks. Die ältere Schwester hat die noch kleine Cornelia als bereits äußerst großzügig in Erinnerung: »Da konnte sie auch schon mal die ganze Straße einladen, wenn die Eltern nicht da waren; mit dem Ergebnis, dass hinterher der ganze Vorratskeller leer war.« Auch ihre späteren Freunde erleben sie immer als generös *und* verlässlich. So eröffnet sie kurzerhand das »Heart Beat« in der Johannisstraße, um einer beschäftigungslosen Freundin ein Betätigungsfeld zu schaffen. Bei aller Großherzigkeit besitzt sie aber die Klarheit für notwendige Entscheidungen – dann meldet sich die Geschäftsfrau in ihr. So bemerkt Conny recht schnell, dass Geschäftsfreund Eddie Whitehead mit harten Drogen zu tun hat und sie finanziell hintergeht. Conny zieht die nötigen Konsequenzen. Whitehead engagiert sich noch in anderen gastronomischen Projekten, allerdings ohne nennenswerten Erfolg. Später wird er wegen Verstoßes gegen das BTM-Gesetz zu einer Freiheitsstrafe verurteilt. Bei einem Freigang setzt er sich den ›Goldenen Schuss‹.

Mit dem zuweilen als schwierig beschriebenen Jürgen Schwabe hingegen hat Conny bis zuletzt ein gutes Verhältnis. Auch nachdem ihre Beziehung in die Brüche geht: »Er blieb mein bester Freund – und Geschäftspartner. Wir haben uns nie wegen Geld in die Haare gekriegt.« Jürgen Schwabe stirbt 2007.

In den ersten Jahren des »Hyde Parks« kontrolliert Connys Vater morgens regelmäßig die Tageszeitung auf neue Skandalmeldungen über die verruchte Diskothek seiner Tochter, bevor er sie seiner Frau zu lesen gibt. In den letzten 20 Jahren hätte er nichts mehr ausschneiden müssen. Als die wirtschaftliche Bedeutung des Unternehmens sichtbar und die gesellschaftliche Akzeptanz größer wurde, kann Liselotte Overbeck ihrer Tochter die Anerkennung nicht mehr verweigern.

Mag die Euphorie der Anfangszeit inzwischen den Mühen der täglichen Routine gewichen sein; was man Conny Overbeck nicht nehmen kann, ist die Genugtuung, mit jugendlicher Unbefangenheit – gleichsam im Vorbeigehen – etwas Großartiges, etwas von bleibendem Wert geschaffen zu haben. Von bleibendem Wert nicht nur, weil es den »Hyde Park« immer noch gibt, sondern weil er für viele Osnabrücker einen wichtigen Teil ihrer Jugend ausmacht, auf den sie noch heute gerne zurückblicken.

Quellen:

Tom Bullmann/Harald Keller/Reiner Wolf: Interview mit Conny Overbeck, 2011.
Tom Bullmann/Reiner Wolf: Interview mit Carlo Korte, 2010.
Tom Bullmann/Reiner Wolf: Interview mit Conny Overbeck, 2011.
Harald Keller: Interview mit Steve Broughton und Monika Lejeune, 2010.
Anne Rüther/Reiner Wolf: Interview mit Conny Overbeck, 2010.
Anne Rüther/Reiner Wolf: Interview mit Bernd Meckert, 2010.
Gisbert Wegener/Reiner Wolf: Interview mit Gerd Ebel, 2010.
Reiner Wolf: Interview mit Bärbel Mühlmann, 2011.

Neben Conny Overbeck war Jürgen Schwabe Mitbegründer und treibende Kraft des »Hyde Parks«.

Henry Rollins: Conny fütterte uns irgendwie durch

»1983 haben wir mit Black Flag dort gespielt und eben genannte Conny war für die Organisation im ›Hyde Park‹ zuständig. Sie schien uns zu mögen, denn bevor wir abfuhren sagte sie uns, wann immer wir nicht wüßten wohin, könnten wir gerne zu ihr kommen. Über dem ›Hyde Park‹ ist ein Hotel, in dem sie uns jederzeit unterbringen könnte. Nur ein paar Tage später hatten wir wirklich keine Bleibe, kein Essen, keinen Pfennig in der Tasche, kurz gesagt, gar nichts. Also machten wir uns auf zum ›Hyde Park‹, standen dort plötzlich vor der Türe und sagten: ›Here we are!‹ Wir blieben drei Tage dort und Conny fütterte uns irgendwie durch. Das war einfach großartig! Danach besuchte sie uns hier und da noch auf unseren folgenden Deutschland-Tourneen. Leider aber habe ich mich nie um richtigen Kontakt mit ihr gekümmert. Ich weiß nur, daß sie für den Hyde Park organisiert hat, ihr Name Conny und sie eine großartige Frau ist. Ich würde so gerne mal wieder Kontakt zu ihr haben, denn sie ist einfach großartig!«

Henry Rollins im Interview mit Melanie Schmidt, Visions, Heft 11, September 1992

Oben: Henry Rollins mit »Black Flag« im »Hyde Park«.
Unten: Die »Hyde Park«-Familie feiert Conny Overbecks Geburtstag.

Friederike »Freddy« Nolte: Leben, Essen und Arbeiten im »Hyde Park«

Irgendwann kam der Tag, da bot sich die Gelegenheit, ein paar Mark dazuzuverdienen. So wurde ich Aushilfe in der Küche bei Pete, dem langhaarigen Koch mit dem Lederstirnband, der seine Haare stilecht zum Zopf gebunden hatte.

Das Einzige, was ich vorher von der Küche kannte, waren die typischen Essensgerüche, die einem vor allem zu später Stunde in dem davor gelegenen Schwarzlicht-gefluteten Flur entgegenkamen. Die Küche befand sich links davon in einem kleinen, hellen Seitenflur.

Nun ergab sich die Möglichkeit, einen Blick hinter die Kulisse zu werfen und zwar bei Tageslicht. Die »Hyde Park«-Räumlichkeiten am Tage zu erleben, das war schon sehr ungewohnt. Man begann relativ früh am Nachmittag nach den Einkäufen mit den Vorbereitungen und konnte sich damals kaum vorstellen, wie viel Arbeit hinter den Kulissen erledigt werden musste. Auch an anderen Theken wurde bereits zu Tageslicht-Zeiten mit den Vorbereitungen für eine lange Nacht begonnen.

Vielleicht trügt mich heute meine Erinnerung, aber ich weiß noch genau, wie überrascht ich damals war, dass dieser Küchenraum ganz ansehnlich war. Alte, fast historische Küchenmöbel und Küchenfliesen machten diesen Raum sogar irgendwie gemütlich. Kaum zu glauben – zwar trug der immer gut gelaunte Chefkoch Pete eine heftig verschmierte Schürze, aber der Rest der Küche war gut organisiert und aufgeräumt. Man hatte vom Flur aus einen teilweisen Einblick in den Küchenraum und

links: Die vordere Kneipe war das Reich von Heinz dem Kölner.
rechts: Von der Kneipe führte rechts ein Korridor zum Saaleingang, der hier mit einem Tisch verstellt ist.

oben: Links der Kneipe war ein Raum zum Essen, Klönen, Relaxen …
unten: Die Theke im großen Saal – hier vom Saaleingang aus gesehen – reichte einmal quer durch den gesamten Raum. Und war abends dicht umlagert.

konnte sich selber von diesem Zustand überzeugen. Vielleicht war auch das der Grund für die große Stammkundschaft.

Ein vergrößertes Fenster, dessen Glasscheibe man wie früher in alten Häusern üblich im Ganzen nach oben schieben konnte, diente als Empfangsbereich. Hier wurde sowohl bestellt als auch das fertige Essen in Plastikschüsseln mit Plastikbesteck rausgeschoben. Ich war anfangs für die Ausgabe von Nasi Goreng zuständig, das einfach aus Reis mit etwas Kleingemüse wie Erbsen bestand, zwei Spiegeleier obendrauf und jede Menge Sojasauce. Seinerzeit ein sehr beliebtes Gericht …
Auch wenn der Lederstirnbandträger alles professionell vorgekocht hatte und die Eier palettenweise und Sojasoßen flaschenweise bereitstanden, zu später Stunde war alles ziemlich aufgebraucht.
Dieses Fenster war der Treffpunkt aller hungrigen Freunde der Nacht, die sich etwas von Petes guter Laune ebenso mitnahmen wie ihre weiße Plastikschüssel voll Nasi Goreng – wer weiß, was ihnen besser schmeckte …

**Thomas Wübker:
Plötzlich zerbarst die Windschutzscheibe**

Ein wenig Angst hatte ich schon. Ich war allein unter Punks. Als einziger Langhaariger ging ich am 17. Dezember 1982 in den »Hyde Park« und schaute mir die Dead Kennedys an. Es sollte ein denkwürdiges Konzert werden.

Im alten »Hyde Park« an der Rheiner Landstraße spielten Anfang der Achtzigerjahre ständig irgendwelche Bands, die angesagt waren. An ein paar kann ich mich erinnern. Bei der Reggae-Band Steel Pulse musste sich die männliche Belegschaft des Parks, unter anderen »Besen« und »Monster«, gegen die Bassboxen pressen, damit sie nicht von den Tischen fielen, auf die sie gestellt waren. Der Bass vibrierte so stark, dass die Hosenbeine flatterten. Black Flag haben mehrere Male im Park gespielt. Die »bösen Punker« sollen so nett gewesen sein und die Wohnung über der Disko geputzt und gestaubsaugt haben. Angeblich konnte Sänger Henry Rollins nicht stillsitzen.

Das beeindruckendste Konzert war jedoch mit weitem Abstand der Auftritt der Dead Kennedys. Damals, 1982, war ich zwar kein Punk, aber Fan der Band. Ich hörte ihre Musik ständig, sogar zum Einschlafen in voller Lautstärke auf den Kopfhörern.

Anfang der Achtziger trug ich mein Haar lang. Beim Konzert hatte ich das Gefühl, der einzige Langhaarige unter lauter Stachelfrisuren und Iros zu sein. Die Band Toxoplasma, die im Vorprogramm spielte, behauptete später, es seien auch viele Skinheads bei dem Konzert gewesen. Daran kann ich mich aber nicht erinnern.

Mein mulmiges Gefühl ist mir noch gegenwärtig. Die Stimmung war schon vor dem Auftritt der Dead Kennedys aggressiv. Die Punks trugen mit Nieten besetzte Lederjacken und schauten böse aus der Wäsche. Als die Band anfing zu spielen, brach die Hölle los. Alle drängten zur Bühne und begannen Pogo zu tanzen oder einfach nur zu hüpfen. Ich hielt Sicherheitsabstand und holte mir erstmal ein Bier. Als ich einen Augenblick unachtsam war, pogte mich ein Punk an. Er stieß mich zu Boden, mein Bier fiel mir aus der Hand. Wütend schrie ich ihn an – bis ich merkte, was ich da tat. Der Typ entschuldigte sich, half mir auf die Beine und spendierte mir ein neues Bier. Netter Kerl.

Plakat für das Konzert der »Dead Kennedys« anno 1982 im »Hyde Park«.

Trotzdem hielt ich weiterhin Abstand zur Bühne. Ich hörte beeindruckt der Musik zu. Die Band jagte von einem Stück zum anderen. Sänger Jello Biafra habe ich während des Konzerts kein einziges Mal gesehen. Ständig kauerte er am Boden oder wälzte sich im Dreck.

Nach dem Auftritt der Dead Kennedys stürmten die Leute gut gelaunt aus dem stickigen »Hyde Park« auf den Parkplatz davor in die frische Dezember-Luft. Auf der anderen Straßenseite beobachteten zwei Polizeibeamte in einem Peterwagen das Geschehen. So ein VW Käfer störte zwar das idyllische Bild, er war aber noch keine Provokation.

Plötzlich zerbarst die Windschutzscheibe des Polizeiautos in tausend Teile. Die Menge johlte. Die Polizisten gaben Gas und flüchteten. Ein paar dunkle Gestalten schoben Müllcontainer auf die Straße. Es dauerte nicht lange, da waren auch schon die großen Brüder der kleinen Beamten im Peterwagen angerückt. Sie kamen zu Hunderten mit Schlagstöcken, Helmen und Schilden. Jetzt wurde es ernst.

Die ersten Steine flogen. Die Polizisten antworteten mit Tränengas. Ich weiß noch, wie ein Punk eine Dose aufnahm und unter großem Gelächter und Applaus in die Reihen der aufmarschierten Polizisten zurückwarf. Das fanden die gar nicht lustig. Sie marschierten los und prügelten gnadenlos alles nieder, was ihnen in den Weg kam und nicht schnell genug weglaufen konnte. Ich flüchtete mit ein paar Kumpels in das Gebiet hinter dem »Hyde Park«. Wir versteckten uns hinter Gebüschen. Ich hatte nun mehr Angst vor den Bullen als vor den Punks. Aber wir hatten Glück. Die Polizei fand uns nicht. Andere wurden von der Staatsmacht übel zugerichtet.

Die »Neue Osnabrücker Zeitung« schrieb am 20. Dezember 1982: »Eine stundenlange Schlacht haben sich in der Nacht von Freitag auf Sonnabend rund 150 Punker mit der Polizei geliefert. Nach einem Konzert der Gruppe ›Dead Kennedys‹ im ›Hyde Park‹ stellte eine Funkstreife gegen 0.30 Uhr fest, dass einige der 800 Konzertbesucher Flaschen auf die Fahrbahn der Rheiner Landstraße warfen. Weitere Beamte, darunter auch etliche in Zivil, wurden angefordert. Nachdem auch die Nicht-Uniformierten als Polizisten erkannt wurden, begannen die Jugendlichen mit einem Hagel von Steinen und Flaschen auf alles, was am ›Hyde Park‹ vorbeifuhr, zu werfen.

Nach Auskunft der Osnabrücker Polizei wurden daraufhin alle hier erreichbaren Kräfte – sechs Streifenwagen – zusammengezogen, mussten jedoch vor der Übermacht der randalierenden Punker zurückweichen. Mit dem Ruf ›Schlagt die Bullen tot‹ hätten sich auch auf der gegenüberliegenden Straßenseite Punker zusammengerottet und die Beamten mit aus der Straße herausgerissenen Pflastersteinen und Flaschen beworfen. (…)

In der Zwischenzeit wurden unter den Punkern Flugblätter verteilt, auf denen es hieß, die ›Osnabrücker Punk-Szene lädt nach dem Konzert ein, das heißgeliebte Einkaufszentrum in Schutt und Asche zu legen.‹ Das Feinste vom Feinen wartet hinter großen Scheiben. Dies sei die letzte Gelegenheit, ›Weihnachtseinkäufe einzuplündern‹.«

Später hörte ich von einem derjenigen, die den Aufstand angezettelt hatten, dass die Dead Kennedys überhaupt nicht amüsiert waren. Sie waren eine politische Band. Gewalt lehnten sie jedoch ab.

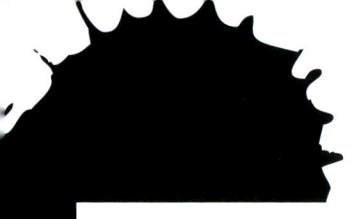

»Fighting the System«

Interview mit Jello Biafra

Im Dezember 1982 kam es nach einem Konzert der »Dead Kennedys« vor dem »Hyde Park« zu heftigen Auseinandersetzungen zwischen Punks und der Polizei. Jello Biafra war der Sänger der Band, und er hat den Abend in Erinnerung behalten.

Do you remember the concert?

Yes.

Do you remember the riot after the concert?

Yes.

In Osnabrück there have been some speculations, that you have fired the riot. Is that true?

No. The police attacked fans trying to get home from the show. The fans fought back. It was the cops' fault totally.

The music of the Dead Kennedys has been very aggressive and political. Did you consciously provoke riots with your music?

Riots? No. Violence? No. Fighting the system? Yes. When the police breaks the law, people have the right to resist the police.

Thomas Wübker führte das Interview im Februar 2011.

Die »Dead Kennedys« im »Hyde Park«. Jello Biafra wälzt sich vermutlich gerade auf dem Bühnenboden.

Jens Steinbrenner, Journalist, Berlin:
Für uns Kinder vom Dorf war der »Hyde Park« damals, Ende der Siebziger, gleichzeitig Verheißung und gefährliches Abenteuer. Ganz was anderes als das »Collosseum« oder gar »Onkel Ferdis Superdisco« in Levern: progressive Rockmusik, Langhaarige, bewusstseinserweiternde Substanzen, Mädchen, Mädchen, Mädchen und Mädchen. Klar, dass die Ausflüge in die große Stadt – immerhin 41 Überland-Kilometer, oft in Automobilen zweifelhaften Zustands – einer gewissen diskreten Planung bedurften. Klar aber auch, dass die Erwartungen in keinem Verhältnis zum Erlebnis standen. Wir haben uns damals nicht befreit, und flachgelegt wurden wir auch nicht. Aber das Rumgehänge im »Schweizerhaus«, die unerfüllten Aufregungen, die angespannte Langeweile – immerhin hätte sich das Blatt in jedem Moment wenden können – sind auch heute noch sehr präsent, wenn wir Überlebenden von den alten Zeiten schwärmen.

WOHIN SOLL'N WIR SONST GEHN

II. WOHIN SOLL'N WIR SONST GEHN ...

Zeitdokument: Ein Richter besucht den »Hyde Park«[5]

Bericht über eine Ortsbesichtigung am Samstag, 30.8.1980, durch einen Richter des Verwaltungsgerichts Hannover in der Zeit von 21.15 Uhr bis 22.00 Uhr und von 22.45 Uhr bis 23.00 Uhr.

»Auf der Rheiner Landstraße, vor dem Lokal, fiel die große Anzahl der dort geparkten PKW auf. Auf der eingefriedeten Fläche vor dem Lokal waren sehr viele Fahrräder und Mofas sowie im geringeren Umfang Motorräder und – aufgrund des begrenzten Parkplatzangebotes – PKW abgestellt. Vor dem Eingang des Lokales standen einige Grüppchen von Jugendlichen. Es war ein ständiges Kommen und Gehen zu beobachten. Das Lokal selbst, das aus mehreren Räumen besteht, war sehr gut und fast ausschließlich von jungem bis sehr jungem Publikum besucht. In dem größten Raum des Lokals wurde ununterbrochen sehr laut Rock- und Popmusik gespielt. Die Sitzgelegenheiten waren relativ wenig vorhanden, so dass der Großteil der Besucher stand bzw. in der Mitte des Raumes auf einer freien Fläche tanzte. Diese Fläche wurde von Lampen mit unterschiedlichen Farben angestrahlt. Über der Tanzfläche befand sich eine Kugel, deren Oberfläche mit zahlreichen kleinen Spiegeln besetzt war und die angestrahlt wurde und dadurch zu ständig wechselnden Lichtreflexen in dem Raum führte. Vor der Tanzfläche, an der Stirnseite des Raumes, befand sich eine Bühne mit weißem Hintergrund, auf dem sich die Schatten des vorbeigehenden Publikums in Überlebensgröße abzeichneten. Neben der Tanzfläche befand sich ein mit Holzwänden umgebener Podest, auf dem sich ein Jugendlicher aufhielt um die dort befindlichen Geräte für die Musikdarbietung zu bedienen. An der Fensterseite des Raumes befand [korrigiert, zuvor: befindet] sich sehr altes Mobiliar, wie z.B. ausrangierte Sofas bzw. defekte Sessel. Diese waren in der Mehrzahl belegt, wobei sich die dort befindlichen Jugendlichen nicht unterhielten, sondern in sich gekehrt der Musik zuhörten. Eine Unterhaltung an dieser Stelle wäre auch aufgrund der großen Lautstärke der Musik äußerst schwer, wovon sich der Berichterstatter selbst überzeugt hatte, durchzuführen gewesen. In einem kleinen Raum, der von der Eingangstreppe aus gesehen links liegt, befanden sich einige Tische mit Stühlen. An einem

---

5   Die Schreibweise entspricht dem Original.

Tisch saß ein Jugendlicher, der etwas verzehrte. Ein weiterer Verzehr von Speisen in dem Lokal konnte während des Ortstermines nicht festgestellt werden. Auf einem Gang von dem Lokal zu der dahinter gelegenen Wohnbebauung wurde festgestellt, daß die von dem Lokal herkommende Musik nicht oder nur sehr schwer hörbar war. Dies war auf den Umstand zurückzuführen, daß durch den erheblichen Zu- und Abgangsverkehr besonders von Mofas und Autos Verkehrslärm erzeugt wurde, der die Musik übertönte.«

Abschrift von Tonbandaufnahme von Richter Lange. In: Staatsarchiv Osnabrück Rep 970, Akz. 32/92 Nr. 11.

Donnerstag, den 28. Juli 1983

Stadt Osnabrück

Das lokale Interview

„Warum nicht mal einen Abend verrückt spielen?"

Bernard Kahmann (CDU) war eine Woche lang im „Hyde-Park"

Das Gespräch führte Rainer Lahmann-Lammert

Bernard Kahmann
Aufnahme: Lichtenberg

Wohin mit dem „Hyde-Park"? Die Anwohner der Rheiner Landstraße wünschen den Jugendtreffpunkt im früheren Schweizerhaus zum Teufel. Und wo immer neue „Hyde-Park"-Standorte im Gespräch sind, regt sich der Bürgerprotest. Dabei wissen die meisten derer, die sich über den bei Jugendlichen so beliebten Musikschuppen empören, nicht, wie es drinnen zugeht. Einer wollte es wissen: Bernard Kahmann (59), CDU-Ratsherr und Stadtteilpolitiker im Bereich Haste/Dodesheide, sah sich in dem umstrittenen Objekt an der Rheiner Landstraße gründlich um — weil er einen „Hyde-Park" in seinem Stadtteil verhindern will.

Frage: Sie waren eine Woche lang jeden Abend im Hyde-Park. Ging das gut, so ohne Punk-Frisur?

Antwort: Es waren auch Punker da, ich habe einige Leute angesprochen, und ich bin mit ihnen ausgekommen. Sogar mit einem, der im Ausschnitt seines Pullovers eine weiße Ratte trug. Als ich ihm sagte: „Mensch, habt ihr 'ne schmucke Uniform an", meinte der gleich: „50 Pfennig für'n Bier!" Er hatte auch ein Mädel dabei, und da habe ich gleich zwei Bier ausgegeben. Als ich dann auf die Ratte eingegangen bin und sagte, daß das doch unhygienisch sei, erklärte er, die wär' stubenrein. Dann habe ich noch gefragt: „Wieso habt Ihr das denn, daß Euer Haar so aufwärts steht?" Ich durfte das auch mal anfassen und erfuhr, daß das mit Zucker präpariert wird. Das war das Erlebnis mit einem Punker.

Frage: „Sie haben nicht nur mit Punks gesprochen. Mit wem noch?

Antwort: Mit Schülern, mit Auszubildenden, mit Arbeitslosen, mit Bekannten, von denen ich weiß, daß sie ordentliche Jungs und Mädels sind. Mit Leuten praktisch quer durchs Leben. Leuten zwischen 16 und 30 Jahren.

Frage: Worum ging's denn in den Gesprächen?

Antwort: Ich wollte wissen, warum die jungen Leute in den Hyde-Park gehen. Ein 25jähriger — der war arbeitslos — hatte ganz vernünftige Ansichten. Er sagte, hier könnte er Musik hören, tanzen, sich mit jemand treffen — und eventuell auch mal 'ne Mieze abschleppen. Jedenfalls hat er es so gesagt. Andere meinten, sie wollten sich treffen, und sie kämen, weil sie keinen Eintritt bezahlen müßten. Das ist eben das Schöne am Hyde-Park.

Frage: Sie haben auch mit der Inhaberin gesprochen?

Antwort: Ja, sie war sehr erfreut, daß sich auch einmal ein Ratsmitglied sehen ließ. Sie hat mir von ihren Sorgen berichtet, aber auch gesagt, daß es sich bei den Besuchern im großen und ganzen um Leute handelt, mit denen man umgehen könne. Und sie hätte ein Herz für junge Leute. Dazu kann ich jetzt nach meinem Besuch sagen, daß das bei dem Umsatz auch kein Wunder ist. Am Samstag waren ungefähr 800 Gäste da. Auch wenn von denen 200 nichts trinken, gibt es noch einen rasenden Umsatz, weil der Bierausschank ja ganz gewaltig ist.

Frage: Was ist Ihnen denn sonst noch aufgefallen?

Antwort: Als mein Freund und ich einmal zum Schweizerhaus gingen, kamen uns zwei Polizisten mit einem großen Hund entgegen. Die haben sicher nach Hasch gespürt. Aber sonst ist mir nichts Derartiges aufgefallen. Dabei habe ich wirklich die Augen aufgehalten. Auf der Bühne habe ich gestanden, ich war in allen Ecken und habe auch mal eine halbe Stunde lang nur die Rockmusik angehört. Wenn ich 20 oder 30 Jahre jünger wäre, würde ich sagen: Warum soll man hier nicht einen Abend hingehen? Um auch mal so'n bißchen verrückt zu spielen und zu tanzen.

Man kann auch einfach reingehen und einen Kaffee trinken. Im Gang hinten werden Aufkleber angeboten, gegen Atomkraft mit Friedenstauben und gegen Strauß. Und obwohl für einen CDU-Mann nicht viel dabei war, habe ich zwei gekauft. „Freche Fragen schaden nie", stand auf dem einen; „Es gibt viel zu tun, warten wir's ab", auf dem anderen.

Frage: Wie schätzen Sie denn die Leute ein, die in den „Park" gehen?

Antwort: Das ist ein ganz anderes Milieu. Manche sehen unordentlich aus, aber es sind auch ganz schicke dabei. Es geht ziemlich zwanglos zu, und es ist ein Kommen und Gehen. Trotzdem: Wenn man längere Zeit da ist, merkt man, daß das nicht das Richtige ist. Ich meine, um unsere jungen Leute gesellschaftlich werden zu lassen. Jeder muß doch ein bestimmtes Benehmen erlernt haben. Dazu gehört auch, daß man die Zigarette in den Aschenbecher wirft und nicht auf den Boden. Deshalb haben viele Eltern zu Hause den Krach, wenn die Kinder dort auch die Füße auf den Tisch legen.

Frage: Wie würden Sie sich den Hyde-Park denn wünschen?

Antwort: Ich möchte, daß für die jungen Leute diese Kommunikation bleibt — nur nicht in der Form und in dem Ausmaß. Es ist nicht sauber genug, nicht hygienisch, und ich würde sagen: Junge Leute müssen Freude daran haben, wenn sie sich sauber und hübsch anziehen. Wenn man tanzt, Musik hört und sich unterhält, finde ich das in Ordnung. In einigen Lokalen fliegen junge Leute raus, wenn sie nicht genug angezogen sind oder zu wenig trinken. Oder sie werden nicht bedient. Dann gehen sie in den Hyde-Park, weil es dort nichts kostet. Aber das Niveau müßte einige Stufen höher sein. So wie wir es uns wünschen.

Frage: Heißt das, Sie sind für den Fortbestand des Hyde-Parks?

Antwort: Wenn, dann nur mit einem neuen Konzept und an einer anderen Stelle.

Frage: Sie möchten den Hyde-Park lieber an die Dammstraße als nach Haste verlagert wissen. Was spricht denn gegen den Standort Oldenburger Landstraße?

Antwort: Ein junger Mann sagte mir: „Wenn der Park verlegt wird, dann muß darauf geachtet werden, daß wir niemandem auf den Wecker fallen." Dem schließe ich mich an. Aber in Haste würden wir unser Naherholungsgebiet zerstören. Außerdem ist der Stadtteil schon stark vom Verkehr belastet. Wir haben den Ärger mit der Hardinghausstraße und der Bramstraße. Es sind große neue Wohngebiete entstanden, dazwischen liegt nicht die notwendige Entfernung. In Haste sind zwei Regimenter Engländer stationiert, in der Dodesheide drei. Denken Sie mal an den Panzerlärm. Auf der Honeburg ist das Munitionslager der Engländer, neben der Gaststätte Sandmann (als neuer Hyde-Park im Gespräch, die Red.) steht ein Studentenwohnheim, außerdem sind die Gärten der Landbauschule in der Nähe. Im Gebiet liegt auch noch das Nettebad, die Eishalle, das Gemeinschaftszentrum Haste/Dodesheide/Sonnenhügel, zwei englische Schulen und die Schule in freier Trägerschaft des Bischofs. Diese Einrichtungen bringen Lärm und starken Verkehr mit sich. Ich meine: Der nördliche Raum ist schon sehr stark belastet.

Frage: Da drängt sich aber der Eindruck auf, sie wollten den Hyde-Park nur aus ihrem Stadtteil fernhalten. Wo soll er denn nach Ihrer Ansicht hin? Am Standort Dammstraße wehren sich die Anlieger doch auch ganz energisch.

Antwort: Aber im Industriegebiet stört man nachts weniger Bürger. In dem Raum liegen die beiden Dämme der Bundesbahn. Parkplätze gibt es dort auch genug. Meines Erachtens muß die Suche nach einem neuen Standort weitergehen. Problemverschiebungen in den anderen Stadtteil helfen uns nicht weiter. Als Ratsmitglied möchte ich auch das Image unserer schönen Stadt weiter anheben. Dazu gehören gute Jugendeinrichtungen.

Abdruck mit freundlicher Genehmigung der »Neuen Osnabrücker Zeitung«

Harald Keller: Brennpunkt »Hyde Park« – Die Konfliktchronik[6]

Der Störfaktor

Ein unerwartetes Angebot, ein spontaner Entschluss: Ohne langfristige Planung und mit kurzer Vorbereitungsphase wurde im Mai 1976 aus der traditionsreichen Ausflugs- und Veranstaltungsgaststätte »Schweizerhaus« das Jugendlokal »Hyde Park«. Als Pächterin zeichnete Cornelia Overbeck verantwortlich, die zunächst von den städtischen Behörden eine »vorläufige Gaststättenerlaubnis« erhielt. Damit verband sich eine Belehrung durch das städtische Rechtsamt, wonach ein Diskothekenbetrieb eine gesonderte Genehmigung erfordere. Eine ebensolche wurde zwar umgehend beantragt, aber im November 1976 abgelehnt. Im Januar 1977 erhielt die Pächterin die reguläre Erlaubnis »zum Betrieb einer Schank- und Speisewirtschaft mit Saalbetrieb«. Die Stadt machte später gegenüber dem Verwaltungsgericht geltend, diese Genehmigung sei mit dem ausdrücklichen Verbot eines Diskothekenbetriebes verknüpft gewesen. Den damaligen Gästen des »Hyde Parks« bot sich ein räumliches Ensemble, das nicht nur zum Verweilen, sondern auch zum Flanieren einlud: eine Kneipe mit Speisebereich, Teestube, ein Wintergarten mit Flipperautomaten und Billard, ein großer Saal für die Disko und Konzertveranstaltungen. Im Untergeschoss des »Hyde Parks« fanden Rockbands eine Möglichkeit zum Proben. Die Programme aus der Anfangszeit verzeichnen neben regelmäßigen Rock-, Jazz- und Bluskonzerten den Mittwoch als Kinotag. Im August 1976 beispielsweise gelangte mit »Ich dachte, ich wäre tot« ein Vertreter des jungen deutschen Kinos zur Aufführung. Im selben Monat folgten der Konzertfilm »Stones in the Park« und mit »Asphaltcowboy« ein Oscarprämierter Klassiker der Sparte »New Hollywood«.

Die Breite dieses Angebots war neu für den Raum Osnabrück und ebenso das Zusammenwirken von ungezwungener Atmosphäre mit dem architektonischen Flair der traditionsreichen Gastwirtschaft. Der Publikumszulauf war enorm und hatte die erwartbaren Begleiterscheinungen – die Nachbarschaft fühlte sich gestört.

Die Anlieger wurden auf verschiedenen Wegen aktiv. In einem Beschwerdebrief an das Amt für öffentliche Ordnung vom März 1977 beispielsweise heißt es: »Mit dieser Eingabe möchten sich die benachbarten Hausbewohner des Hyde-Parks über Lärmbelästigung, die durch die Musik und Besucher des Hyde-Parks verursacht wird, beschweren. Durch an- und abfahrende Fahrzeuge bis in die Morgenstunden, laute Wortgefechte, Hilferufe und Schreien werden wir sehr stark in unserer Nachtruhe gestört. Außerdem hat diese Personengruppe ein gestörtes Verhältnis zur Umwelt, denn seit Inbetriebnahme des oben erwähnten Lokals ist die Beschmutzung unserer

Zeitungsausschnitt: Aus der »Bild-Zeitung« vom 2. August 1983.

---

6 Bei zeitgenössischen Zitaten wurde die Schreibweise des Originals beibehalten.

Wohngegend katastrophal.« Eine Fußnote: Die Anlieger beschweren sich unter anderem, dass die Gäste des »Hyde Parks« mit Bierflaschen um sich würfen und Scherben hinterließen. Im »Hyde Park« wurde jedoch gar kein Flaschenbier ausgegeben.

Ein störender Einfluss eines solchen Gastronomiebetriebes auf das direkte Nebenan ist gewiss nicht von der Hand zu weisen. Mit dem »Hyde Park« aber verband sich zusätzlich und weit über seine unmittelbare Umgebung hinaus ein allgemeines Unbehagen und eine tief sitzende Ablehnung, mit denen auf die vom »Hyde Park«-Publikum und den Betreibern demonstrierten anderen Entwürfe von individuellem und gemeinschaftlichem Leben reagiert wurde. Hier kam bereits zur Geltung, was der Medienwissenschaftler Lothar Mikos im Jahr 2000 mit Blick auf eine völlig andere Art von Provokation beschrieb: »Moralische Panik entsteht als Reaktion auf eine ständige Bedrohung der dominanten Moral. Sie ist ein Zeichen dafür, dass die gesellschaftlichen Normen und Werte grundlegend vom Objekt der moralischen Panik herausgefordert werden.«

Kalter Entzug

Am 5. September 1978 schritt die Stadt Osnabrück zur Tat und entzog der »Hyde Park«-Geschäftsführung die Konzession mit der Begründung, das Lokal werde als Diskothek geführt. Die Osnabrücker Bevölkerung erfuhr davon im Oktober 1978 aus der »Neuen Osnabrücker Zeitung«. Aufschlussreich an diesem Artikel ist, dass der Verfasser einen Bezug herstellte zwischen der aktuellen Nachricht zum Thema »Hyde Park«, die auf ein Pressetreffen mit dem damaligen Oberstadtdirektor Wimmer und auf die Dezernentenkonferenz zurückging, und einem am 19. September 1978 ergangenen Urteil des Bundesverwaltungsgerichtes, demzufolge »ein Gastwirt zur Zusammenarbeit mit der Polizei« verpflichtet sei. Komme er dieser Pflicht nicht nach, könne ihm die Gaststättenerlaubnis wegen Unzuverlässigkeit entzogen werden. »Diese Verpflichtung sei u. U. gegeben, wenn bekannt ist, daß im Lokal

Anspannung, Erwartung, Ungewissheit: Der Bereich vor dem »Hyde Park« am Abend der erzwungenen Schließung.

Rauschgift gehandelt wird.«

Schon die zeitliche Abfolge macht deutlich, dass es nicht den geringsten Zusammenhang gab zwischen der Verfügung des Osnabrücker Amtes für öffentliche Ordnung gegen den »Hyde Park« und dem zitierten Berliner Urteil. Möglicherweise aber wirkte dieser Text anregend auf die städtische Verwaltung. Als nämlich Conny Overbecks Rechtsvertreter gegen den Bescheid der Stadt Klage einreichten, meldete die Stadt an das zuständige Verwaltungsgericht – nachdem man vorweg einräumte, dass die Klägerin »den beanstandeten Betrieb einer Lichtorgel zunächst eingestellt und die diskothekenmäßig laute Musik (...) leiser gestellt« habe: »Wie uns erst jetzt bekannt wurde, hat sich das Lokal der Klägerin im Laufe der Zeit zum Hauptumschlagplatz für Haschisch und andere Rauschgifte entwickelt.«

Damit war ein zweiter Ansatzpunkt gefunden, um das verrufene Lokal von der Rheiner Landstraße zu vertreiben. Für die Stadt gewiss ein willkommenes Konstrukt, da Lärmmessungen außerhalb des »Hyde Parks« unklare und somit schwerlich verwertbare Ergebnisse erbrachten. Aber möglicherweise waren weder Anliegerbeschwerden und noch weniger der unterstellte Rauschgifthandel der eigentliche Grund für die hartnäckigen Schließungsbemühungen. Conny Overbecks damaliger Rechtsbeistand machte geltend, vom Leiter des Osnabrücker Rechtsamts die Aussage erhalten zu haben, »daß der Betrieb Hyde-Park auf Dauer an diesem Orte aus planungsrechtlichen Gründen nicht geduldet werden könne (...).« Ein gleichlautender Vermerk findet sich in einem Protokoll des Rechtsamtes mit Datum 14. Juni 1979 über eine Aussprache mit den »Hyde Park«-Anwälten. Demnach sei der Standort aus »bauplanungsrechtlichen Gründen« nicht länger zu dulden. Nichtsdestoweniger wurde ebendort zugleich das Bedürfnis seitens des jugendlichen Publikums nach einer Einrichtung wie dem »Hyde Park« anerkannt und Unterstützung bei der Suche nach einem Ersatzstandort in Aussicht gestellt.

Treffpunkt war das Heger Tor, von dort zogen die Demonstranten gemeinsam und friedlich zum Osnabrücker Rathaus.

Ein langer, gewundener Rechtsweg

In den nächsten Monaten und Jahren entwickelte sich ein beinahe sportlich anmutendes juristisches Pingpong rund um den »Hyde Park«. Die Stadt schlug auf, die Betreiber respektive deren Anwälte retournierten.[7] Am 23. Januar 1979 wurde der »Hyde Park« behördlich geschlossen. Die Stadt Osnabrück berief sich dabei auf ihren Bescheid vom 5. September 1978, wurde aber von einer gerichtlichen Verfügung gebremst, mit der die Wiedereröffnung gleich am folgenden Tage erreicht werden konnte.

---

7 Siehe dazu den Beitrag von Dr. Christopher Tenfelde in diesem Band.

Conny Overbecks Antrag auf Wiederherstellung der aufschiebenden Wirkung beim Verwaltungsgericht Hannover indes wurde am 5. März abschlägig beschieden. Dabei bezog sich die 2. Kammer insbesondere auf die inzwischen auch in der Presse immer stärker in den Vordergrund gerückte Drogenproblematik. Konkrete Rechtsverstöße konnten den »Hyde Park«-Betreibern nicht nachgewiesen werden; entsprechend hatte das Rechtsamt der Stadt auf eher diffuse Argumente zurückgegriffen und beispielsweise angeführt: »Im übrigen hat sie [die Konzessionärin] durch die

Jugendliche, die sich für den Erhalt des »Hyde Parks« stark machten, veranstalteten ein Sit-In im Rathausflur.

hyde park telex · hyde park telex · hyde park telex · hyde

BETR. STAATSVERFOLGUNG GEGEN SYMPATHISANTEN DES HYDE PARKS

Für viele ist das Thema 'Hyde Park' seit der Eröffnung des Zeltes erledigt. Mensch kann ja auch wieder mit seiner letzten Mark aktiv die DAB unterstützen. Doch der Staat gibt mal wieder keine Ruhe ...

Wir haben in der 'Hyde-Park-Woche' gezeigt, daß wir uns nicht alles wegnehmen lassen und fähig sind, zu verteidigen, was uns wichtig ist. Für viele war das wohl die erste Erfahrung, die sie auf dieser Ebene mit diesem Staat gemacht haben. Dieser Umstand hat es den Bullen (Sonderkommission Hyde Park) auch wohl so leicht gemacht, bei Vorladungen von einer Reihe von Leuten Aussagen zu bekommen – gegen sich selbst oder andere. Ungefähr 100 von diesen Vorladungen 'in eigener Sache' oder 'Betr. Hyde Park' sind schon verschickt worden oder werden es noch.

Dazu erst einmal grundsätzlich:
- Zu den Vorladungen braucht ihr NICHT hinzugehen! Auch nicht, wenn es die zweite oder dritte ist.
- Es ist auch schon vorgekommen, daß bei einigen die Bullen vor der Tür standen und sie zum Verhör abgeholt haben. Diese Maßnahmen dienen nur zur Einschüchterung! Eine rechtliche Grundlage dafür haben sie nur mit einem Haftbefehl. Erst einer Vorladung von der Staatsanwaltschaft ist mensch verpflichtet nachzukommen.
- Weiterhin treffen sich im Rahmen des 'Ermittlungsausschusses für politische Prozesse' jeden Sonntag um 20.30 Uhr in der Lagerhalle 'alle' Betroffenen.

Stand der Ermittlungen:
- 9 Anklagen wegen schwerem Landfriedensbruch etc. (Knaststrafen von 6 Monaten bis zu 10 Jahren, evtl. auf Bewährung)
- Viele zu erwartende Bußgeldverfahren wegen Widerstand, Verstoßes gegen das Versammlungsgesetz, Sachbeschädigung, usw. (in der Regel zwischen 300 DM und 1500 DM).
- Einige Anzeigen gegen die Bullen
- WICHTIG
Die Anwälte brauchen noch Gedächtnisprotokolle von Augenzeugen, die Verhaftungen oder Prügeleien seitens der Bullen beobachtet haben!!!
Bringt diese ins Anwaltsbüro   Jens Meggers, HegerTorWall 3

In eigener Sache:
Der Ermittlungsausschuß besteht aus Leuten, die die Erfahrung gemacht haben, daß politische Auseinandersetzungen um den Hyde Park sind politisch) für den Angeklagten leichter zu überstehen sind, wenn Öffentlichkeit dahinter steht.
Wir verstehen uns aber nicht als 'Konsumverein'. Die Betroffenen sollen auch eigene Initiative entwickeln. Was das im einzelnen sein kann, müßten wir uns zusammen überlegen. Ein guter Anfang war der 'Ball ohne Polizei'! Er diente in erster Linie dazu, Geld für die Prozesse zu bekommen. Als Nächstes ist eine Wallkellerfete für den 3. November geplant. Es gibt noch viel Organisatorisches zu erledigen, woran sich alle Betroffenen möglichst beteiligen sollen.
Kriegt euren Arsch endlich mal hoch!!!!!!!!!
JEDEN SONNTAG 20.30 UHR IN DER LAGERHALLE, RAUM HINTER DER TEESTUBE!
3. NOVEMBER, WALLKELLERFETE!
SPENDENKONTO: STADTSPARKASSE (265 500 01)   30 33 586
ViSdP. Ermittlungsausschuß c/o Lagerhalle

sehr bescheidenen Lichtverhältnisse in ihrem Lokal die allerbesten Voraussetzungen für einen ungestörten Rauschgifthandel geschaffen.« Das Stadtmagazin »Stadtblatt« kommentierte süffisant, dass mit dieser Begründung auch alle Osnabrücker Kinos geschlossen werden müssten.

Bemerkenswert ist, dass schon zu diesem Zeitpunkt Osnabrücker Jugendliche öffentlich für ›ihren‹ »Hyde Park« eintraten. Am 7. März kam es zu einer Demonstration und zu einem Sit-In in den Fluren des Rathauses, am Tag darauf fand sich eine Delegation im Rathaus ein, um ein Gespräch mit dem damaligen Oberstadtdirektor Raimund Wimmer zu führen. Die jungen Besucher machten deutlich, dass sie den »Hyde Park« als Ort der Kultur und der Kommunikation begriffen, als »Anlaufstelle«, so die Wiedergabe in der »Neuen Osnabrücker Zeitung«, um Leute zu treffen, »die man kannte und mochte«.

Der Unmut über die verordnete Schließung äußerte sich auch auf der Leserbriefseite der »Neuen Osnabrücker Zeitung« vom 26. Januar 1979. Stellvertretend für acht Zuschriften gleichen Tenors sei aus dem Schreiben des Dodesheiders Günter S. zitiert: »Meine Freunde und ich fühlen uns im Hyde-Park seit langer Zeit nicht gefährdet. Für uns ist der Hyde-Park seit Jahren eine Möglichkeit, sich zu treffen, ohne sich irgendwelchen Ordnungszwängen unterwerfen zu müssen. Welche anderen Möglichkeiten hat man denn schon, wenn man nicht in irgendwelchen Glimmer-Discos von den Travoltas und Olivias sich einlullen lassen will?«

Zur angeblichen Drogenproblematik äußerte sich Sabine S.: »(...) Dieses Schlagwort zieht bei allen Eltern, und es wird auch wohl rechtlich das ausschlaggebendste sein. Aber glauben die Osnabrücker denn ernsthaft, mit der Schließung des Parks das Drogenproblem zu verringern oder gar es ganz zu lösen?«

Die schnelle Abfolge und Widersprüchlichkeit der Ereignisse lässt sich an den Schlagzeilen der »Neuen Osnabrücker Zeitung« ablesen: Am 6. März 1979 titelte die Redaktion »›Hyde Park‹ geschlossen«, am 9. März hieß es »Der ›Hyde Park‹ ist wieder geöffnet«.

Und dabei blieb es vorerst, während im Hintergrund die juristischen Scharmützel kontinuierlich weitergingen.

Hoffnungsschimmer

Das Verwaltungsgericht Hannover und das Oberverwaltungsgericht Lüneburg waren noch einige Male mit dem »Hyde Park« befasst. Sofern gegen die Pächterin beschlossen wurde, spielte die Drogenproblematik keine Rolle. In Rede stand allein die Frage, ob der »Hyde Park« als herkömmlicher Saalbetrieb oder als Diskothek betrieben wurde. Zuletzt gab es im September 1982 eine Verhandlung in Lüneburg. Mit einem Remis wurde ein Schlussstrich unter die Auseinandersetzungen gezogen: Die Stadt Osnabrück und Conny Overbeck schlossen einen Vergleich, wonach die Konzessionärin auf eine weitere Berufung verzichtete. Im Gegenzug verpflichtete sich die Stadt Osnabrück, den »Hyde Park« nicht vor dem 31. Juli 1983 zu schließen, sodass ohne Zeitnot ein neuer Standort gesucht werden konnte und im Idealfall ein nahtloser Übergang des Betriebs ermöglicht würde.

Im April 1983 wurde die Öffentlichkeit erneut an die Problematik erinnert, als die »Neue Osnabrücker Zeitung« fälschlich berichtete, der »Hyde Park« werde zum 1. Juli 1983 geschlossen. Richtig hingegen die Information des Blattes, dass noch kein neues Zuhause für den beliebten Musikclub gefunden worden war. Zum damaligen Zeitpunkt standen sieben Ausweichquartiere in der Diskussion.

Mittlerweile hatte an der Verwaltungsspitze ein personeller Wechsel stattgefunden. Der umstrittene Oberstadtdirektor Raimund Wimmer war ausgeschieden, der vormalige Stadtkämmerer und Krankenhausdezernent Dierk Meyer-Pries zu seinem Nachfolger gewählt worden. Meyer-Pries wurde in besagtem Zeitungsartikel mit den Worten zitiert, »die Stadt (würde es) begrüßen, wenn in Osnabrück ein solcher Treffpunkt, wie es der Hyde-Park noch ist, erhalten bliebe. Daher sei die Stadt der OAB [d. i. Osnabrücker Aktien-Brauerei, Hauptpächterin des »Hyde Parks«] bereits seit langer Zeit behilflich, ein Ersatzobjekt zu finden. Allerdings dürfe es nicht wieder in einem Wohngebiet liegen.« Der Verwaltungschef bewies ein gewisses Gespür für die Brisanz der Sachlage, wie der folgende Satz andeutet: »Nicht ganz ausschließen mag man bei der Stadt, daß es zu Schwierigkeiten mit den betroffenen Jugendlichen kommen könnte, wenn kein Nachfolgelokal für den Hyde-Park gefunden wird.«

»Hyde Park«-Diskussion im Ratssitzungssaal: Hans-Jürgen Fip (SPD), Oberbürgermeister Carl Möller (CDU), Oberstadtdirektor Dierk Meyer-Pries, Walter Haas (SPD) (v.r.n.l.).

Im Mai sprach sich auch der Verwaltungsausschuss dafür aus, dass sich die städtische Verwaltung bei der Suche nach einem neuen Domizil für den »Hyde Park« engagieren solle. Zugleich gab es dort eine deutliche Bereitschaft, zwischenzeitlich »eine stillschweigende Duldung des Betriebes über den 31.07.1983 hinaus politisch mitzutragen«. Diese Toleranz war dringend vonnöten, denn die Verlegung des »Hyde Parks« stieß auf unerwartet große Schwierigkeiten. Conny Overbeck gab im August 1983 in einem Interview mit der Monatszeitung »Eulenspiegel« einen Einblick: »(...) ich habe mir 30-40 neue Standorte angesehen – da wurde mir u. a. eine Kartoffelhalle in Atter angeboten, normaler Fertigbau, die kostete zwölftausend Mark monatlich. Dann das Projekt an der Dammstraße, das war nicht schlecht (...)«

Aber von Anliegern der Dammstraße wie auch aus dem Umfeld anderer ins Auge gefasster Immobilien, die infolge von Indiskretionen stets vorzeitig an die Öffentlichkeit gelangten, waren bereits vorsorglich etliche Protestschreiben auf den Weg gebracht worden. Allein die Planspiele, den »Hyde Park« in Atter oder in Evers-

71

burg anzusiedeln, wurden von Lokalpolitikern beider großer Parteien zum Anlass genommen, sich zu profilieren, wobei einige mit übelsten Verunglimpfungen die Stimmung aufzupeitschen versuchten.

In der Ausgabe vom 23. Juli 1983 fasste die »Neue Osnabrücker Zeitung« diese Rückschläge zusammen: Demnach waren rund 30 Liegenschaften geprüft worden, keines erfüllte die erforderlichen Ansprüche. Es blieb als letztes Quartier die Gastwirtschaft Schmied im Hone an der Oldenburger Landstraße. Dort hätten allerdings zunächst Umbauten in einer Kostenhöhe von geschätzten 400.000 D-Mark (etwa 205.000 Euro) vorgenommen werden müssen. Ohne eine vorausgehende Bebauungsplanänderung, die allein ein volles Jahr in Anspruch genommen hätte, wäre dies jedoch nicht möglich gewesen. Obendrein war vom Haster Bürgerverein bereits eine Kampagne gegen die mögliche »Hyde Park«-Ansiedlung gestartet worden, in deren Verlauf der Musikclub als Anlaufstelle für »Punker, Rocker und Jugendliche mit extremen Integrationsschwierigkeiten« verleumdet worden war, in dessen Umfeld es »fast täglich zu tätlichen Auseinandersetzungen, Messerstechereien und Überfällen« käme. Eine forsche Behauptung, die nicht zuletzt bei der zuständigen Kriminalpolizei große Verwunderung auslöste.

Angesichts dieser Umstände war der erhoffte nahtlose Wechsel des »Hyde Parks« an einen neuen Standort nicht mehr zu bewerkstelligen. Der zitierte Artikel endet mit der Information, dass Conny Overbeck für »die Übergangszeit« eine neue Konzession beantragen werde. Ein Weiterbetrieb des ehemaligen »Schweizerhauses« als »Gaststätte mit konventionellem Saalbetrieb«, also nicht als Diskothek, sei denkbar. Der Schlusssatz des Artikels lautet: »Es ist wahrscheinlich, daß der Hyde-Park – wenn auch in veränderter Form – an der Rheiner Landstraße noch etliche Monate bleibt.«

Am 27. Juli 1983, einem Mittwoch, gab es eine Zusammenkunft zwischen Conny Overbeck, ihrem Rechtsbeistand sowie Oberstadtdirektor Meyer-Pries. Ergebnis war ein Kompromiss, demzufolge der »Hyde Park« für die Dauer der Suche nach einem neuen Standort unter gewissen Auflagen an alter Stelle hätte fortbestehen können. Zu den Konzessionen seitens der Pächterin gehörten unter anderem der Verzicht auf die Lichtorgel, die Schließung jeweils sechzig Minuten vor der normalen polizeilichen Sperrstunde und die Einführung eines zweiten Ruhetages. Am selben Tag fanden sich Vertreter des Bauamtes und des Ordnungsamtes im »Park« an der Rheiner Landstraße ein. Der Ortstermin blieb ohne Beanstandungen.

Aufgrund von entsprechenden Presseveröffentlichungen in der letzten Juliwoche – Schlagzeile: »Hyde-Park vorerst an alter Stelle« – musste demnach beim Publikum der Eindruck entstehen, der »Hyde Park« und seine ›Pforten der Wahrnehmung‹ würden vorerst geöffnet bleiben. Verschiedene städtische Fachbereiche und auch die Kriminalpolizei, die am

Große Straße, Einmündung Neumarkt: Im Zuge der Proteste kam es zu mehreren Demonstrationszügen und auch zu Straßenblockaden.

links: Neben anderen lieferten Surplus Stock den Soundtrack zur Abschiedsvorstellung des »Parks«.

»Hyde Park« die Drogenszene zentriert und damit unter Kontrolle wusste, befürworteten diese Lösung. Doch dann kam eine für viele Beteiligte überraschende Wende. Deren Ouvertüre ereignete sich in Gestalt einer Anliegerversammlung am Dienstag, dem 26. Juli.

Reizklima

An diesem Abend hatten sich in einem Ladenlokal in unmittelbarer Nähe des »Hyde Parks« um die 100 Anwohner versammelt. Mit Bürgermeister Hubert Korte (CDU), CDU-Fraktionschef Bernhard Schomakers und SPD-Ratsherr Peter Niebaum waren drei Lokalpolitiker gekommen, um die Beschwerden der Betroffenen entgegenzunehmen und sich zur Problematik zu äußern. Der Journalist Rainer Lahmann-Lammert war seinerzeit als Berichterstatter dabei und hat die Vorgänge noch gut in Erinnerung: »Es war an einem heißen Sommerabend. Dieser Raum war völlig überfüllt, und es herrschte eine Hitze, die man kaum aushalten konnte. Es waren auch ein paar Politiker da, und die wurden regelrecht weggefegt, egal von welcher Partei die kamen.

Die Leute sind explodiert und haben sich Luft gemacht: Der ›Hyde Park‹ muss weg!«

Für Worte der Vernunft war in diesem Klima kein Platz. Jemand rief »Abbrennen!« und meinte das »Hyde Park«-Gebäude. Ein Zwischenrufer verlangte Waffenscheine für alle.

Im nachfolgenden Bericht über diese Veranstaltung fanden andererseits die Anhänger des »Hyde Parks« eine Äußerung, die auf einen vorläufigen Fortbestand ihres Treffpunktes hindeutete. Bürgermeister Korte wurde mit den Worten zitiert: »Der Hyde-Park wird dichtgemacht. Ich kann Ihnen nur nicht versprechen, dass das zum 31.7. erfolgt.«

Korte und seine Kollegen wurden wutentbrannt niedergeschrien. Dieses Ereignis hatte Folgen, wie Rainer Lahmann-Lammert berichtet: »Ich glaube, an dem Tag, an dem dieser Bericht in der Zeitung stand – ich habe das noch aktuell an dem Abend geschrieben, noch schnell mit dem Fahrrad zurück in die Redaktion und schnell geschrieben – war das eine Bombe. Die Fraktionsspitzen haben sich sofort zusammengesetzt und gesagt, wenn das so ist, dann wird der ›Hyde Park‹ dichtgemacht. Egal wie wir das juristisch begründen können. Und dann kam das ja auch wohl ein paar Tage später.«

Im Rahmen einer Pressekonferenz gaben Oberbürgermeister Carl Möller und Oberstadtdirektor Dierk Meyer-Pries am Freitag, dem 29. Juli, nach einer eilends anberaumten Sondersitzung des Verwaltungsausschusses bekannt, dass es keine Übergangslösung geben werde und der »Hyde Park« wie ursprünglich geplant am 31. Juli um 0.00 Uhr schließen müsse. Als Begründung wurde angeführt, dass, so meldete die »Neue Osnabrücker Zeitung«, »kein Konsens mehr zwischen den ›Hyde-Park‹-Anliegern und der Betreiberin des Jugendtreffpunkts möglich war«. Zugleich gaben die Verwaltungsspitzen bekannt, dass man bei der Suche nach einem neuen Standort weiterhin »unverzügliche und unbürokratische Unterstützung« leisten werde. Die »Neue Osnabrücker Zeitung« schrieb einige Tage später von einer »überraschenden Ankündigung«. Nicht erwartet hatte diese Entwicklung auch die örtliche Polizeidirektion, die, wie sich Zeitzeugen erinnern, ihrerseits erst am Abend des besagten 29. Juli von den Schließungsabsichten erfuhr und sich daraufhin kurzfristig auf mögliche Demonstrationen einstellte. Diese Einschätzung der Situation sollte sich als richtig erweisen.

Die Polizeieinheiten rüsten sich zum Einsatz.

Die Ausschreitungen

Der letzte Abend mit Disko-Betrieb, der nach der unerwarteten Kehrtwende der Stadt plötzlich zum letzten Veranstaltungsabend überhaupt im »Hyde Park« an der Rheiner Landstraße geworden war, wurde mit mehreren Live-

Konzerten begangen. Neben Surplus Stock[8] spielte die Afro-Pop-Formation Limbo Connection. Mehrere hundert Besucher – eine behördliche Schätzung sprach später von (sicherlich zu hoch gegriffenen) 2.000 Personen – hatten sich zu dieser Abschiedsvorstellung eingefunden. Wegen des warmen Sommerwetters hielten sich viele von ihnen im Außenbereich auf, manche lagerten auf der Freitreppe, auf der Mauer zur Straße oder auf den Grünflächen unter dem alten Baumbestand. Zeitzeugen und Polizeibericht stimmen darin überein, dass ab circa 22.30 Uhr Flaschen und Steine geworfen wurden. Drei Müllcontainer, auf die Straße geschoben, brannten lichterloh. Eine abgerissene Plakatwand und alte, von einer nahen Wiese stammende Autoreifen sollen ins Feuer geworfen worden sein. Die Feuerwehr unternahm einen Löschversuch, wurde aber durch Wurfgeschosse vertrieben. Steine flogen auch durch die Fenster eines nahen Wohnhauses. Versuche von Seiten anderer Jugendlicher, die Rowdies zu besänftigen, hatten keinen Erfolg. Auf der Lotter Straße hatten bereits Polizeieinheiten Aufstellung genommen; etwa zu diesem Zeitpunkt rückten sie an und griffen schließlich ein. Der damalige Oberstadtdirektor Dierk Meyer-Pries hat noch sehr präsent, dass er als Vermittler tätig werden sollte: »Irgendwann am späten Abend kam die Polizei mit einem vergitterten Einsatzwagen vor meinem Haus an und bat mich, mit zum ›Hyde Park‹ zu kommen. Ich habe zu dem Zeitpunkt nicht geahnt, worauf ich mich mit meiner Einwilligung einließ. Rückblickend war es trotz aller kommenden Widrigkeiten die richtige Entscheidung, denn als Leiter der Stadtverwaltung stand ich mit in der Verantwortung für die Schließung des ›Hyde Park‹. Die Fahrt zum ›Park‹ endete bereits im Vorbereich. Wir wurden umstellt, von außen massiv bedrängt, mit Steinen beworfen und beschimpft. Der Versuch, per Lautsprecher Kontakt mit den Jugendlichen aufzunehmen, um erklärend und beruhigend auf den deutlichen Zorn einzuwirken, gelang nicht. Im Gegenteil: der Protest wurde nachhaltiger. Ich glaube, es brannten bereits Autoreifen auf der Straße, und von Ferne hörte man die Sirenen der anrückenden Feuerwehr. Wir mussten uns schließlich mit dem Fahrzeug zurückziehen, weil es einfach im wahrsten Sinne des Wortes zu brenzlig zu werden drohte. Die Jugendlichen gingen nicht gerade ›freundlich‹ mit dem Polizeifahrzeug und den Insassen um. Wir fühlten uns in dieser zunehmend aufgeheizten und aggressiven Situation massiv bedrängt, ja gefährdet. Für mich war dieser Einsatz ein bedrückendes Ereignis, das ich wohl nie vergessen werde.«

Der Journalist Rainer Lahmann-Lammert hatte sich als Beobachter zur Rheiner Landstraße begeben. Er schildert seine Eindrücke wie folgt: »Es war ein Sommerabend, es war warm, und es trafen sich ganz viele Leute vor dem ›Hyde Park‹ – und je später es wurde, wurden es immer mehr. Es war, wenn ich mich richtig erinnere, eine friedliche Stimmung. Und es wurde einfach nur dokumentiert: Wir stehen zu unserem ›Hyde Park‹. Und dann, irgendwann schon recht spät, gab es Feuer auf der Straße. Durchfahren konnte da sowieso keiner mehr, die Straße war voll. Autos kamen da nicht durch. Jedenfalls, plötzlich brannte da was. Und dann hat es auch nicht mehr lange gedauert, bis die Polizei eingeschritten ist. Die kamen mit einem Wasserwerfer, und dann sah ich auch diese Polizisten, mit Schilden und Helmen, und dann wurde es auf einmal sehr turbulent.«

---

8   Siehe dazu das Interview mit Bob Giddens in diesem Band.

Der Einsatz von Wasserwerfern wurde von der Polizei später zunächst abgestritten.

Auch Harald Preuin wurde als Pressevertreter Augenzeuge des Geschehens: »Es war auf jeden Fall innerhalb dieser Menge beim Anrücken der Polizei und bei Aufforderung der Polizei, den Platz zu räumen, doch eine Stimmung da, die sagte, nee, wir weichen hier erst mal nicht. Da wurde dann ein Feuer entzündet, mitten auf der Straße, was keine so glückliche Idee war, so ein Barrikadenbrand. Das kann die Polizei natürlich nicht hinnehmen. Als dann auch Flaschen und Steine flogen, hat die Polizei gesagt, verlassen Sie bitte diesen Kreis. Ich glaube, zwei oder drei Mal sind die aufgefordert worden, und dann hieß es: Jetzt räumen wir. Ja, und dann ging es eben teilweise auch zur Sache. Von beiden Seiten.« Seitens der Polizei erging, wie Tondokumente belegen, nach zwei Vorwarnungen an alle Anwesenden der Aufruf, »den Vorplatz des ›Hyde Parks‹ und die Rheiner Landstraße unverzüglich Richtung stadtauswärts zu verlassen. Kommen Sie dieser Aufforderung nicht nach, wird die Räumung zwangsweise durchgeführt. Die Polizei geht davon aus, dass die Personen zwischen Polizei und Demonstranten ebenfalls Störer sind. Das heißt, dass sie zu den Demonstranten gehören. Und werden entsprechend behandelt.«

Ralf W. gehörte zu denjenigen, die in dieser Nacht »entsprechend behandelt« und dann auch festgenommen wurden. Er war im Auto mit Freunden über den Westerberg kommend auf dem Rückweg Richtung Hasbergen-Gaste gewesen. An der Ecke Mozartstraße aber traf man auf eine Polizeisperre und beschloss spontan, das Fahrzeug abzustellen und zu erkunden, was eigentlich vor sich ging. In dem Moment begann der Polizeieinsatz, und die Gruppe eilte zurück zu ihrem Auto. Dabei sah sich W. plötzlich von einem Polizisten verfolgt und sprang aus Angst in einen Vorgarten. Der Polizist setzte ihm nach, wobei er sich verletzte. W. wurde »brutal«, wie er sagt, zu Boden gedrückt und abgeführt. Im Polizeirevier am Rosenplatz saß er zusammen mit fünf oder sechs anderen Festgenommen in einer Zelle. Ein Erlebnis, das er bis heute nicht ganz verwunden hat. »Das war schon ganz schön heftig, muss ich sagen. Wenn ich mich auch jetzt an die Wunden nicht erinnern kann, aber auf jeden Fall war da Blut im Spiel. Ich hatte ja selber auch leichte Blessuren. Aber da waren auch einige, die waren schwerer verletzt. Da waren einige, die schrien auch. Ich weiß nicht, ob aufgrund der Verletzungen oder so ... Jedenfalls, das ging schon ganz schön ans Eingemachte.«

An der Rheiner Landstraße hatten sich zunächst noch Gäste im Saal aufgehalten. Noch vor der angeordneten Sperrstunde forderte Conny Overbeck die Besucher über Mikrofon auf, das Gebäude zu verlassen, was von vielen zunächst als Scherz aufgefasst wurde. Gegen 23.30 Uhr wurden die Theken geschlossen. Eine Stunde später befanden sich nur noch Mitarbeiter und befreundete Personen im Haus. Währenddessen kam es draußen zur Eskalation. Im Verlauf der Auseinandersetzungen wurde Tränengas auch durch die geschlossenen Fenster in den »Hyde Park« gefeuert. Drinnen, wo man die Geschosse zunächst nicht einordnen konnte, waren Rufe »Runter! Runter! Die schießen!« zu hören. Zwei Rollstuhlfahrer wurden durch Tränengasgranaten verletzt, Gäste und Mitarbeiter suchten voller Panik Schutz im Keller oder flüchteten über das rückwärtige Gelände und den angrenzenden Friedhof. Im weiteren Verlauf wurde das Gebäude gestürmt, angeblich, weil sich dort Gewalttäter »verschanzt« hatten.

Gegen 2.30 Uhr war die Straße soweit geräumt, dass die Feuerwehr die noch kohlenden Reste des Feuers löschen konnte. Die Flammen hatten ein mehrere Meter großes Loch in den Asphalt gefressen. Bereits am anderen Morgen waren die Schäden ausgebessert; die Straße stand dem Verkehr wieder zur Verfügung.

Nachwirkungen

In den Tagen nach den gewaltsamen Auseinandersetzungen wurde die öffentliche Meinung zunächst allein von den Verlautbarungen der Polizei bestimmt. Presseagenturen und damit die meisten Tageszeitungen zitierten die Äußerungen des zuständigen Polizeidirektors Helmut Schödler. Der beschrieb in dramatischen Worten eine »Schlacht« mit Punkern, Rockern und Skinheads, in deren Verlauf 37 Beamte verletzt worden seien. Zwei erlitten durch Wurfgeschosse so schwere Gehirnerschütterungen, dass sie stationär aufgenommen werden mussten. Vier ihrer Kollegen konnten das Krankenhaus nach ambulanter Behandlung verlassen. Gegen neun Demonstranten wurden seitens des Haftrichters Haftbefehle erlassen, die aber, was längere Zeit unerwähnt blieb, sogleich ausgesetzt wurden mit der Auflage, sich zwei Mal wöchentlich beim 1. Polizeirevier zu melden. Verletzte Zivilpersonen fanden in den Pressemitteilungen gar keine Erwähnung. Auf Nachfrage der »Neuen Osnabrücker Zeitung« gab Schödler an, der Polizei lägen »keine Angaben von behandelten Verletzungen aus den Krankenhäusern vor«.

Allein die in Berlin erscheinende »tageszeitung« brachte einen selbstrecherchierten Beitrag, der die Hintergründe des Konflikts beleuchtete und vor allem publik machte, dass auch unbeteiligte Jugendliche, darunter ein Rollstuhlfahrer, Verletzungen davongetragen hatten und ärztlich behandelt werden mussten. Am Ort des Geschehens selbst bedurfte es erst anwaltlicher Stellungnahmen, um andere Sichtweisen an die Öffentlichkeit zu bringen. So machte Rechtsanwalt Dr. Müller in einem Schreiben an die »Neue Osnabrücker Zeitung« geltend, dass sich entgegen der polizeilichen Darstellung keine Gewalttäter im »Hyde Park« »verschanzt«

Das Fanal: Nachdem auf der Straße ein Feuer entzündet worden war, wurden die Polizisten zum Einsatz befohlen.

hätten. Auch sei am besagten Abend kein Freibier ausgegeben worden. Schlagzeilen, die von 1.000 oder mehr randalierenden Punks und Rockern sprachen, waren definitiv maßlos überzogen. Zeitzeugengespräche sowie Bild- und Tondokumente deuten vielmehr darauf hin, dass in der Nacht zum 1. August vor dem »Hyde Park« mehrheitlich unauffällige Jugendliche, teils Stammbesucher, teils Zaungäste, versammelt waren. Die meisten der Anwesenden trugen normale Freizeitkleidung und waren auch der sonstigen Erscheinung und ihrem Habitus nach weder der Subkultur der Punks noch der der Rocker und am allerwenigsten den Skinheads zuzuordnen.

Innerhalb der Versammlung war die Stimmung von Unmut über das vorzeitige Betriebsende an diesem Abend und allgemein von der Frustration über die Umstände der endgültigen Schließung geprägt, die von vielen als bittere Enttäuschung, wenn nicht sogar als interessengeleiteter Verrat an der Jugend empfunden worden waren. Überdies hatten seit dem frühen Abend regelmäßig Streifen- und Zivilfahrzeuge der Polizei den »Hyde Park« passiert. Einige Besucher meinten auch, Zivilbeamte unter den Gästen erkannt zu haben – für viele eine Provokation. Rechnet man Alkoholeinwirkung hinzu, findet man eine Erklärung dafür, warum sich im Weiteren die aufgestauten Gefühle in ungezügelten Aktionen entluden. Eine Bestätigung ergibt sich aus der in der »Neuen Osnabrücker Zeitung« wiedergegebenen Aussage einer jungen Frau, die sich knapp ein Jahr später vor Gericht verantworten musste: »Die Steine, die die junge Fau in alkoholisiertem Zustand (zwei Promille) aus 30 Metern Entfernung warf, trafen nicht. Während der Verhandlung berichtete die Frau von ihrer damaligen Wut über die Schließung des Hyde-Parks, der für sie zu einem zweiten Zuhause geworden war.«

Am Anfachen des Feuers auf der Straße waren, so berichten Augenzeugen, Jugendliche aus bestem Hause beteiligt. Den meisten damaligen Akteuren ging es um die Sache, eben um den Fortbestand des »Hyde Parks«, anderen, die in diesem Zusammenhang eher eine Außenseiterposition innehatten, um den Hass gegen den Staat an sich. Nicht zuletzt wirkte hier vor allem die durch die Gruppe verstärkte alterstypische Lust an der Regelverletzung und das erregende Machtsurrogat der Gewalt gegen Sachen, wie sie auch am Rande von Fußballspielen oder Volksfesten beobachtet werden können.

Die Festgenommenen wurden abtransportiert und auf die Osnabrücker Polizeidienststellen verteilt.

Der damalige Oberstadtdirektor Dierk Meyer-Pries diskutiert am Fuße der Rathaustreppe mit »Hyde Park«-Befürwortern.

Heiße Nächte

Die Ausschreitungen der Sonntagnacht waren in signifikantem Maße situationsbedingt und wurden von Minderheiten getragen. Demgegenüber hatten die Demonstrationen gegen die Schließung des »Hyde Parks« eine breite Basis und setzten sich an den Folgetagen fort. Allabendlich fanden sich große Gruppen an der Rheiner Landstraße ein, um allein durch ihre Anwesenheit Stellung zu beziehen. Im oberen Stockwerk des »Hyde Park«-Gebäudes wohnten zu diesem Zeitpunkt noch Teile der Belegschaft, die von der Polizei Anweisung erhielten, ihre Fenster verdunkelt zu halten, damit nach außen hin nicht der Eindruck entstand, der Betrieb werde womöglich wieder aufgenommen.

Am Mittwoch, dem 3. August, ließ das niedersächsische Innenministerium verlauten, dass 70 Bereitschaftspolizisten aus Oldenburg zur Unterstützung nach Osnabrück entsandt würden.

In der Nacht zuvor war erneut auch die Straße vor dem »Hyde Park« besetzt worden; dieses Mal beschränkte sich die Polizei auf die Verkehrslenkung und trat ansonsten erst in Erscheinung, als sich spät in der Nacht ein kleiner Protestzug formierte und Richtung Innenstadt aufbrach. Er wurde am Übergang zur Lotter Straße aufgehalten, später langsam in Richtung »Hyde Park« zurückgedrängt und löste sich nach und nach auf.

Ungebetene Gäste hatte in dieser Woche allabendlich auch Oberstadtdirektor Meyer-Pries: »Jugendliche haben es sich nicht nehmen lassen, mir deutlich zu machen, durch entsprechende Präsenz vor meinem Haus, was sie von meiner Entscheidung und der Politik hielten. Es war schon eine bedrängende Situation, insbesondere, wenn man kleine schulpflichtige Kinder hat.«

Die Belagerer verhielten sich jedoch vollkommen friedlich, wie überhaupt die Bewegung für den »Hyde Park« mehrheitlich gegen Gewalt eingestellt war. Davon zeugt beispielsweise ein handschriftlich verfasstes Flugblatt, mit dem anonyme Aktivisten in der Woche nach der Schließung zur Demonstration aufriefen: »Das friedliche Volk vom HYDE-PARK lädt am 6.8.83 um 14.00 Uhr zur Demo am Rathaus ein! Betr.: Gespräch mit dem Bürgermeister!!! Ab 18.00 Uhr unsere friedliche Fete am HYDE-PARK! Bringt Getränke und Musik mit! Krawallmacher sind unerwünscht! gez.: Wir das friedliche Volk vom HYDE-PARK«.

Der heutige Ruheständler Dierk Meyer-Pries berichtet über die damaligen Begegnungen mit den Jugendlichen, »dass sie in den Gesprächen, die wir geführt haben, ausgesprochen Gesprächskultur zeigten. Es ging zwar heftig zur Sache, sie hatten natürlich eine ganz andere Sicht als die Stadtverwaltung. Aber es war nie so, dass das Gespräch so konfliktreich wurde, dass es kippte oder man abbrechen musste.«

Verwaltungsmitarbeiter und auch gewählte Politiker trafen sich mit den zahlreich auftretenden Jugendlichen mehrfach im Friedenssaal des Rathauses, zum Teil auch im Ratssitzungssaal. Die täglichen Zusammenkünfte am »Hyde Park« sorgten unterdessen weiter für Beunruhigung. Als an der Rheiner Landstraße einmal mehr Flaschen flogen, wurde wegen der möglichen Gefährdung von Passanten ein Eingreifen der

Kulturamtsleiter Reinhart Richter (links neben der Person mit dem Megaphon) und Conny Overbeck (im Hintergrund) unterrichteten die Demonstranten über den Stand der Dinge.

Polizei gefordert.
Reinhart Richter, damals Leiter des Kulturamtes, der sich intensiv um eine Deeskalation des Konfliktes bemühte, ging das Problem pragmatisch an: »Dann habe ich bei einem der Gespräche im Rathaus vorgeschlagen, wir schicken ein paar Kollegen von der Stadtreinigung hin mit einem kleinen Schiebewagen, und die sammeln die Flaschen ein. Das wurde als zu gefährlich für die Beschäftigten angesehen. Dann bin ich mit noch einer weiteren Person mit Plastiksäcken losgegangen, und wir haben die leeren Flaschen eingesammelt.«
Inzwischen wurde auf Seiten der Verwaltung in Kooperation mit Conny Overbeck und der Osnabrücker Aktien-Brauerei bereits intensiv an einer Lösung des Standortproblems gearbeitet, die letztendlich auf den Zeltbau und Weiterbetrieb als »Circus Hyde Park« hinauslief. Am Freitag, den 5. August, konnte Dierk Meyer-Pries die rund 50 jugendlichen Delegierten bereits über die erfreuliche Entwicklung in Kenntnis setzen. Dennoch kam es am folgenden Samstag im Verlauf einer weiteren heißen Nacht noch einmal zu gewaltsamen Auseinandersetzungen mit der inzwischen durch Einsatzkräfte aus dem gesamten Weser-Ems-Bereich verstärkten Polizei.

Tabula Rasa

Nach den Erfahrungen der voraufgegangenen Tage kann es nicht verwundern, dass die »Hyde Park«-Gemeinde die Verlautbarungen der Stadt mit Skepsis aufnahm und sich am Samstag, den 6. August, erneut zu einer Demonstration zusammenfand. Die führte nachmittags vom Szenetreffpunkt »Eduscho« durch die Einkaufsmeile Große Straße zum Rathaus und mündete in einer Blockade des Verkehrsknotenpunkts Neumarkt. Mehrfach gesellten sich der damalige Oberbürgermeister Carl Möller und der Kulturamtsleiter Reinhart Richter zu den Jugendlichen, erläuterten die jüngsten Vereinbarungen und sicherten deren Einhaltung zu.
Am Abend versammelten sich einmal mehr rund 1.000 junge Leute auf dem »Hyde Park«-Gelände an der Rheiner Landstraße. Augenzeugen zufolge waren es zuletzt gerade mal 30 Übermütige, die sich auf der Straße ausbreiteten. Für die Polizei aber Grund genug, mit 500 Bereitschaftspolizisten gegen die »Störer« vorzugehen. Daraus resultierte, so schrieb es am Montag darauf die »Neue Osnabrücker Zeitung«, der »bisher größte Einsatz der Hundertschaften«, die aus Goslar, Göttingen, Hannover, Braunschweig, Delmenhorst, Wilhelmshaven und Oldenburg herangeführt worden waren. Die Osnabrücker Beamten waren in dieser Nacht nicht im Einsatz. Mangelnde Ortskenntnis führte, wie erst sehr viel später von zuständiger Seite im Innenausschuss des Landtages eingeräumt wurde, zu einer »Panne«, wie es beschönigend hieß:

Die Versammelten einschließlich unbeteiligter Passanten sollten von einer Polizeikette vom »Hyde Park« abgedrängt werden und wurden dabei versehentlich einer zweiten Polizeireihe förmlich in die Arme getrieben. Die dort aufgestellten Schupos glaubten offenbar an einen Angriff. Jedenfalls kam es in der Folge zu massiven Aktionen gegenüber Demonstranten, aber auch gegenüber Schaulustigen und sogar Anwohnern. Die Wahllosigkeit und überzogene Härte dieses Vorgehens lösten selbst bei Anhängern von »Recht und Ordnung« helle Empörung aus.

Für die »Neue Osnabrücker Zeitung« war erneut Harald Preuin am Ort des Geschehens, und dieses Mal wurde er, wie auch einige Pressefotografen, seinerseits zum Opfer polizeilicher Maßnahmen. Um anschließend schnell in die Redaktion fahren zu können, war er mit dem Motorrad gekommen und trug dementsprechend lederne Schutzkleidung und einen Helm. Was folgte, beschreibt er im Interview mit Reiner Wolf: »Dann gab es ein heftiges Gerenne. Da kamen die Demonstranten die Rheiner Landstraße herunter Richtung Stadt, verfolgt von Bereitschaftspolizisten aus Oldenburg, wie sich später herausgestellt hat, die von ihren Schlagstöcken Gebrauch machten – gegenüber den Demonstranten, die nicht so schnell waren, aber auch gegen mich. Es tat nicht *sehr* weh. Ich erinnere, plötzlich einen behelmten Bereitschaftspolizisten vor mir gehabt zu haben. Ich stand hinter einer Bake, und er stand auf der anderen Seite und schlug mit dem Schlagstock gegen meine linke Schulter. Dann bin ich zurückgewichen – so schnell konnte ich gar nicht an meinen Presseausweis denken. Aber das hätte mir auch nicht viel genutzt in dem Moment. Ich sah aus wie ein Demonstrant, unglücklicherweise, mit dem Helm unter dem Arm. Da haben die auch damals schon an vermummte Demonstranten gedacht, und da geriet ich eben in den Fokus.«

Rainer Lahmann-Lammert, Redakteur der »Neuen Osnabrücker Zeitung«, räumt ein, sich an die Ereignisse nur noch eingeschränkt erinnern zu können. Präsent geblieben aber ist ihm, dass er sich gezwungen sah, mit anderen Unbeteiligten vor der Polizei zu flüchten: »Ich stand da in einem Pulk von Menschen, die nichts Gewalttätiges angerichtet hatten. Aber plötzlich wurden wir auch verfolgt. Ich weiß noch, dass wir dann von der Rheiner Landstraße in die Ernst-Sievers-Straße geflüchtet sind, aus Angst, eins mit dem Polizeiknüppel auf den Kopf zu kriegen. Da wohnte Sabine S. in einem der Häuser an der oberen Ernst-Sievers-Straße, und da sind wir mit 15 oder 20 Leuten plötzlich in der Küche gewesen,

Der Wortbruch der Lokalpolitiker entfachte den Zorn der Jugendlichen, die sich nicht zum ersten Mal als Betrogene empfanden.

und die Tür ging wieder zu, und wir waren sicher vor der Polizei. Da haben wir eine halbe Stunde vielleicht gesessen, ich weiß es nicht genau, bis jemand mal ausgekundschaftet hatte, dass es draußen wieder ruhiger geworden war.«

Die Befürchtungen der Passanten waren nicht überzogen. Über dieselben Vorkommnisse schrieb Lothar L. an die Lokalredaktion der »Neuen Osnabrücker Zeitung«: »Ein von der Polizei brutal zusammengeschlagenes junges Mädchen wurde bewußtlos liegen gelassen. Das Mädchen befindet sich in stationärer Behandlung im Krankenhaus.« Bei dem Prügelopfer handelte es sich um die Tochter des Leserbriefautors.

Die »Oldenburger Volkszeitung« hatte ebenfalls einen Korrespondenten nach Osnabrück geschickt, sein Bericht erschien am 8. August: »Immer wieder stürmten Polizeiketten mit Geheul vor und verfolgten flüchtende Menschen. ›Hau drauf, mach ihn fertig‹, war von Polizisten ebenso zu hören wie ›Das ist doch jetzt wirklich albern, was soll denn das‹. Bis zu zwei, drei Straßen weg vom eigentlichen Ort des Geschehens wurden einzelne Personen verfolgt, auch mit scharfen Hunden.«

Das Bild der Polizei

Bezeichnend für die fraglichen Vorgänge ist, dass – wie auch der Oldenburger Journalist in seinem Beitrag schon angedeutet hatte –, Kritik sogar in den eigenen Reihen der Einsatzkräfte laut wurde. Harald Preuin zitierte in seinem Kommentar in der Montagsausgabe der »Neuen Osnabrücker Zeitung« einen Oldenburger Beamten mit den Worten: »Ich schäme mich für das, was meine Kollegen hier getrieben haben.« Ein Hinweis in gleicher Sache findet sich auf der Leserbriefseite vom 13. August. Der Verfasser schilderte seine Beobachtungen: »Als Bewohner der Mozartstraße wurde ich in der Nacht vom 6. zum 7. 8. Zeuge der Vorfälle an der Ecke Rheiner Landstraße/Mozartstraße. Ich diskutierte mit Anwohnern und 2 Polizisten über die Hyde-Park-Problematik und der sich daraus zwangsläufig ergebenden Themen wie Jugendpolitik und Gesaltanwendung [sic!] der Polizei. Im laufe [sic!] der Zeit schalteten sich 2 Journalisten und viele Jugendliche in die Diskussion ein. Den beiden Polizisten, denen ich ein hohes Maß an ethischem und moralischem Berufsverständnis bescheinige, gelang es durch kluges Argumentieren und geschultes psychologisches Taktieren, eine Atmosphäre ohne Haß und Gewalt zu schaffen. Dann geschah für mich das Entsetzliche! Eine Hundestaffel der Polizei, angeheizt durch eine hysterische Megaphonstimme des Staffelleiters trieb eine große Zahl Jugendlicher auf die Absperrung an der Rheiner Landstraße. Noch ehe unsere friedliche Diskussionsrunde den ersten Schock überwunden hatte, waren wir inmitten der bedingt durch die Absperrung nach rechts und links flüchtenden Menschen. Ohne Vorwarnung und Fluchtmöglichkeit wurden wir Opfer einer wild um sich schlagenden Polizeitruppe aus Wildeshausen. Der Staffelleiter hetzte einzelne Trupps auf Privatgrundstücke und ließ sie auf schutzsuchende Mädchen, Jungen und beobachtende Hausbewohner einschlagen. (...) Um so erstaunter war ich am nächsten Abend, als einer der mit mir diskutierenden Polizisten mich in meiner Wohnung aufsuchte und bat, ihn durch meine Zeugenaussage bei seiner Dienstaufsichtsbeschwerde zu unterstützen. Ich wünsche den Osnabrücker Bürgern eine Polizei, für die Mut und Zivilcourage beim Schutz der Bürger zum Selbstverständnis ihres Berufsbildes gehören, und möchte unseren Polizeichef Herrn Schödler bitten, diesen vorbildlichen Polizisten bei seiner Dienstaufsichtsbeschwerde zu unterstützen, und nicht durch ›opportune Polemik‹ den Einsatz der Hundestaffel zu rechtfertigen.«

Der fromme Wunsch dieses engagierten Mannes fand, glaubt man den vorliegenden Quellen, kein Gehör. Im Gegenteil könnte man den Eindruck gewinnen, die offenbar beabsichtigte Dienstaufsichtsbeschwerde sei irgendwo auf dem langen Amtsweg steckengeblieben oder aufgehalten worden. Bei mehreren politischen Parteien gingen an den Folgetagen Beschwerden von Bürgern mit sehr konkreten Angaben ein. Demnach seien bereits am Boden liegende Jugendliche ohne Not geschlagen worden. Anderen, passiv agierenden Jugendlichen sei Tränengas ins Gesicht gesprüht worden. Einem älteren Ehepaar, das auf einer Bank Platz genommen hatte, weil die Ehefrau nach einem Krankenhausaufenthalt noch geschwächt war, wurde von einem uniformierten Beamten Prügel angedroht für den Fall, dass es die Bank nicht räume. Bei der späteren politischen Aufarbeitung der Ausschreitungen gab ein Vertreter des niedersächsischen Innenministeriums an, weder über kritische Äußerungen beteiligter Polizisten noch über verletzte Demonstranten informiert worden zu sein. Auch der von Zeugen bestätigte Wasserwerfereinsatz wurde von Polizeikreisen strikt geleugnet.

Welche Haltung auf Seiten der Osnabrücker Polizeiführung zum Tragen kam, beweist ein internes Telex, in dem sich der Leitende Polizeidirektor der Osnabrücker Schutzpolizeiinspektion, Helmut Schödler, bei »allen Mitarbeitern und den Kameraden der Kriminalpolizei« sehr herzlich bedankte für »die sehr guten Leistungen, den unermüdlichen Einsatz und die hohe Moral, die auch bei schwersten Belastungen nicht erschüttert werden konnte […].« Schödler versäumte nicht, auch »die auswärtigen Kameraden« ins Lob einzubeziehen. Allerdings: »einen Polizeimeister der Bereitschaftspolizei Oldenburg« schloss er ausdrücklich aus. Leider ließ sich über den von Schödler auf so fragwürdige Weise bloßgestellten Beamten nichts in Erfahrung bringen.[9] Vielleicht war dieser Polizeimeister am 6. August 1983 an der Rheiner Landstraße der beste Mann am Platze.

Die Vorfälle jenes Wochenendes wurden in der Öffentlichkeit und auch in den politischen Gremien noch lange diskutiert. Sie hatten sogar Folgen für die Jugendarbeit: Vor dem Jugendzentrum Ostbunker kam es 1984 bisweilen zu Übergriffen von Fußball-Hooligans, den »VfL-Bombern«, gegen Punks, die den Ostbunker in großer Zahl besuchten. Die Punks waren hier die Opfer, dennoch wurde die Polizei tunlichst außen vor gelassen, denn, so die pädagogischen Mitarbeiter gegenüber der Presse: »Das Bild von der Polizei sei bei den meisten Punks vom Einsatz bei den Hyde-Park-Krawallen geprägt, speziell von dem Verhalten dieser Hundertschaft an dem unruhigen Samstagabend im vergangenen Jahr.«

9 Trotz mehrerer Anfragen bei der Pressestelle der Osnabrücker Polizei kam kein Zeitzeugengespräch zustande.

Wechsel nach Haste

Nach jener heißen Augustwoche hatte sich die Situation unmittelbar beruhigt, nachdem deutlich geworden war, dass der »Hyde Park« eine Zukunft haben werde. Am Fürstenauer Weg wuchs langsam das Zirkuszelt, das dem »Hyde Park« provisorisch Unterkunft bieten sollte. Für Sonntag, den 14. August, lud das »Hyde Park«-Team zu einer »Info-Fete« am neuen Standort, da sich der Aufbau wegen technischer Schwierigkeiten noch verzögerte. Mit einem entsprechenden Flugblatt wurde über die Entwicklung informiert. Obwohl in Haste und Pye Teile der bürgerlichen Kreise weiterhin heftig gegen die Ansiedlung polemisierten, war das große Eröffnungsfest nur verschoben, nicht etwa abgesagt worden. »Wir freuen uns, daß wir in Haste gastieren dürfen!«, hatte es auf dem Flugblatt geheißen.

Das Gastspiel währt, nach nur kleineren Umzügen, bis heute. Der »Hyde Park« hatte seine Heimat gefunden.

Am Morgen danach: Die Polizei hatte Tränengasgranaten in den geschlossenen »Hyde Park« gefeuert.

Quellen

Clemens B.: Leserbrief an die »Neue Osnabrücker Zeitung«, 13.8.1983.
Hanna von Behr/Harald Keller: Interview mit Hans-Georg Weisleder, 2010.
bh: Mit Knüppeln und Hunden geräumt. In: Oldenburger Volkszeitung, 8.8.1983.
Tom Bullmann: Odyssee einer Kult-Discothek. Neue Osnabrücker Zeitung, 13.7.2001.
d. (= Beate Dammermann): Stadt erhielt Recht im Urteil zum »Hyde Park«. Neue Osnabrücker Zeitung, 28.2.1981.
d. (= Beate Dammermann): Ein neues Haus für den »Park«? Neue Osnabrücker Zeitung, 13.4.1983.
d. (= Beate Dammermann): Hyde-Park vorerst an alter Stelle. Neue Osnabrücker Zeitung, 23.7.1983.
d. (= Beate Dammermann): Haster Bürger protestieren. Neue Osnabrücker Zeitung, 23.7.1983.
d. (= Beate Dammermann): »Hyde-Park-Prozeß« mit Ortstermin. Neue Osnabrücker Zeitung, 16.6.1984.
Diaton: In Osnabrück ist der Teufel los. Tondiaschau, 1983.
Diverse: Stadtblatt Extra. Sonderausgabe zum »Hyde Park«-Konflikt. 1983.
H.: Hyde-Park-Inhaberin Konzession entzogen. Neue Osnabrücker Zeitung, 4.10.1978.
Harald Keller: Interview mit Stefan Brinck, 2010.
Harald Keller: Interview mit Hans-Albrecht Dicke, 2010.
Harald Keller: Interview mit Hans Martin Heise, 2010.
Harald Keller: Interview mit Rainer Lahmann-Lammert, 2010.
Harald Keller: Interview mit Monika Lejeune, 2010.
Harald Keller: Interview mit Dierk Meyer-Pries, 2010.
Harald Keller: Interview mit Reinhart Richter, 2010.
Harald Keller: Interview mit

Heiko Schulz, 2010.

Harald Keller: Interview mit Ralf W., 2010.

ki.: Neue Proteste in Osnabrück. Hannoversche Allgemeine, 4.8.1983.

Günter Mey/Günter Wallbrecht: Hyde Park. Ein Ort zum Schreien. Dokumentarfilm, 1988.

Günter Mey/Jürgen Zilla: Ges(ch)ichtslos in die 90er ... Stadtblatt, Nr. 116, August 1988.

Lothar Mikos u. a.: Im Auge der Kamera. Berlin: Vistas, 2000.

Dr. Müller: »Es gab kein Freibier«. Neue Osnabrücker Zeitung, 4.8.1983.

U. O.: Mit Tränengas in die Diskothek. die tageszeitung, 2.8.1983.

O. V.: Hyde-Park nur noch bis Sommer 1983 geöffnet. Neue Osnabrücker Zeitung, 29.9.1982.

O. V.: Die Hyde-Park Story. In: Stadtblatt, Nr. 11, März 1979.

O. V.: Interview mit Conny Overbeck. Eulenspiegel, August 1983.

O. V.: Rockkonzert wurde zur Straßenschlacht. Weser-Kurier, 2.8.1983.

O. V.: »Punker«-Krawalle in Osnabrück. Oldenburgische Volkszeitung, 2.8.1983.

O. V.: Randalierende Punker: 37 Polizisten verletzt. Neue Westfälische, 2.8.1983.

O. V.: Straßenkrawalle in Osnabrück vor einem Jugendlokal. Frankfurter Allgemeine Zeitung, 2.8.1983.

O. V.: K.O. für den Hyde-Park? TIK, Nr. 23, September 1983.

O. V.: Zur sozial- und jugendpolitischen Bedeutung des »Hyde-Parks«. Auszug aus der Niederschrift der öffentlichen Sitzung des JWA (=Jugendwohlfahrtsausschuss) vom 24.08.1983.

Harald Preuin: Mit Tränengas gegen die Krawallmacher. Neue Osnabrücker Zeitung, 2.8.1983.

Harald Preuin: Traurig und düster. Neue Osnabrücker Zeitung, 8.8.1983.

Harald Preuin/Rainer Lahmann-Lammert: Fünf Hundertschaften sollten die Rheiner Landstraße räumen. Neue Osnabrücker Zeitung, 8.8.1983.

pr- (= Harald Preuin): Hyde-Park-Konflikt: Erste Gespräche. Neue Osnabrücker Zeitung, 5.8.1983.

pr- (= Harald Preuin): Zieht der »Park« vorerst in ein Zirkuszelt um? Neue Osnabrücker Zeitung, 6.8.1983.

pr- (= Harald Preuin): Gespräche mit »Park«-Leuten. Großzelt schon am Samstag? Neue Osnabrücker Zeitung, 8.8.1983.

pr./H.: »Hyde Park« geschlossen. Neue Osnabrücker Zeitung, 6.3.1979.

pr./tk.: Friedliche Demonstration von »Politchaoten« unterwandert? Neue Osnabrücker Zeitung, 4.8.1983.

rll: Bürgerzorn entlud sich auf drei Ratsmitglieder. Neue Osnabrücker Zeitung, 27.7.1983.

rll: »Hyde-Park« schließt nun doch am Sonntag. Neue Osnabrücker Zeitung, 30.7.1983.

rs: Doch Panne passiert. Neue Osnabrücker Zeitung, 2.11.1983.

Anne Rüther/Harald Keller: Interview mit Heinz Kallen, 2010.

S.: Eine Einladung zum Punk-Konzert. Neue Osnabrücker Zeitung, 17.11.1984.

-sö- (= Gisela Söger): Der »Hyde Park« ist wieder geöffnet. Neue Osnabrücker Zeitung, 9.3.1979.

SPD-Ortsverein Osnabrück: Hyde-Park. Eine Darstellung der Ereignisse. Osnabrück 1983. Staatsarchiv Osnabrück, Depositum Rep 970, Akz. 32/92, Nr. 11.

Reiner Wolf: Interview mit Harald Preuin, 2010.

Reiner Wolf u. a.: Interviews mit Conny Overbeck, 2010 und 2011.

»Wir hatten richtig Bock, die Stimmung anzuheizen«

Interview mit Bob Giddens

Der Engländer Bob Giddens, Ex-Produzent der deutschen Punk-Band »Deutsch Amerikanische Freundschaft« (DAF), hatte Ende der Siebzigerjahre in Quakenbrück (im Nordkreis Osnabrücks) die englisch-deutsche Independent-Band »Surplus Stock« gegründet. Später folgte die Band »Cliff Barnes and the Fear of Winning«. Sein aktuelles Projekt ist der »Artland Country Club«. Bob Giddens' Surplus Stock stand am Abend der »Hyde Park«-Schließung als letzte Band auf der Bühne des ehemaligen »Schweizerhauses«.

Bob, wie ist es zu diesem Auftritt gekommen?

Als Band aus dem Nordkreis haben wir überall in Deutschland gespielt. Nur zu Hause war es schwer, in einem angesagten Laden wie dem »Hyde Park« einen Gig zu bekommen. Als wir von der Schließung hörten, haben wir gesagt: Am letzten Abend oder nie. Unser Gitarrist Tex Morton kannte Carlo (*Anm.: Carlo Korte war im »Hyde Park« für die Konzertbuchungen zuständig*). Tex konnte Carlo überreden, eine Art *Open Stage* an diesem Abend zu machen. Unsere Band hat sehr gut gespielt und wir hatten richtig Bock, die Stimmung anzuheizen.

Wie war denn die Stimmung an diesem Abend?

Alle waren gespannt auf das, was kommt. Es war den meisten Gästen klar, dass dieser Abend kein stilles Begräbnis werden sollte, sondern eher ein heißer Abend auf dem elektrischen Stuhl. Wir konnten diese Stimmung in unsere Musik sehr wohl integrieren, es war die Zeit des Punks, die Musik war energiegeladen und hatte eine Botschaft: Bleib nie stehen. Wir sind in weißen Jacken aufgetreten und haben als Gefahrenzulage kühle Getränke verlangt. Das Ganze hatte was von dem Streichquartett, das gespielt hat, als die »Titanic« unterging. Es war auch das Ende einer Osnabrücker Epoche.

Bob Giddens.

Welche Erinnerungen hast du noch an diesen Abend?

Unser Manager hatte zuvor den berühmten englischen Radio-DJ John Peel angeschrieben und hingewiesen auf das Konzert und die Schließung des »Hyde Parks«, der ja auch bei der Army sehr angesagt war. Er hat das Konzert zwar nicht angekündigt, aber eine Woche vorher in seiner Radioshow »John Peel's Music on BFBS« » … for regular listeners in Osnabrück« unsere Single »Let's kill each other« mit dem Kommentar »So, why not?« aufgelegt. Das war sein ganz spezieller zynischer Beitrag zum Thema – die Insider Osnabrücks hatten das sofort verstanden. (*Anm.: Die Abkürzung BFBS steht für British Forces Broadcasting Service, den englischen Radiosender für im Ausland stationierte Soldaten, der auch in Osnabrück und Umgebung sehr gut zu empfangen war.*)

Wie seid ihr mit eurem Equipment aus dem aufgewühlten »Hyde Park« herausgekommen?

Nach unserem Auftritt brannte auf dem Vorplatz des »Hyde Parks« schon das erste Feuer. Wir mussten unseren Bandbus von der Rückseite der Teestube beladen. Der Bus stand schon da. Der Fahrer war noch relaxt. Aber wie sollten wir auf die Straße kommen, wo es dort auch schon brannte? Wir sind dann irgendwie rausgekommen und unser Manager hat ein paar Hundert Meter weiter die Reifen auf Brandschäden untersucht. Er wollte natürlich seine tolle Band nicht durch einen blöden Reifenunfall verlieren (lacht).

Wie man annehmen kann, seid ihr heil nach Hause gekommen. Ein anderes Thema: Was hat für dich als Musiker der »Hyde Park« bedeutet?

Er war für mich vor allem ein sehr guter Liveclub. Wer Bands wie The Damned, DAF oder die Dead Kennedys damals gebucht hatte, musste damit rechnen, dass die Gäste den Laden komplett auseinandernehmen. Die Veranstalter und das Publikum haben im »Hyde Park« viel Mut und guten Geschmack bewiesen. Sie gehören deshalb in die »Hall of Fame« – des »Hyde Parks«.

Das Gespräch führte Gisbert Wegener im November 2010.

Surplus Stock bestand damals aus: Bob Giddens (Gesang, Gitarre), Tex Morton (Gitarre), Carsten Mohring (Bass) und Jürgen Zimmermann (Schlagzeug).

Christoph Ehrenberg: »Hyde Park«/August 1983

Meine damalige Freundin Beate und ich waren über die Jahre gelegentlich im »Hyde Park« gewesen und verfolgten deshalb die Auseinandersetzungen um seine Schließung mit großem Interesse.
Für die Protestdemonstrationen hatte ich einiges Verständnis.
Dass die Schließung ein Verlust für die sich entwickelnde Jugendszene in Osnabrück sein würde, war klar. So viele Alternativen gab es nicht, schon gar nicht diese eigentümliche, offenkundig sehr attraktive Mischung aus Jugendtreff und Disko in einem traditionellen Ambiente.
Dass der »Hyde Park« auch ein Drogenumschlagplatz war, war allgemein bekannt und offenbar von den Behörden mehr oder weniger geduldet.
An einem Augustwochenende kamen Beate und ich am späten Abend auf die Idee, uns auf dem Weg nach Hause ein Bild von der Situation zu verschaffen.
Keine so gute Idee, wie sich herausstellen sollte.
Wir stellten den Wagen an der Ecke Mozartstraße/Rheiner Landstraße ab. Nicht weit davon entfernt standen sich auf der für den Verkehr gesperrten Rheiner Landstraße, etwas unterhalb des »Hyde Parks«, einige Hundert Demonstranten und massive Polizeikräfte gegenüber. Wir konnten nicht genau sehen, was sich im Einzelnen abspielte, ob zum Beispiel Flaschen flogen. Die Atmosphäre war jedenfalls ziemlich angespannt und aufgeheizt. Dennoch hatte man nicht den Eindruck, dass von den Demonstranten eine akute, erhebliche Gefahr ausging.
Plötzlich, ohne wahrnehmbare Vorwarnung, rückten die Polizisten vor. Später wurde seitens der Einsatzleitung behauptet, es habe eine Ankündigung des Einsatzes per Megaphon gegeben. Das kann allenfalls für den Teil der Demonstranten stimmen, der sich von uns aus stadtauswärts befand, außer Hörweite. Auf unserer Seite gab es definitiv keinerlei Vorwarnung.
Das Vorrücken der Polizisten erinnerte zunächst an das Vorrücken einer römischen Zenturie bei »Asterix«: In mehreren Reihen hintereinander, die ganze Fahrbahn der Rheiner Landstraße ausfüllend, dabei mit den Schlagstöcken auf die Plastikschilde schlagend.
Furchteinflößend. Sollte es sicher auch sein.
Dann fingen die Polizisten an zu rennen und schlugen auf die Demonst-

ranten und Passanten ein. Wir sind stadteinwärts weggelaufen. Beate hatte sich in einem Hauseingang versteckt.

Ich versuchte, das Auto zu erreichen. Dabei kam ein Polizist mit Hund schreiend auf mich zu. Ich versuchte ihm zu erläutern, dass ich nur Passant sei und mit dem Auto wegfahren wolle. Zwecklos. So machte ich zum ersten und bisher einzigen Mal unmittelbare Bekanntschaft mit einem Polizeiknüppel, der mich am Rücken traf.

Jedenfalls waren wir heilfroh, als wir dann gemeinsam mit dem Auto das Geschehen verlassen konnten.

In der nächsten Sitzung des SPD-Vorstands Osnabrück, dem ich damals angehörte, habe ich wenige Tage später mein Erlebnis geschildert. Immerhin führte das dazu, dass das Vertrauen in die beschönigende Darstellung der Ordnungskräfte hinterfragt und eine relativ kritische Stellungnahme herausgegeben wurde.

Zeitdokument
Udo Pfennig: Abriss der Ereignisse um den Hyde-Park[10]

Sonntag, 31.7.1983

Bei meiner Ankunft gegen 21 Uhr ist das Gebäude gedrängt voll, ebenfalls der Vorplatz und die Straße, es kommen immer noch neue hinzu. Schätzungsweise halten sich hier bis zu 2.000 Personen auf. Gemischtes Publikum, ca. 50-60 Punker, einige Rocker, Jugendliche und junge Erwachsene, Besucher und Schaulustige. Eine Gruppe Jugendlicher steht etwas im Dunkeln unter den Bäumen und beginnt ca. ab 22.30 Uhr Flaschen auf die Fahrbahn zu werfen. Die Stimmung wird aggressiver. Eine Flasche trifft einen Zivilwagen der Polizei, der aus der Ernst-Sievers-Straße kommend auf die Rheiner Landstraße fahren will. Die Autos können die Rheiner Landstraße dann bald nicht mehr passieren, die Straße wird blockiert und ist voll von Scherben. Ein junger Mann spricht beruhigend auf die »Flaschenwerfer« ein. Dann wird ein alter Autositz auf die Straße gebracht und angezündet, Müllcontainer werden auf der Straße entleert und angezündet, abgebrochene Lattenzäune und alte Reifen, vom Silo des benachbarten Bauern, werden ins Feuer geworfen. Die Flamme ist zeitweise einige Meter hoch. Ich habe Angst, daß – bei der herrlichen Trockenheit – Funkenflug die ganz in der Nähe stehenden Bäume entzünden kann. Gegen 24 Uhr – die jungen Leute kommen aus dem Lokal, das entgegen den Gewohnheiten heute um Punkt 0.00 Uhr zu schließen hat, erreicht die »Stimmung« ihren Höhepunkt. Ein Löschfahrzeug der Feuerwehr taucht auf, eine Flasche trifft die Windschutzscheibe, der Wagen fährt sofort rückwärts wieder weg. Am Flaschenwerfen und Feuermachen sind m. E. weniger als 50 Personen beteiligt. Gegen Mitternacht (ca. 0.30 Uhr) ziehen Polizisten, die vorher in der Nähe des Hyde-Parks in Mannschaftswagen gewartet haben, mit Helmen, Schildern und Schlagstöcken ausgestattet, in den Nebenstraßen auf. Sie verhalten sich bedeckt, abwartend.

---

10 Erstmals erschienen in »Hyde-Park kontrovers. Eine Schließung und ihre Folgen«, Broschüre des SPD-Ortsvereins Altstadt-Westerberg, Osnabrück: 1983. Abdruck mit freundlicher Genehmigung des Autors. Die Schreibweise folgt dem damaligen Original.

Ich verlasse gegen 0.45 Uhr das Gelände in der Hoffnung, daß die Polizei sich weiterhin so geschickt verhält, daß alles »verpufft« und es zu keiner Eskalation kommt.

Montag, 1.8.1983

Gegen 22 Uhr bin ich am Hyde-Park. Es sind nur wenige Jugendliche anwesend. Der »Park« hatte sonst auch montags »Ruhetag«.

Dienstag, 2.8.1983

Ich bin gegen 21.30 Uhr dort. Einige hundert Besucher und Schaulustige stehen und sitzen diskutierend auf der Straße. Einige wenige Flaschen werden auf die Straße geworfen. Die Polizei tritt nicht in Erscheinung, die Stimmung ist nicht aggressiv. Die Inhaberin des Lokals ruft über Megaphon auf, die Straße zu räumen und friedlich das Gelände zu verlassen. Ein Aufrufer, den man zunächst nicht erkennen kann, weil er im Dunkeln steht, ruft mehrere Male zum Marsch in Richtung Rathaus auf. Langsam bildet sich ein Demonstrationszug, der sich in Richtung Stadt in Bewegung setzt. Ich gehe nach Hause.

Mittwoch, 3.8.1983

Mehrere hundert Personen (aber weniger als am Tage vorher) sind heute abend am Hyde-Park. Die Straße wird wieder blockiert. Die Stimmung ist ruhig. Die Polizei regelt den Verkehr, greift sonst nicht ein.

Donnerstag, 4.8.1983

Ca. 150 junge Leute blockieren gegen 22.30-23 Uhr wieder die Fahrbahn. Polizisten mit Hunden kommen, räumen die Straße und bauen sich auf beiden Seiten vor den Jugendlichen auf. Die Stimmung ist relativ locker, teilweise wird in Grüppchen mit den Polizisten gesprochen und diskutiert, alles ist ruhig.

Samstag, 6.8.1983

Gegen 21 Uhr bin ich am Hyde-Park. Der Oberbürgermeister, der mit einer Gruppe Jugendlicher gesprochen hat, verläßt mit einem zivilen Fahrzeug der Polizei das Gelände. 3 CDU-Beigeordnete, die bis dahin beobachtend am Rande standen, fahren ebenfalls weg. Am Eingang des Lokals spricht der Leiter des Städt. Kulturamts über die jetzt gefundene Übergangslösung zu den Jugendlichen. Die Stimmung ist ruhig. Es sind einige hundert Personen dort; als ich gegen 22 Uhr nach Hause gehe, kommen mir immer noch junge Leute, die den »Park« ansteuern, entgegen. Gegen 22 Uhr ist die Fahrbahn bereits wieder blockiert.

Gegen 22.45 Uhr gehe ich wieder zum Hyde-Park, der ca. 600 m von meiner Wohnung entfernt liegt. Grundlos, aus purem Zufall, wähle ich jetzt einen anderen Weg, ich gehe über die Rheiner Landstraße. Von weitem schon erkenne ich das Flutlicht, das von einem hohen Masten (ein Hubsteiger der Polizei) die Menschenmenge auf der Straße anstrahlt. Zum Gelände des Hyde-Parks und zu der Menschenmenge auf der Straße kann ich nicht kommen, da ich direkt auf eine Polizeikette (die Polizisten sind ausgerüstet mit Helmen, Schildern und Schlagstöcken) stoße. Diese Kette steht ca. 100 m vor dem Lokal auf der Straße Richtung stadteinwärts. Hinter der Kette stehen Wasserwerfer, Polizisten mit Hunden, der Flutlichtwagen und einige Mannschaftswagen. Davor stehen viele Polizisten in mehreren Ketten. Als ich komme, erfolgt gerade der Aufruf an die Jugendlichen, die Passanten und Schaulustigen, die Straße zu räumen. Der Aufruf wurde 3 Mal wiederholt und richtete sich ganz eindeutig gegen die Personen, die vor den ganz dichten Polizeiketten stadtauswärts standen. Ich habe dann nur noch wenige junge Leute auf der Fahrbahn (vielleicht 10) stehen gesehen. Dann kam der Befehl: »Wir räumen.« Der vor mir stehende Polizist (aus der rückwärtigen Polizeikette, der sog. Sicherungskette) sagte: »Jetzt sind unsere Jungens heiß!« Aus Richtung Stadt kamen noch mehrere Mannschaftswagen, denen u. a. viele Polizisten mit Hunden entstiegen. Dann stürmte die vordere, dichte Polizeikette los, sie trieb die Menschenmenge von den Bürgersteigen und die wenigen auf der Straße Verbliebenen in die Nebenstraßen (Ernst-Sievers-Straße und Bredowstraße und Richtung stadtauswärts). Der Wasserwerfer folgte. Polizisten mit Hunden durchkämmten den Vorplatz des Lokals und die nähere Umgebung des Hyde-Parks. Mit dem Flutlicht wurde das Gelände systema-

»Hyde Park«-Besucher und Anwohner am Rande des Geschehens.

tisch abgesucht. Es bot sich ein Bild, das ein Schaudern aufkommen ließ. Mit dem Vorrücken der vorderen Polizeikette rückt die rückwärtige Kette, hinter der ich stehe, auch weiter stadtauswärts. Ich rücke auch weiter mit auf und komme mit den vor mir stehenden Polizisten ins Gespräch. Sie sind »sauer«, weil sie die Nacht hier mit »Rumstehen« verbringen müssen. Sie wissen gar nicht, warum sie hier eingesetzt sind, die Hintergründe sind ihnen unbekannt. Einer ist gereizt, er klappt sein Visier herunter. Mit einem anderen spreche ich über die neuesten Fußballergebnisse, er ist freundlich. Dort wo ich stehe, hat sich inzwischen eine größere Menschenmenge (mehrere hundert Personen) angesammelt. Ungefähr um Mitternacht verlasse ich die Rheiner Landstraße, die Jugendlichen und Schaulustigen stehen dort ruhig und abwartend. Durch zwei Nebenstraßen gelange ich auf dem Nachhauseweg in die Ernst-Sievers-Strasse. Dort sehe ich eine Polizeikette, ca. 50 Jugendliche stehen davor. Es ist ruhig. Ich überlege mir, doch noch einmal zum Hyde-Park zu gehen und wähle den Weg über die Bredowstraße, ein Weg, der zumeist nur den Anliegern bekannt ist. Auf dem Weg dorthin kommen mir auf einer wenig beleuchteten Straße 8-10 Polizisten mit Helmen und Schildern entgegen. Als ich am Hyde-Park ankomme, stehen dort etwa 5 zivile Personen, der Flutlichtwagen steht noch wie vorher an der gleichen Stelle. Ich zähle 22 Polizeiwagen, mindestens sind 3 große Polizeibusse und nur 2 kleine Polizei-PKW's dabei. Die meisten Wagen stehen strahlenförmig um das Lokal herum auf der Rheiner Landstraße. Auf einem Jeep sitzen mehrere ermüdete Polizisten. Es bietet sich ein Bild, wie ich es aus alten Fotoalben von Feuerpausen aus dem Krieg kenne.
Erschrocken gehe ich gegen 1.45 Uhr nach Hause.

Sonntag, 7.8.1983

Gegen 21.30 Uhr sind ca. 100 Leute am »Park«, sie diskutieren über das in der vergangenen Nacht Erlebte. Sie versuchen die Straße zu blockieren, Polizei ist weit und breit nicht zu sehen. Eine junge Frau kommt spontan auf mich zu. Wir hatten uns gestern zum ersten Mal gesehen, als wir zusammen mit den Polizisten aus der Kette gesprochen haben. Sie sagt mir, ich hätte Glück gehabt, denn 5 Minuten nachdem ich von der Polizeikette am Abend vorher weggegangen sei, seien die Polizisten – ohne Vorwarnung – knüppelnd und mit Hunden auf die Menschenmenge, in der ich kurz zuvor noch gestanden hatte, losgegangen.

Die Polizei verschaffte der Feuerwehr Zugang zu der Brandstelle.

Roger Witte: Vom Medienzirkus zum »Circus Hyde Park« – eine Presseschau

Osnabrück wird »berühmt«

Montag, der 1. August 1983, etwa zehn nach acht. Es ist der Abend nach der Schließung des »Hyde Parks« und den anschließenden Auseinandersetzungen zwischen »Hyde Park«-Besuchern und der Polizei. In der »Tagesschau« läuft ein Filmbeitrag, in dem es darum geht, dass die Preise für Zigaretten gesenkt wurden, in den Automatenpackungen, die weiterhin vier D-Mark kosten, nach Verbraucherschützer-Recherchen aber oft nur 21 statt der versprochenen 22 Zigaretten enthalten sind. Nach dem Beitrag erscheint wieder Sprecher Wilhelm Wieben auf dem Bildschirm, hinter ihm eine Karte des nördlichen Teils der Bundesrepublik, auf der mit gelben Balken Osnabrück und die Schlagzeile »Punker-Krawalle« hervorgehoben sind. Wieben verliest die legendäre »Hyde Park«-Krawalle-»Tagesschau«-Meldung: »Zu schweren Krawallen kam es in der vergangenen Nacht in der Innenstadt von Osnabrück. So genannte Punker lieferten der Polizei stundenlang Straßenschlachten. 37 Beamte wurden verletzt, einige von ihnen schwer. Acht Jugendliche wurden festgenommen. Ausgelöst wurden die Ausschreitungen durch die Schließung *dieses* Rock-Lokals [Anm.: gezeigt wird eine Außenansicht des »Hyde Parks«] wegen wiederholter Störung der öffentlichen Ordnung. Aus Protest gegen diesen Beschluss hatten sich nach Angaben der Polizei weit über 1.000 Jugendliche aus verschiedenen Städten Niedersachsens und Nordrhein-Westfalens zu einem Abschiedskonzert eingefunden.«

Knappe 30 Sekunden, die die normalerweise überregional nur wenig wahrgenommene »Stadt der goldenen Mitte« (seinerzeit der Osnabrücker Werbe-*Claim*) bundesweit ein wenig bekannter machen. Zudem der Auftakt zu einer zumindest in Osnabrück ereignisreichen Zeitungswoche.

»Bild« meldet am nächsten Morgen auf der Titelseite in weißer Schrift auf schwarzem Grund: »Osnabrück: 1000 Punker – blutige Schlacht. Rund 1000 Punker mit buntgefärbten Haaren, kahlgeschorene Skinheads und Rocker in Leder haben der Polizei in Osnabrück nachts eine blutige Straßenschlacht

»Tagesschau« vom 1. August 1983. (Abdruck mit freundlicher Genehmigung des NDR)

geliefert. 37 Polizisten wurden verletzt, zwei liegen mit schweren Gehirnerschütterungen und Gesichtsverletzungen im Krankenhaus – sie wurden von schweren Mauersteinen getroffen.«

Die Fortsetzung auf Seite drei ist eine 16 Zeilen-Meldung. Ihr zu entnehmen sind der Grund für die Schließung (»weil sich Nachbarn häufig über den Lärm beschwert hatten«), der Ablauf des Abends (»Erst wurde im ›Hyde Park‹ kräftig getrunken.«) und was auf die »300 mit Schlagstöcken und Tränengas anrückenden Polizisten« geworfen wurde. Am Ende der Meldung wird es in Fettschrift noch einmal dramatisch: »Die blutige Schlacht begann. Erst nach achteinhalb Stunden zogen sich die Randalierer zurück. Acht Jugendliche wurden festgenommen.«

Wie die »Nordwest-Zeitung« später meldete, soll sogar eine Tageszeitung im fernen Los Angeles über die Osnabrücker Ereignisse berichtet haben.

Eine der Tränengaskapseln, die in den Saal des »Hyde Parks« geschossen worden waren.

Die »Krawall«-Nacht vor Ort

Bereits in der Montagsausgabe hatte die »Neue Osnabrücker Zeitung« in einem Teil ihrer Auflage mit der Überschrift »Scherben und Feuer zum Hyde-Park-Ende« einen Bericht über den letzten Abend im »Hyde Park« veröffentlicht. Die Schilderung der Ereignisse endet, wohl aufgrund des Drucktermins, mit dem Feuer auf der Straße, der mit Steinen und Flaschen angegriffenen Feuerwehr und der Aussage: »Zu diesem Zeitpunkt hieß es in der Einsatzzentrale der Polizei, daß an eine Räumung des Hyde-Parks nicht gedacht sei.«

In diesem Artikel wird zum ersten Mal der Begriff »Krawalle« verwendet. Zu den Flaschenwürfen und dem brennenden Müllcontainer schreibt der Reporter (offenbar unter Zeitdruck, darum grammatikalisch nicht korrekt): »Unter den zumeist friedlichen jungen Leuten hatten sich jedoch Krawallmacher gemischt.« Der Artikel endet mit der Beobachtung: »Leises Kopfschütteln und Kommentare wie ›idiotisch‹, ›was soll das bloß‹ von vielen jungen Beobachtern.«

Da in den Achtzigern auf den Titelseiten von Regionalzeitungen noch keine *Aufmacher*-Berichte über lokale Ereignisse üblich sind, *teasert* die »Neue Osnabrücker Zeitung« auf der ersten Seite am Dienstag nur kurz mit der Überschrift »Punker-Krawalle in Osnabrück«. Im Lokalteil ist das Ganze natürlich *Aufmacher*. »Mit Tränengas gegen die Krawallmacher« ist der Artikel betitelt, der ausführlich die Ereignisse des Abschlussabends am »Hyde Park« schildert. Geschrieben wird über »brutale Ausschreitungen«, für die fünf bis zehn Prozent der etwa 2.000 am und im »Hyde Park« Versammelten verantwortlich gewesen seien. Polizei und »Hyde Park«-Betreiber kommen zu Wort und werfen sich gegenseitig Fehlverhalten bei der Räumung des Gebäudes vor. Die Fotos auf der Seite zeigen einige Aufnahmen aus der Nacht, auf denen der in der Bildunterschrift beschriebene Inhalt allerdings mehr zu erahnen als zu sehen ist.

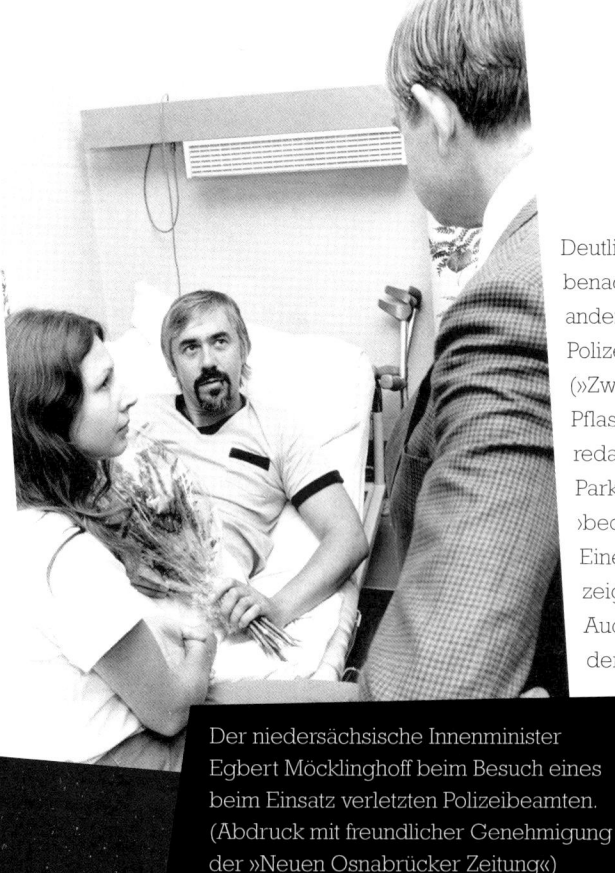

Deutlicher sind zwei Fotos von gesplitterten Fensterscheiben: die eines benachbarten Hauses (»die Handschrift der Krawallmacher«), die andere am Lokal selbst, durchschossen von Tränengas-Granaten der Polizei. Diese sind auf einer weiteren Fotogegenüberstellung zu sehen (»Zweimal Munition: Ausgebrannte Tränengas-Granaten. Aufgerissenes Pflaster auf dem Hof des Musikladens«). Im Kommentar kommt Lokalredakteur Harald Preuin zu dem Fazit: »Die überwiegend friedlichen Park-Besucher können sich bei ihren gewalttätigen Altersgenossen ›bedanken‹. Die haben den ›Park‹ endgültig kaputt gemacht.«
Eine grundfalsche Einschätzung, wie sich in den folgenden Tagen zeigen sollte.

Auch die »Neue Presse« aus Hannover berichtete am 2. August unter der Headline »Barrikaden brannten bei der Punker-Schlacht«. Hier wird der »Hyde Park« als »Kneipe« bezeichnet und »mitten in der Innenstadt« vermutet. Der Artikel stellt die bei einer Pressekonferenz der Polizei gegebenen Fakten und Einschätzungen dar.

Der niedersächsische Innenminister Egbert Möcklinghoff beim Besuch eines beim Einsatz verletzten Polizeibeamten. (Abdruck mit freundlicher Genehmigung der »Neuen Osnabrücker Zeitung«)

Die »tageszeitung« berichtet über die Ereignisse der Nacht in einem Artikel am 4. August, der bereits auch den Fortgang der Proteste meldet. Durchgängig ist vom »Hide Park« die Rede (übrigens auch in einer Presseerklärung der Grünen Osnabrück-Stadt vom Tage vorher). In einer langen Passage geht es um den Polizeieinsatz und die Rechtfertigung der Polizei für den Einsatz von »Tränengasflugkörpern«.

Der Rest der Woche

Rechtfertigungen bestimmen auch den »Neue Osnabrücker Zeitung«-Artikel am 3. August. Die Polizei erklärt, »bei Nichteingreifen ... wären weitere Sachbeschädigungen (auch an Wohnhäusern) zu befürchten gewesen. Außerdem hätte nicht ausgeschlossen werden können, daß die Krawallmacher sich zum ›Plündern in die Innenstadt‹ begeben hätten«. Die Stadt Osnabrück weist noch einmal auf die »eminent wichtige stadt- und jugendpo-

In den ersten Pressemeldungen war nur von verletzten Polizisten die Rede, aber auch zahlreiche Demonstranten mussten ärztlich behandelt werden.

litische Bedeutung« des »Hyde Parks« hin, »es sei aber nicht primär Aufgabe der Stadt, einen neuen Standort für das privatwirtschaftliche Anliegen einer Hyde-Park-Nachfolgeeinrichtung zu finden. Das müsse dem freien Markt überlassen werden«. Berichtet wird auch vom Besuch des Niedersächsischen Innenministers bei den verletzten Polizisten im Krankenhaus. Eine Kurzmeldung in einem Teil der Auflage fasst die Ereignisse der Nacht von Dienstag auf Mittwoch zusammen: »Unruhe am ›Park‹. Marsch zum Rathaus gestoppt«.
Am 4. August schildert die »Neue Osnabrücker Zeitung« ausführlich die Ereignisse und das »besonnene« Verhalten der Polizei. »Friedliche Demonstration von ›Politchaoten‹ unterwandert?« lautet die *Headline*. Den Abschluss des Artikels bildet ein Zitat des Osnabrücker Polizeichefs Schödler: »Ich gehe davon aus, daß die Osnabrücker vernünftig sind und ihren Protest in geordneten Bahnen während der Dienstzeit bei den zuständigen Stellen vorbringen.« Aufgegriffen wird der im Pressedienst der Stadt Osnabrück veröffentlichte Appell von Oberstadtdirektor Meyer-Pries an die Jugendlichen im Großraum Osnabrück, »unter allen Umständen Ruhe zu bewahren und in einen friedlichen Dialog mit Rat und Verwaltung einzutreten«. Mit den Worten »sage dafür jeden Termin ab« signalisiert er seine persönliche Bereitschaft zum Gespräch und trifft damit offenbar den richtigen Ton.

»Zieht der ›Park‹ vorerst in ein Zirkuszelt um?«, fragt die »Neue Osnabrücker Zeitung« am 6. August in einem Bericht über ein Treffen von Oberstadtdirektor Meyer-Pries und Ratsvertretern mit 50 Jugendlichen im Ratssitzungssaal. In einem Kommentar formuliert Harald Preuin harsche Kritik: »Wenn's heikel und brenzlig wird, sieht man sie selten. … So sind unsere Kommunalpolitiker im Konflikt um die Hyde-Park-Schließung auf Tauchstation gegangen.« Beschämend sei, dass sie sich im Vorfeld nicht zur Diskussion gestellt hätten, den Oberstadtdirektor sogar noch gedrängt hätten, die Schließung durchzuziehen.

Ein Ratsmitglied traut sich was

Die gutbürgerlichen Ansichten auf den Punkt bringt ein Interview mit dem Ratsherren Bernard Kahmann (CDU), das die »Neue Osnabrücker Zeitung« am 28. Juli 1983 veröffentlicht. Der Stadtteilpolitiker aus dem Bereich Haste/Dodesheide hatte eine Woche lang jeden Abend den »Hyde Park« besucht. Er sprach mit Punkern, denen er sogar ein Bier ausgab, und Besuchern, »mit Leuten praktisch quer durchs Leben«, die ihm erklärten, dass das Schöne am »Hyde Park« sei, dass sie sich dort treffen können, ohne Eintritt zahlen zu müssen. Er sagt: »Wenn ich 20 oder 30 Jahre jünger wäre, würde ich sagen: Warum soll man hier nicht einen Abend hingehen? Um auch mal so'n bißchen verrückt zu spielen und zu tanzen«. (Siehe das vollständige Interview in diesem Band.)

Showdown – »Fünf Polizisten, drei Hunde, drei Jugendliche«

Die »Neue Osnabrücker Zeitung« vom 8. August enthält wiederum einen Kommentar von Harald Preuin. Unter der Überschrift »Traurig und düster« wird der Polizeieinsatz in der Nacht zum Sonntag kritisiert, der »Entsetzen und Schrecken« hinterlassen habe. »Die Polizeistärke wurde in erschreckender aggressiver Form demonstriert«. Zitiert wird ein am

Einsatz beteiligter Polizeibeamter aus Oldenburg: »Ich schäme mich für das, was meine Kollegen hier getrieben haben«.

In den Artikeln des Tages wird über das Geschehen vor dem »Hyde Park« und den Polizeieinsatz berichtet. »Daß der Einsatz von Schlagstock, Tränengas und Wasserwerfern auch neugierige Passanten treffen kann, ist seit Samstag Nacht vielen Osnabrückern bewusst«. Auch Preuin selbst hatte bei dem Polizeieinsatz ungute Erfahrungen gemacht (siehe den Beitrag »Brennpunkt ›Hyde Park‹«). Die Erklärung der Polizei wird an diesem Tag zu einer kurzen Stellungnahme zusammengefasst. Angesichts der Ereignisse und der von Polizeichef Schödler in einem »Papier« geäußerten Einschätzung, dass eine Gruppe von »Polit-Chaoten und zur Gewalt bereiten Jugendlichen« »Hyde Park« sage und »Chaos und Gewalt« meine, kaum verwunderlich.

Auch die im Laufe des Samstags stattgefundene Demonstration zum Rathaus und das Gespräch zwischen Jugendlichen und Oberbürgermeister Möller wird vermeldet. Die »Oldenburger Volkszeitung« liefert am 8. August eine drastische und ausführliche Beschreibung des »Großeinsatzes der Polizei in Osnabrück«, der »Fassungslosigkeit und Empörung bei Beobachtern ausgelöst« habe. »Fünf Polizisten, drei Hunde, drei Jugendliche – die Polizei trägt diesen Krieg jetzt auch noch in die Wohngebiete« wird ein Bürger zitiert. Auch Polizeichef Schödler kommt zu Wort: Nachdem die Polizei sich sechs Tage lang zurückhaltend verhalten habe, sei die Taktik geändert worden. Auch Autoren der »Hannoverschen Allgemeinen Zeitung« und der »tageszeitung« waren am 6. August in Osnabrück und berichten.

In der »tageszeitung« vom 9. August erscheint der Bericht »Allabendlicher Protest in Osnabrück. Sei stark für'n Park«. Die detaillierte Schilderung des Polizeieinsatzes in der Nacht zum Sonntag beginnt mit einer gut beobachteten Beschreibung der Szenerie am »Hyde Park«: »Die Jugendlichen stehen wie jeden Abend mit ihren Bieren in der Hand einfach auf der Straße, etwas gelangweilt – hin und wieder wurde eine Flasche zerschmissen. Jetzt wo die Disco zu ist, sorgt die Polizei für Abwechslung.« Auch mit der Feststellung »Im Gegensatz zum Rat der Stadt war die Verwaltung bis hin zum Oberstadtdirektor von vornherein gegen die Schließung des Hyde-Parks gewesen.« liegt die »taz« richtig. Die »Zeltlösung als Zwischenlösung« wird als ein erster Erfolg für die Osnabrücker Jugendlichen gewertet.

Nachspiel

»Polizisten in Osnabrück als Journalisten getarnt?«, fragt die »Frankfurter Rundschau« am 2. September 1983. Der Deutsche Journalisten-Verband (DJV) hatte mitgeteilt, dass sich nach Berichten von Augenzeugen zwei Beamte gegenüber Demonstranten als Journalisten der »Braunschweiger Zeitung« ausgegeben hätten und dabei blaue Helme mit der Aufschrift »Presse« getragen haben sollen. Die beiden falschen Berichterstatter seien später dadurch aufgefallen, dass sie sich während eines Polizeieinsatzes an Festnahmen beteiligt hätten und mit Knüppeln und Handschellen ausgerüstet gewesen seien. Die »Braunschweiger Zeitung« hatte weder einen Fotografen noch einen Reporter nach Osnabrück geschickt.

»Die Zeit« greift am 7. Oktober 1983 den Vorfall mit den blauen Helmen ebenfalls auf. Das Niedersächsi-

sche Innenministerium erklärt, das Ganze sei nur eine »phantasievolle Geschichte«, »... denn ein solches Verhalten liefe polizeilichen Einsatzgrundsätzen ›so entschieden zuwider, daß es schlechthin undenkbar ist‹.«
»Die Zeit« erwähnt auch einen Fotografen, der angibt, bei einem Bewerbungstermin im Präsidium in Hannover solche blauen »Presse«-Helme gesehen zu haben. Auch in einer Ausgabe von »die aktuelle« tauchen die »Krawalle« noch einmal auf. Unter der Überschrift »Hilfe, unsere Kinder sind Punker« stellt die Zeitschrift ihren Leserinnen und Lesern die »Wilden der 80er Jahre« vor, die allerdings selten gefährlich seien und sich auch nicht häufiger prügelten als ihre Altersgenossen. Der Artikel schließt mit der dramatischen Nachricht: »Schwer Zoff gab es jetzt auch in Osnabrück. Ein Punker-Lokal sollte geschlossen werden. Die ›Müllkinder‹ ließen es ›krachen‹, steckten vor der Kneipe Autoreifen in Brand, verprügelten 37 der 300 angerückten Polizisten ...«

Medienzirkus versus Zirkuszelt

Für die nicht in Osnabrück ansässigen Zeitungen waren vor allem die Polizeieinsätze anlässlich der Proteste gegen die Schließung des »Hyde Park« das Thema. Lediglich »die tageszeitung« berichtete mehrfach und mit mehr Hintergrund.
Die Berichterstattung der ortsansässigen »Neuen Osnabrücker Zeitung« ging darüber natürlich hinaus. Die Lokalredakteure sind vor Ort und beschreiben, was passiert. Es wird ausführlich, durchaus ausgewogen und professionell berichtet. Erklärungen der Parteien im Rat, der Stadtverwaltung, verschiedener Vereine und auch der Polizei wird dabei sehr viel Platz eingeräumt. Die protestierenden Jugendlichen – immerhin die, um die es bei den Auseinandersetzungen geht – kommen so gut wie nicht zu Wort. Ein Foto in der »Neuen-OZ« vom 4. August, auf dem »Hyde-Park-Anhänger« mit einem Transparent mit dem Spruch »Wohin soll'n wir sonst gehen« zu sehen sind, ist noch das markanteste Statement. Die von der Stadtverwaltung immer wieder betonte jugendpolitische Bedeutung des »Hyde Parks« wird akzeptiert, dargestellt wird sie nicht. Angesichts des Widerstands gegen den »Hyde Park« in der Bevölkerung wäre dies sicher ein interessantes Thema gewesen. Zumindest aus heutiger Sicht. Für den Lokaljournalismus in den Achtzigern gilt: Die nicht institutionalisierte Meinung findet nicht statt.
Dass die »Hyde-Park-Krawalle« in der heutigen Zeit wohl ausbleiben würden, wird an anderer Stelle in diesem Buch aufgezeigt. Verlagern wir das Ganze aber trotzdem einmal gedanklich ins zweite Jahrzehnt des 21. Jahrhunderts und betrachten das Medienspektakel, das heute stattfinden würde. Via »Facebook« und diverse Internet-Seiten würde sich der Protest der Jugendlichen lawinenartig verbreiten. Die Lokalzeitung würde auch heute berichten, aber das Thema zusätzlich auf allen Medienkanälen verwerten. Wie bei der Maiwoche würde vermutlich ein spezielles Blog zum Thema eingerichtet. Ein extra bereitgestellter Volontär oder Praktikant würde permanent »wie findet ihr das«-Fragen online stellen, und es gäbe bestimmt eine Galerie, in die man »Eure schönsten Demo-Fotos« *uploaden* könnte. Auf der »Facebook«-Seite gäbe es mehrmals täglich *Postings*, die der Zeitung hunderte neue *Follo-*

Stadtblatt EXTRA
Zeitung für Osnabrück

Das Wort "Hyde Park" ist seit nunmehr über einer Woche ein Begriff, der auch dem verschlafensten Osnabrücker Bürger über die Lippen kommt. An ihm entladen sich Emotionen, Aggressionen und handfeste politische Auseinandersetzungen. Abend für Abend, seit der Schließung des Musiklokals an der Rheiner Landstraße am 31. Juli, versammeln sich mal mehr, mal weniger Jugendliche und Betroffene an "ihrem Park", um für seinen Erhalt zu demonstrieren. Daß es dabei nicht ohne Polizei zugeht, dürfte wohl klar sein. Die Demonstrationen und die nächtlichen Polizeieinsätze sind für das STADTBLATT Anlaß, sich in einer Sondernummer mit den Ereignissen zu beschäftigen. Hinzu kommt, daß die Interessen der Jugendlichen in der am Ort dominanten NOZ nicht nur unzureichend, sondern sogar miserabel berücksichtigt werden.

DIE FEHLENTSCHEIDUNG UND IHRE FOLGEN

Was ist passiert:
Die Jugendlichen, bestärkt durch die zunächst positive Berichterstattung der NOZ, schöpften Hoffnung, daß der Park über den 31. Juli hinaus aufbleiben würde. Frustration und das Gefühl, verschaukelt worden zu sein, macht sich breit, als Oberstadtdirektor Meyer-Pries dann am 30. Juli in der NOZ erklärte, "nach eingehender Beratung" im Verwaltungsausschuß werde aufgrund des Vergleichs der Park am 31. Juli, 24.00 Uhr, geschlossen.

Dieser Beschluß kann nur als eklatante Fehlentscheidung bezeichnet werden, und es hätte den politisch Verantwortlichen, die ja eigentlich mit den Problemen am Ort vertraut sein müßten, bereits zu diesem Zeitpunkt klar sein müssen, welche Folgen er mit sich bringen würde.

Meyer-Pries, persönlich zwar engagiert in der Sache, muß sich der Mehrheit der CDU-, SPD-, FDP-Ratsmitglieder im Verwaltungsausschuß beugen.

CDU und FDP, besorgt um ihren Wählerverlust unter den schon länger moserenden Hyde-Park-Anwohnern, argumentieren auf rechtlicher Ebene und sehen nicht den jugendpolitischen Sprengstoff, der in einer Schließung von heute auf morgen enthalten ist. Tausend Jugendliche, die abend für abend in "ihren Laden" gehen, werden "obdachlos". Die Identifikation mit dem Park ist so stark, daß sich Proteste abzeichnen. Der CDU kommt die Schließung aufgrund des Vergleichs sowieso recht, da der Hyde Park ihnen schon länger eine wunde Stelle am Arsch ist, da sich dort "schwer integrationsfähige" Jugendliche einnisten, wie CDU-Ratsherr Kahmann in einem Interview losläßt. Also kurzer Prozeß: Der Laden wird zum 31. Juli dichtgemacht.

Dieser politische Kurzblick wird der Stadt jetzt schon zu ahnende Probleme bescheren. Jugendprotest ist Osnabrücker Politikern, besonders denen der CDU, ein Fremdwort. Berlin ist weit weg, und Zürich ist Ausland. Wie weit weg, zeigt sich am nächsten Abend.

31. Juli: Die letzte Fete läßt die Wände wackeln und entfacht das Gefühl, daß man sich den Park nicht nehmen läßt. Um 24.00 Uhr ist Schluß, die Besucher gehen zwar raus, wollen aber nicht nach Hause. Die Straße wird blockiert, ein Feuer entzündet und weitergefeiert. Man kann es sich vorstellen, wie die Polizei in helle Aufregung versetzt wird – was da jetzt wohl noch alles passieren kann. Erwarten die etwa, daß tausend und mehr Besucher um Mitternacht nach Hause gehen? Nach anfänglichem Zögern entschließt sich die Polizei zur Räumung. Der Rest ist bekannt.

Den Schreck über den Polizeieinsatz am Vorabend und das Tränengas noch in den Klamotten liest man am nächsten Morgen in der NOZ nur Verdrehungen und zynische Kommentare. Es wären Punker und 300 Chaoten, stinkbesoffen vom Freibier, was es leider gar nicht gab, gewesen, die die Krawalle gemacht hätten.

Fortsetzung: nächste Seite

Foto: Didi Krohn, City Magazin, Münster

DAS ENDE
Eine Geschichte über
`Park`
Punks
Politiker
Polizei

---

wer bringen würden. Es gäbe Internet-Votings für und gegen einzelne Standorte, und im Lokal-TV gäbe es ein *Format,* in dem Jugendliche einen »Warum ich für den ›Park‹ bin«-*Spot* aufsagen könnten. Was es vermutlich nicht mehr gäbe, ist die »Zeltlösung«.

Als Reaktion auf einseitige Darstellungen in der regionalen und überregionalen Presse veröffentlichte das Osnabrücker Stadtmagazin »Stadtblatt« eine Sonderausgabe zu den Vorgängen um den »Hyde Park«.

Christopher Tenfelde: Der »Hyde Park« vor Gericht – Die verwaltungsrechtliche Auseinandersetzung mit der Stadt Osnabrück 1976-1983

Jüngere Osnabrücker verbinden den »Hyde Park« heute fast durchweg mit seinen Standorten am Fürstenauer Weg. Daher ist diesen auch die Tatsache, dass der »Hyde Park« in seiner frühen Zeit Auslöser von Straßenkrawallen gewesen ist (vgl. den Artikel von Harald Keller in diesem Band), kaum bekannt. Noch weniger dürfte aber die juristische Auseinandersetzung bekannt sein, die der Schließung des »Hyde Parks« an seinem ersten Standort und damit auch den Krawallen an der Rheiner Landstraße vorausging. Diese rund fünfjährige juristische Auseinandersetzung zwischen Cornelia Overbeck als Betreiberin des »Hyde Parks« und der Stadt Osnabrück, die letztlich zu der vorübergehenden Schließung und Verlagerung des »Hyde Parks« weg von seinem ersten Standort im »Schweizerhaus« führte, soll daher im Folgenden dargestellt und erläutert werden. Hierfür ist es unerlässlich, auch etwas tiefer in die – zugegeben manchmal etwas »trockene« – verwaltungsrechtliche Materie, die der Auseinandersetzung zu Grunde lag, einzusteigen. Dabei wird allerdings versucht, den Verfahrensgang und die juristischen Details so darzustellen, dass die Problematik auch Laien verständlich wird.

Wie jede andere Gaststätte bedurfte der Betrieb des »Hyde Parks« einer so genannten Gaststättenerlaubnis nach dem Gaststättengesetz. Eine solche Gaststättenerlaubnis gilt jeweils für eine bestimmte Betriebsart (z. B. Schankwirtschaft, Speisewirtschaft), für bestimmte Räumlichkeiten und für eine bestimmte Person. Die Gaststättenerlaubnis wird nur erteilt, wenn der Betreiber persönlich zuverlässig ist, wenn Räumlichkeiten vorhanden sind, die bestimmten Anforderungen genügen.

Als Cornelia Overbeck im Jahre 1976 von dem Kaufmann Gerd Ebel das Pachtobjekt an der Rheiner Landstraße 140, das dieser seit 1975 von der Osnabrücker Aktien-Brauerei gepachtet hatte, übernahm, beantragte sie die erforderliche Erlaubnis bei der Stadt Osnabrück. Gerd Ebel hatte die Gaststätte als »Schank- und Speisewirtschaft mit Saalbetrieb« betrieben und die Räumlichkeiten am Wochenende gelegentlich auch für eine Art »Diskobetrieb« genutzt.

Mit Bescheid vom 13. Mai 1976 erteilte die Stadt Osnabrück Cornelia Overbeck eine vorläufige Erlaubnis zur Ausübung des Gaststättengewerbes für die Betriebsart »Schank- und Speisewirtschaft«.

Die vorläufige Erlaubnis wurde wiederholt – insgesamt bis zum 15. Oktober 1976 – verlängert. Nachdem das Rechtsamt zwischenzeitlich mitgeteilt hatte, dass eine Diskothek gesondert genehmigungspflichtig sei, hatte Cornelia Overbeck am 15. Juni 1976 auch einen diesbezüglichen Antrag gestellt. Während der Verlängerung der vorläufigen Erlaubnis wurde jedes Mal ausgeführt, dass die Gaststätte nicht in der Form einer Diskothek betrieben werden dürfe, bis die Stadt Osnabrück dann mit Bescheid vom 24. Januar 1977 die endgültige Erlaubnis zum Betrieb einer »Schank- und Speisewirtschaft mit Saalbetrieb« erteilte.

Ein daraufhin gestellter Antrag Overbecks, die Erlaubnis auf die sonstige – im Gesetz nicht explizit aufgeführte – Betriebsart »Diskothek« zu erweitern, wurde jedoch ausdrücklich abgelehnt. Die Erlaubnis enthielt folgende Auflage: »Das Lokal darf mit Rücksicht auf die Lage in einem reinen Wohngebiet nur als Schank- und Speisewirtschaft, hinsichtlich des Saalbetriebes als konventionelles Tanzlokal, betrieben werden.«

Nachdem das Lokal bereits seit Beginn des Betriebs vom Publikum sehr gut angenommen wurde und die Besucherzahlen stetig stiegen, fühlten sich die Anwohner des »Hyde Parks« zunehmend gestört. Beim Ordnungsamt und der Polizei gingen vermehrt Beschwerden wegen nächtlicher Ruhestörung, Verschmutzungen der anliegenden Grundstücke und so weiter ein. So wandten sich zum Beispiel 47 Anwohner aus der Umgebung der Gaststätte mit einem gemeinsamen Schreiben vom 7. Juli 1978 an die Stadt und beschwerten sich über zahlreiche, angeblich durch den »Hyde Park« verursachte Belästigungen wie Lärm auf der Straße, lautes Zuschlagen von Autotüren, Diebstähle, Sachbeschädigungen und Verunreinigungen.

Daraufhin widerrief die Stadt Osnabrück durch Bescheid vom 5. September 1978 die Erlaubnis zum Betrieb einer »Schank- und Speisewirtschaft« und führte zur Begründung aus, Cornelia Overbeck sei persönlich »unzuverlässig« im Sinne des Gaststättengesetzes. Dies ergebe sich insbesondere daraus, dass sie die Betriebsart ihrer Gaststätte unbefugt geändert habe und eine Diskothek betreibe.

Ein daraufhin von Cornelia Overbeck eingeleitetes Widerspruchsverfahren zur Aufhebung dieses Bescheides blieb erfolglos. Die Bezirksregierung Weser-Ems bestätigte den Widerruf der Gaststättenerlaubnis.

Aus diesem Grund reichte Cornelia Overbeck durch Ihren Rechtsanwalt Professor Dr. Rainer Tenfelde am 27. Dezember 1978 Klage gegen den Widerruf der Gaststättenerlaubnis vor dem Verwaltungsgericht Hannover (2. Kammer Osnabrück) ein. Mit der Klage wurden die Anträge verfolgt, den Bescheid der Stadt vom 5. September 1978 und den ablehnenden Widerspruchsbescheid der Bezirksregierung vom 11. Dezember 1978 aufzuheben.

Zur Begründung führte die Klägerin aus, sie betreibe keine Diskothek und müsse daher ihr Lokal in dem Stil, in dem sie es jetzt führe, auch weiterhin betreiben dürfen. Während ihrer zweijährigen Betriebsführung habe kein Anlass zu Zweifeln an ihrer Zuverlässigkeit bestanden. Außerdem verletze der Widerruf der Gaststättenerlaubnis den Grundsatz der Verhältnismäßigkeit.

Die Stadt Osnabrück als Beklagte argumentierte, Cornelia Overbeck sei in einer Vielzahl von Fällen polizei- und ordnungsbehördlich darauf hingewiesen worden, dass sie die Erlaubnis zum Betrieb einer Diskothek nicht besitze. Sie sei dementsprechend aufgefordert worden, den Diskothekenbetrieb unverzüglich einzustellen und sich auf die ihr erteilte Erlaubnis für ein »konventionelles Tanzlokal« zu beschränken.

Von Beklagtenseite wurde außerdem noch ein weiterer Punkt angeführt: »Wie uns erst jetzt bekannt wurde, hat sich das Lokal der Klägerin im Laufe der Zeit zum Hauptumschlagplatz für Haschisch und andere Rauschgifte entwickelt.« Cornelia Overbeck habe versichert, zusammen mit der örtlichen Polizei Missstände abzustellen, sie habe aber niemals auch nur einen konkreten Fall zur Anzeige gebracht. Im Übrigen habe sie »durch die sehr bescheidenen Lichtverhältnisse in ihrem Lokal die allerbesten

Voraussetzungen für einen ungestörten Rauschgifthandel geschaffen«. Wäre sie guten Willens gewesen, hätte sie als erstes für hellere Beleuchtung gesorgt.

Cornelia Overbecks Anwalt wandte dagegen ein: »Eine Änderung des früheren Betriebes ist lediglich insofern eingetreten, als die Klägerin eine ordnungsgemäße Buchführung eingeführt hat, das Personal ordnungsgemäß angemeldet und versichert hat und im übrigen ständig dafür Sorge trägt, daß im Lokal weder mit Drogen gehandelt wird, noch Drogenkonsum erfolgt.« Die städtische Behörde beschränke sich hinsichtlich der mangelnden Zuverlässigkeit auf die »Wiedergabe nicht verifizierbaren Geredes«.

Der Vorwurf, inner- und außerhalb des »Hyde Parks« würden sich drogengefährdete und drogenabhängige Personen aufhalten, bewog Cornelia Overbecks Anwalt Dr. Tenfelde zu folgendem Vergleich: »Es ist diesseits bekannt, dass Drogengefährdete und Drogenabhängige gelegentlich das Jugendamt der Beklagten, die von der Beklagten betriebene Lagerhalle und neuerdings sogar die Stadthalle der Beklagten besuchen.« Nach der Argumentation der Beklagten müsse dann ebenso der Oberstadtdirektor als »unzuverlässig« im Sinne des Gaststättengesetzes gelten. Zweifellos gebe es »drogengefährdete« Personen im Bereich des »Hyde Parks«, eine »Drogengefährdung« dieser Menschen verschwände aber nicht mit Schließung des »Hyde Parks«. Die Klägerin habe zudem – als Zeichen ihrer Bereitschaft, mit Behörden zusammenzuarbeiten – die Stadt gebeten, Sozialarbeiter für die Betreuung der Jugendlichen und Heranwachsenden in ihrer Gaststätte abzustellen. Die Stadt habe an einer derartigen Zusammenarbeit aber kein Interesse gezeigt.

Im Verwaltungsrecht hat eine Klage grundsätzlich eine so genannte aufschiebende Wirkung. Das bedeutet, dass durch die Einlegung des Rechtsmittels die behördliche Entscheidung so lange nicht vollzogen werden kann, bis über das Rechtsmittel entschieden ist. Aus diesem Grund hatte die städtische Behörde am 23. Januar 1979 die sofortige Vollziehung ihres Bescheides auf Widerruf der Gaststättenerlaubnis angeordnet. Dies wurde damit begründet, dass die Gaststätte ein Umschlagplatz der Osnabrücker Drogenszene sei und daher Eile geboten sei.

Gegen diese Anordnung der sofortigen Vollziehung stellte Dr. Tenfelde den Eilantrag, die aufschiebende Wirkung der Klage wiederherzustellen. In dem dadurch parallel zum Klageverfahren durchgeführten Verfahren des vorläufigen Rechtsschutzes hat das Gericht eine summarische Prüfung der Sach- und Rechtslage über den Ausgang des Klageverfahrens vorzunehmen und, wenn dieser nicht hinreichend sicher prognostiziert werden kann, aufgrund einer Interessenabwägung zu entscheiden. Dabei werden das Interesse der Antragsstellerin, vom Vollzug der Widerrufs- und Schließungsverfügung bis zur Entscheidung in der Hauptsache verschont zu werden, mit den öffentlichen Interessen, die mit dem Sofortvollzug durchgesetzt werden sollen, gegeneinander abgewogen.

Nachdem das Verwaltungsgericht in Osnabrück diesen Antrag am 5. März 1979 abgelehnt hatte, legte Dr. Tenfelde gegen diesen ablehnenden Beschluss Beschwerde beim Oberverwaltungsgericht Lüneburg ein. Diese Beschwerde hatte Erfolg. Am 12. April 1979 beschloss das Oberverwaltungsgericht Lüneburg, der Beschwerde stattzugeben und die aufschiebende Wirkung der Klage wiederherzustellen. Das Oberverwaltungsgericht betonte in diesem Beschluss, die Kriterien für die Abgrenzung der zugelassenen Betriebsart »Schank- und Speisewirtschaft mit Saalbetrieb« von »Diskobetrieb« seien nicht ausreichend herausgearbeitet worden. Diese Argumentation wurde dann auch in dem schwebenden Klageverfahren mit dem prägnanten Satz »Ein ›Saalbetrieb‹ ist schlechthin ohne Musikkapellen nicht vorstellbar« übernommen.

Ein weiterer Streitpunkt in dem Verwaltungsprozess war die Frage der Lärmbelästigung durch die Besucher des »Hyde Parks«. Die Klägerin war der Ansicht, gegenüber dem Straßenlärm der »Haupteinfahrt- und Ausfahrtstraße« Rheiner Landstraße falle An- und Abfahrtslärm zum »Hyde Park« nicht wesentlich ins Gewicht. Im Laufe des Prozesses kam es dann zu zahlreichen Lärmmessungen inner- und außerhalb des »Hyde Parks« mit unterschiedlichen Ergebnissen. Teilweise wurden die zulässigen Grenzwerte überschritten, teilweise konnte aber auch nicht zweifelsfrei beurteilt werden, ob »die angezeigten Immissionswerte vom Straßenverkehr oder aber von der Musikanlage herrühren«.

Durch Urteil vom 26. Januar 1981 wurde die Klage kostenpflichtig abgewiesen. Zur Begründung führte das Gericht aus, der Widerruf der Gaststättenerlaubnis sei nicht unverhältnismäßig, da die beharrlichen Verstöße der Klägerin gegen die Auflage, keine Diskothek zu betreiben, nicht erwarten ließen, dass die Klägerin sich an eine weniger einschneidende Beschränkung – etwa den Widerruf der Erlaubnis eines Saalbetriebs mit konventioneller Tanzveranstaltung – halten werde. Dies folge schon daraus, dass sie dann eine Abwanderung des jugendlichen Publikums erwarten müsse und deshalb eine bloße Schank- und Speisewirtschaft ohne Diskothekenbetrieb nicht führen würde. Dies habe sie überdeutlich gemacht, weil sie trotz Ablehnung ihres Antrages auf Erlaubnis zum Betrieb einer Diskothek ihr Lokal weiter als Diskothek betreibe. Durch das weitere Betreiben einer Diskothek und der damit einhergehenden gesteigerten Geräuschentwicklung durch die Diskothekenmusik würden die Anwohner aus der Umgebung unzumutbar belästigt.

Die Klägerin sei unzuverlässig, denn auf Grund des von ihr gezeigten Verhaltens bestehe eine große Wahrscheinlichkeit dafür, dass sie ihr Lokal auch künftig als Diskothek und deshalb nicht ordnungsgemäß betreiben werde. Damit bezieht sich das Gericht im Wesentlichen auf eine Entscheidung des Bundesverwaltungsgerichts, wonach eine solche Wahrscheinlichkeit für die Annahme der Unzuverlässigkeit bereits ausreicht.

Die Klägerin könne sich auch nicht darauf berufen, dass schon ihr Vorgänger eine Disko betrieben habe und sie auf Grund eines »Bestandschutzes« deshalb auch eine Diskothek betreiben dürfe, weil die ihr erteilte Gaststättenerlaubnis, die an die Person gebunden ist, maßgeblich sei. Es könne deshalb auch dahinstehen, ob ihr Vorgänger tatsächlich eine Disko betrieben habe.

Das Verhalten der Klägerin anlässlich eines durchgeführten Ortstermins beweise ihre Unzuverlässigkeit für den Betrieb der Gaststätte, weil sie auch zu diesem Zeitpunkt ihr Lokal als Diskothek betrieben habe.

Die Ablehnung einer Erweiterung der Erlaubnis auf Diskothekenveranstaltungen war und ist darin zu verstehen, dass damit Veranstaltungen verboten worden sind, welche die Merkmale der über den Rahmen eines »Saalbetriebes als konventionelles Tanzlokal« hinausgehenden Betriebsart »Diskothek« aufweisen. Der Gesetzgeber habe bewusst davon abgesehen, im Gaststättengesetz die möglichen Betriebsarten im Einzelnen zu benennen. Maßgebend für die Bestimmung der Betriebsart sei deshalb das Gesamtgepräge des Betriebes. Danach unterscheide sich eine Diskothek grundlegend von einer Gaststätte mit Saalbetrieb für konventionelle Tanzveranstaltungen. Für Diskotheken sei wesentlich, dass dort »Platten oder Tonbänder« abgespielt werden und dieser Vorgang eine prägende Hauptleistung des Betriebes darstellt. Diskotheken würden meist von jugendlichem Publikum aufgesucht, dem es vorwiegend um ein »akustisch-rhythmisches Erlebnis« gehe, ohne dass dabei »auf Sitzplätze, Bedienung oder sonstige äußere Bequemlichkeit Wert gelegt« werde. Wesentliches Merkmal sei vielmehr eine gesteigerte Geräuschentwicklung, die über den Geräuschpegel einer »normalen« Gaststätte mit musikalischer Unterhaltung weit hinausgehe. Das hänge damit zusammen, dass bei einer Diskothek das »Schwergewicht in der Darbietung von Schallplattenmusik bestimmter Stilrichtungen (sog. Rock- und Beatmusik)« liege. Ein weiteres Merkmal einer Diskothek sei das »ständige Kommen und Gehen des Publikums«. Dagegen sei bei einem »Saalbetrieb mit konventionellen Tanzveranstaltungen« eine solche Fluktuation des Publikums nicht gegeben. Hier nehme – neben dem Tanzen – der Verzehr von Getränken und Speisen zumindest eine gleichgewichtige Rolle ein, was bei der Diskothek nicht der Fall sei. Auch würden »konventionelle Tanzveranstaltungen« nicht täglich stattfinden, weil sich hierfür nicht ständig ein Publikum finden ließe, sondern seien im Wesentlichen auf die Wochenenden beschränkt. Dagegen würden Diskothekenveranstaltungen nicht nur am Wochenende stattfinden, sondern fänden wiederholt auch während der Woche statt.

Sämtliche für die Betriebsart »Diskothek« als kennzeichnend aufgeführten Kriterien würden auf die Veranstaltungen im Lokal der Klägerin zum Zeitpunkt der Ortsbesichtigung zutreffen. So sei dort fast ununterbrochen sehr laut Rock- und Popmusik gespielt worden, so dass ein Gespräch zwischen den Besuchern nur schwer möglich gewesen sei. Da somit feststehe, dass die Klägerin in ihrem Lokal trotz der eindeutigen Auflage der Gaststättenerlaubnis eine Diskothek betreibe, habe sie gezeigt, dass sie die für den Gewerbebetrieb erforderliche Zuverlässigkeit nicht besitze. Zwar könnten im Rahmen der Zuverlässigkeitsprüfung in der Regel nur erhebliche Verstöße berücksichtigt werden, jedoch sei hier die Vielzahl kleinerer Verstöße in ihrer Häufung erheblich und dadurch die Unzuverlässigkeit gegeben. Die Klägerin habe sich beharrlich und ständig geweigert, in ihrer Gaststätte die Betriebsart Diskothek zu unterlassen und sei damit einer klaren Rechtsverpflichtung nicht nachgekommen, obgleich sie gewusst habe, dass auch die Nichteinhaltung des Verbotes, eine Diskothek zu betreiben, zu einer Belästigung der in der Umgebung wohnenden Anwohner durch starken Lärm führe.

Das Gericht hatte den Widerruf der Gaststättenerlaubnis durch die Stadt bereits aus den genannten Gründen für rechtmäßig erklärt und die Frage, ob das Lokal – entsprechend der Angabe der Stadt – tatsächlich als »Umschlagplatz für Rauschgift« diente und auch dieser Umstand zu einem Widerruf der Gaststättenerlaubnis führen müsste, ausdrücklich offen gelassen.

Die Formulierungen des Verwaltungsgerichts im Zusammenhang mit der Definition einer Diskothek mögen dem geneigten Leser nicht nur sehr antiquiert und fremd vorkommen, die Entscheidung musste auch juristisch in Zweifel gezogen werden. Diese Zweifel manifestierten sich in der am 16. Februar 1981 eingelegten Berufung beim Oberverwaltungsgericht Lüneburg.

Hier argumentierte man erneut, die Gaststätte habe Cornelia Overbeck von Gerd Ebel übernommen, ohne groß zu investieren und dementsprechend auch ohne die Betriebsart zu verändern, was das Gericht nunmehr als ausschlaggebenden Grund des Widerrufs genannt habe. Der Widerruf der Gaststättenerlaubnis sei außerdem unverhältnismäßig, weil das Eigentumsrecht Cornelia Overbecks nicht berücksichtigt worden sei und ihr durch den Widerruf die Existenzgrundlage entzogen würde. Die Stadt hätte also eine weniger einschneidende Maßnahme treffen müssen. Ferner sei mangels genauer Definition der »sonstigen Betriebsarten« im Gaststättengesetz eine Unterscheidung zwischen »Diskothek« und »Konventioneller Tanzveranstaltung« noch relativ offen und gerade in Bezug auf den »Hyde Park« sehr schwierig zu treffen. Im »Hyde Park« würden in erster Linie »Tanzkapellen« im weitesten Sinne auftreten und nur, wenn gerade keine »Kapelle« engagiert sei, würden DJs Platten auflegen.

Nachdem verschiedene Gespräche zwischen Cornelia Overbeck, ihrem Rechtsanwalt und Vertretern der Stadt Osnabrück stattgefunden hatten, kam man überein, Cornelia Overbeck den Betrieb des »Hyde Parks« an einem anderen Ort zu ermöglichen. Die städtischen Vertreter sahen im »Hyde Park« nun auch einen »wichtigen Bestandteil des Freizeit- und Kulturangebotes der Jugendlichen«. Ausschlaggebend war bei diesen Gesprächen auch die Überlegung, dass Cornelia Overbeck selbst im Fall des Obsiegens vor dem Oberverwaltungsgericht Lüneburg damit rechnen müsse, wegen der anhaltenden Beschwerden der Anwohner auch in Zukunft mit weiteren ordnungsbehördlichen Maßnahmen konfrontiert zu werden. Bemerkenswert ist in diesem Zusammenhang, dass sich durch dieses Zugeständnis der Stadt eine seit Widerruf der Gaststättenerlaubnis im Raum stehende Vermutung zu bestätigen schien, nämlich dass es der Stadt bei dem Widerruf der Gaststättenerlaubnis in Wirklichkeit immer um bauplanungsrechtliche Gründe ging, also darum, das Areal – ohne den »Hyde Park« – anders zu nutzen. Denn wenn wirklich die Zuverlässigkeit Cornelia Overbecks ernsthaft in Zweifel gezogen worden wäre, wäre natürlich die Diskussion um Ersatzstandorte für den »Hyde Park« obsolet gewesen, weil Cornelia Overbeck dann auch an einem anderen Standort als »unzuverlässig« im Sinne des Gaststättengesetzes hätte gelten müssen.

Durch die Gespräche wurden die Grundlagen für einen gerichtlichen Vergleich geschaffen, der am 22. September 1982 zur Beendigung des Verwaltungsprozesses führte. Dieser Vergleich hatte den Inhalt, dass die Klägerin ihre Berufung zurücknahm und die Beklagte sich verpflichtete, von ihrer nunmehr rechtskräftig gewordenen Widerrufsverfügung vom 5. September 1978, die sie nur noch auf § 15 Abs. 3 Nr. 1 des Gaststättengesetzes stützt, bis zum 31. Juli 1983 keinen Gebrauch zu machen. Dadurch sollte der Klägerin die Verlagerung ihres Betriebes ermöglicht werden. Das bedeutet, dass die Stadt sich nun also ausdrücklich nicht mehr auf die »Unzuverlässigkeit« Cornelia Overbecks berief, sondern nur auf die unzulässige Änderung der Betriebsart.

Die Klägerin verpflichtete sich durch den Vergleich außerdem dazu, den bisherigen Gaststättenbetrieb zu schließen, sobald die neue Gaststätte betriebsbereit war, spätestens mit Ablauf des 31. Juli 1983.

Und so kam es dann auch, dass die Pforten des »Hyde Parks« bis zu diesem Datum den Besuchern offen standen. Erst dann verabschiedete er sich, von lautem Getöse begleitet, von der Rheiner Landstraße.

Eva Zaun, Sozialarbeiterin, Osnabrück:

Das erste Mal im »Hyde Park«, Rheiner Landstraße, mit 15 Jahren, verbotener Weise. Mein Vater war überzeugt davon, dass hinterm Haus regelmäßig Mädels vergewaltigt wurden ... Das schreckte mich aber nicht ab, und auch nicht, dass mir tatsächlich gleich am ersten Abend Drogen angeboten wurden. Die habe ich natürlich nicht genommen, fand das alles aber megacool! Meinen ersten nackten Mann habe ich auch im »Hyde Park« gesehen: der Frontmann von Cats TV (»Ich gehe nicht mehr nach Cuxhaven« – legendär!) entblößte sich auf offener Bühne beim Konzert. Na, das war doch mal was!! Die LP stehen noch heute in meinem Regal!

Zeitdokument: *Stellungnahme des Jugendwohlfahrtsausschusses[11]*

Die Jugendszene stellt sich in Osnabrück sehr vielfältig dar. Sie reicht von den Jugendheimen freier Träger über Sportheime und die städtischen Jugendpflegeeinrichtungen sowie die Lagerhalle bis hin zu den kommerziell betriebenen Jugendtreffs z. B. Grüner Jäger, Wintergarten, Unikeller, Rizz, Nouvelle und Subway. Sie alle haben unterschiedlich ausgeprägte Vorgaben, die abgestimmt sind auf die jeweils gewünschte Besucherschicht.

Dieses vielschichtige Angebot an Jugendtreffs ist im Laufe der Jahre gewachsen. Es stellt in seiner Gesamtheit einen gewissen Zusammenhalt dar, der – auf die Größenordnung der Stadt Osnabrück bezogen – bedarfsgerecht ist. Durch die Schließung des meistbesuchten Osnabrücker Jugendtreffs – allabendlich rd. 800 Besucher – ist das ohnehin labile Gleichgewicht zerstört; denn der Hyde-Park war, ohne die Einrichtung in irgendeiner Form zu werten, ein wesentlicher Stützpunkt. Man kann davon ausgehen, daß im Gefolge der Schließung auf andere Einrichtungen Probleme zukommen, die diese aus den verschiedensten Gründen nicht auffangen können. Das wird auch auf die Gaststätten in der Altstadt zutreffen, weil die bisherige Struktur unterlaufen und gestört werden wird.

Gleichwohl und gerade wegen der Differenziertheit unseres gesellschaftlichen Lebens wird ein Fortbestand des Hyde-Parks mit seinen zuvor beschriebenen Merkmalen in Osnabrück Bestand haben müssen. In diesem Zusammenhang sei daran erinnert, daß Unruhen mit jungen Leuten im Bereich der Innenstadt, insbesondere der Altstadt, auch die Ereignisse um ein sog. Unabhängiges Jugendzentrum, seit der Eröffnung des Hyde-Parks vor 7 Jahren nicht mehr vorgekommen sind.

Auszug aus: Zur sozial- und jugendpolitischen Bedeutung des »Hyde-Parks«. Niederschrift der öffentlichen Sitzung des JWA (= Jugendwohlfahrtsausschuss) vom 24.08.1983.

---

11 Die Schreibweise folgt durchgängig dem Original.

Tom Heise: »Schödler!«*

»Seit vier Wochen lebt Osnabrück ohne Schlaf. Es regiert der König des Krawalls.«

ahahahaha….

Punkig – ich bin so punkig
So peinlich punkig
Ich bin der Punk
Punken – ganz protzig punken
Wer will mir danken
Ich bin der Punk

»Achtung! Achtung! Unidentifizierte fahrende Wanne nähert sich dem Sperrgürtel! Unidentifizierte fahrende Wanne!«

Schödler edler Fighter
Großer Einsatzleiter
Bin ich der Streiter – von rechts

»Unidentifizierte fahrende Wanne identifiziert – Schödler!«

Und ich düse, düse, düse, düse im Stecheschritt
Und bring die Knüppel mit
Zu unserem Einsatzhit
Denn das Knüppeln, Knüppeln, Knüppeln, Knüppeln macht viel Spaß
Viel mehr Spaß als Tränengas

»Wir brauchen keine Knüppel in unserer Stadt. Tööööt Schödler. Vernichtet die Knüppel!«
»Siehe Flugblatt 523 Strich 9 Hyde Park-Raum!«

* Musik nach DÖFs »Codo«. Verfasst für den Auftritt der Angefahrenen Schulkinder beim Festival in der »Lagerhalle« anlässlich der »Hyde-Park«-Schließung im Sommer 1983. Hartmut Schödler leitete den Polizeieinsatz bei den Auseinandersetzungen um den »Hyde Park«. Abdruck mit freundlicher Genehmigung des Autors.

Und ich düse, düse, düse, düse im Stecheschritt
Und bring die Knüppel mit
Zu unserem Einsatzhit
Denn das Knüppeln, Knüppeln, Knüppeln, Knüppeln macht viel Spaß
Viel mehr Spaß als Tränengas

»Objekt überwindet den Krawallschirm!«

Ätzend – ich bin so ätzend
Alles zersetzend
Ich bin der Punk

Und ich düse, düse, düse, düse im Stecheschritt
Und bring die Knüppel mit
Zu unserem Einsatzhit
Denn das Knüppeln, Knüppeln, Knüppeln, Knüppeln macht viel Spaß
Viel mehr Spaß als Tränengas

Und ich düse, düse, düse, düse im Stecheschritt
Und bring die Knüppel mit
Zu unserem Einsatzhit
Denn das Knüppeln, Knüppeln, Knüppeln, Knüppeln macht viel Spaß
Viel mehr Spaß als Tränengas

Und ich düse, düse, düse, düse im Stecheschritt
Und bring die Knüppel mit
Zu unserem Einsatzhit
Denn das Knüppeln, Knüppeln, Knüppeln, Knüppeln bringt viel Hass
Viel mehr Hass als Straßenspaß

> **Heike Fritsch, Journalistin, Köln:**
> »Hyde Park«, etwa 1978: zwei Frauen, offensichtlich nicht zum Stammpublikum gehörend, gucken sich die Szenerie im Veranstaltungssaal staunend an, sehen: tanzende Menschen, einen Diskjockey und ein paar hin und her huschende Gestalten hinter der Theke. Sie hatten sich scheinbar etwas anderes vorgestellt, denn die eine sagte zur anderen: »Ach, das ist ja ganz normal hier. Ich dachte, die hängen hier alle auf Matrazen herum und nehmen Drogen.«

Jens Meggers und Thomas Klein:
Tatort »Hyde Park«

Aus der Sicht eines Rechtsanwalts, speziell eines Strafverteidigers, sind zum alten »Hyde Park« vor allem zwei Themen beizutragen. Da wären einerseits die Nachwirkungen der Schließung im Juli 1983 und zweitens die Nennung des »Parks« in vielen Strafverfahren als Ort des Drogenkonsums und -handels.

1. Strafverfahren gegen Demonstranten

Wie ausführlich dokumentiert, wurde die Vollstreckung der Schließung nicht tatenlos hingenommen, sodass es zu Demonstrationen und Auseinandersetzungen mit der Polizei kam. Einige Demonstranten wurden festgenommen und viele Strafverfahren eingeleitet. Neben den Kollegen Heribert Röper, Klaus Rüther und Dr. Horst Simon waren wir als Strafverteidiger beauftragt, uns um die Verhafteten zu kümmern und schließlich die Verteidigung zu führen.

Für gewöhnlich sorgt die Schließung einer Diskothek nicht für größeres Aufsehen und führt noch seltener zu Demonstrationen. Das Ende des »Hyde Parks« an der Rheiner Landstraße aber war ein Politikum, was sich auch darin widerspiegelte, dass die strafrechtlichen Maßnahmen gegen beteiligte Demonstranten sofort als politische Verfolgung wahrgenommen wurden. Im selben zeitlichen Rahmen, Anfang der Achtzigerjahre, gab es eine Reihe von vergleichbaren Auseinandersetzungen mit der Staatsmacht: Anti-Atomkraft-Bewegung, NATO-Nachrüstung, Startbahn-West, Hausbesetzungen. In diesem Kontext verstand man sich, und entsprechend wurden die Verfahren geführt, wenngleich die Staatsmacht jegliche politische Dimension leugnete und nur von »Rechtsbrechern« sprach.

Es war daher beinahe selbstverständlich, dass sich in Osnabrück ein »Ermittlungsausschuss« bildete, der Zeugenberichte, Fotos, Filme und alles sammelte, was für die späteren Strafprozesse hilfreich werden konnte, vor allem auch Geld für die Finanzierung derselben. So gab es am 24. September 1983 in der Lagerhalle ein Benefiz-Rockkonzert »Ball ohne Polizei«, bei dem die auftretenden Künstler (unter anderem Die Angefahrenen Schulkinder[12]) auf ihre Gage verzichteten, sodass schließlich eine stolze

---

12 Siehe den Abdruck des Songtextes »Schödler« in diesem Band.

"-Verhafteten"

Die angefahrenen Schulkinder

Rechtsanwälten

Summe von 3.212,26 D-Mark (= EUR 1.639,89) zusammenkam.
Nach Auskunft der Staatsanwaltschaft Osnabrück wurden 174 Ermittlungsverfahren gegen Demonstranten eingeleitet, darunter sechs wegen Verdachts auf Landfriedensbruch. Zugleich gab es Ermittlungsverfahren gegen Polizeibeamte wegen des brutalen Polizeieinsatzes, der auch völlig Unbeteiligte nicht unverschont gelassen hatte. Es hatte immerhin fünf Anzeigen gegeben, die aber schon ein halbes Jahr später eingestellt waren, da kein Beamter identifiziert werden konnte. Bei einer Anzeige hatte es sich um eine Festnahme gehandelt, die offenbar so gewalttätig erfolgte, dass ein Bürger gegen den Beamten, letztlich erfolglos, Anzeige erstattet hatte.
Im »Haus der Jugend« fand am 6. September 1983 ein »Hearing« der GRÜNEN mit etwa 200 Besuchern statt, bei dem Augenzeugen über die Ereignisse berichteten. Die Vertreter der GRÜNEN forderten eine Amnestie für alle Beschuldigten rund um die Schließung des »Hyde Parks«, und der langjährige Bundestagsabgeordnete Carl-Ludwig Thiele (heute im Vorstand der Bundesbank) erhob für die FDP die Forderung, dass Einsatzbeamte ihre Dienstmarke offen tragen müssten, damit sie besser identifiziert werden können.

Über den Ausgang dieser Verfahren lässt sich heute nichts mehr in Erfahrung bringen, da die Akten bei der Staatsanwaltschaft nicht mehr vorhanden sind. Dort wurden sie offenbar nicht als »historisch wertvoll« eingeschätzt und deshalb nicht archiviert. Zudem wären wir auch aus Gründen der anwaltlichen Schweigepflicht gehindert, Einzelheiten zu berichten.

2. Drogen »im« oder nur »am« »Hyde Park«?

Das war die Gretchenfrage, die gelegentlich bei ortsunkundigen Richtern und Staatsanwälten zu Irritationen führte.

Man kommt heute nicht umhin einzuräumen, dass der »Hyde Park« ein Freiraum zum Drogenkonsum war. Dass im Umfeld des »Hyde Parks« gedealt wurde, ist jedenfalls eine gesicherte Tatsache. Erklärbar zunächst daraus, dass an Konsumorten ein Endverbraucherhandel, also Kleinsthandel, naheliegt. Wobei es in erster Linie um Cannabis, damals vor allem Haschisch, ging. Kokain- oder Heroinkonsum und -handel spielten nach unserer Erinnerung beim alten »Hyde Park« keine Rolle. Das änderte sich erst nach dem Umzug in das Provisorium am Fürstenauer Weg.

So konnten wir in vielen Akten von Aurich bis Münster, von Bielefeld bis Gronau lesen, dass man sich *am* »Hyde Park« getroffen hatte, um über Drogen – in fast jeder Größenordnung – zu sprechen und sie dann auch zu übergeben. Auswärtige Richter oder Staatsanwälte hatten keine Vorstellung vom »Hyde Park«, manche hielten ihn sogar für einen »Heide Park«, sodass die Aussage, man habe sich *am* und nicht *im* »Hyde Park« getroffen, nicht verstanden werden konnte.

Der »Hyde Park« hatte also auch aus diesem Grund eine überregionale Bedeutung.

Zeitdokument
Reinhart Richter: Zur Ausstellung der Fotogalerie Szene: Hyde Park (1984)[13]

Die Schließung des Hyde Parks im Juli 1983 und die sich daran anschließenden Auseinandersetzungen zwischen den Besuchern des Hyde Parks, Polizei und der Stadt Osnabrück waren eine besondere Form von Kulturkampf. Wenn Kultur nicht nur im Sinne von Kunstpflege verstanden wird, sondern alle Lebensbereiche des Menschen einbezieht, ist der Hyde Park für viele junge Menschen in Osnabrück und dem weiten Einzugsbereich Osnabrücks ein wichtiger Kulturort, ist das, was dort geschieht, ein wichtiger Teil von Freizeit-, Kommunikations- und Musikkultur.

Für viele junge Leute ist der Hyde Park auch ein Stück Heimat, in dem sie sich so verhalten, so kleiden oder Musik hören können, wie es häufig im elterlichen Zuhause nicht zugelassen wird oder auf erhebliche Widerstände stößt. Der Verlust des Hyde Parks ist für sie das, was für das Osnabrücker Bürgertum der Verlust des Theaters wäre. Wer sich vorstellt, wie Osnabrücker Bürger auf die Androhung reagieren würden, das Städt. Theater zu schließen, wird mehr Verständnis für die Reaktion junger Hyde Park-Besucher auf die Bedrohung ihrer kulturellen Heimat gewinnen.

Um den Hyde Park herum hat sich eine besondere kulturelle Szene von Autoren, Fotografen, Bildenden Künstlern und Modemachern entwickelt, so daß nicht nur eine Besucherkultur, sondern auch eine Kultur der Kulturproduzenten entstanden ist.

Ich halte es für sehr verdienstvoll, daß die Fotogalerie Szene, die in beispielshafter Weise die Fotokunst durch ihre Ausstellungen fördert, in dieser Ausstellung sowohl das Foto als Kunstmedium zeigt, das Thema Hyde Park jedoch auch mit anderen Medien darstellt bzw. zur Darstellung, zur Reaktion auffordert.

---

13 Schreibweise folgt dem Original. Abdruck mit freundlicher Genehmigung des Autors.

HYDE PARK
eine engagierte Dokumentation

WO
Foto Galerie Szene
Bruchstr. 18

WANN
Eröffnung am 26.11.84
um 19.00 Uhr.
Dauer : 6.1.84

MITBRINGEN
Alles Dokumenta-
tionsmaterial, das
noch nicht herange-
schafft worden ist.
Programm der Aus-
stellung ist es, sie
ständig durch neues
Material zu ergänzen
und allen Beteilig-
ten ein Diskussions-
forum zu bieten.

foto galerie szene
Mo.-Fr. 19.00-20.00
So. 10.00-12.00

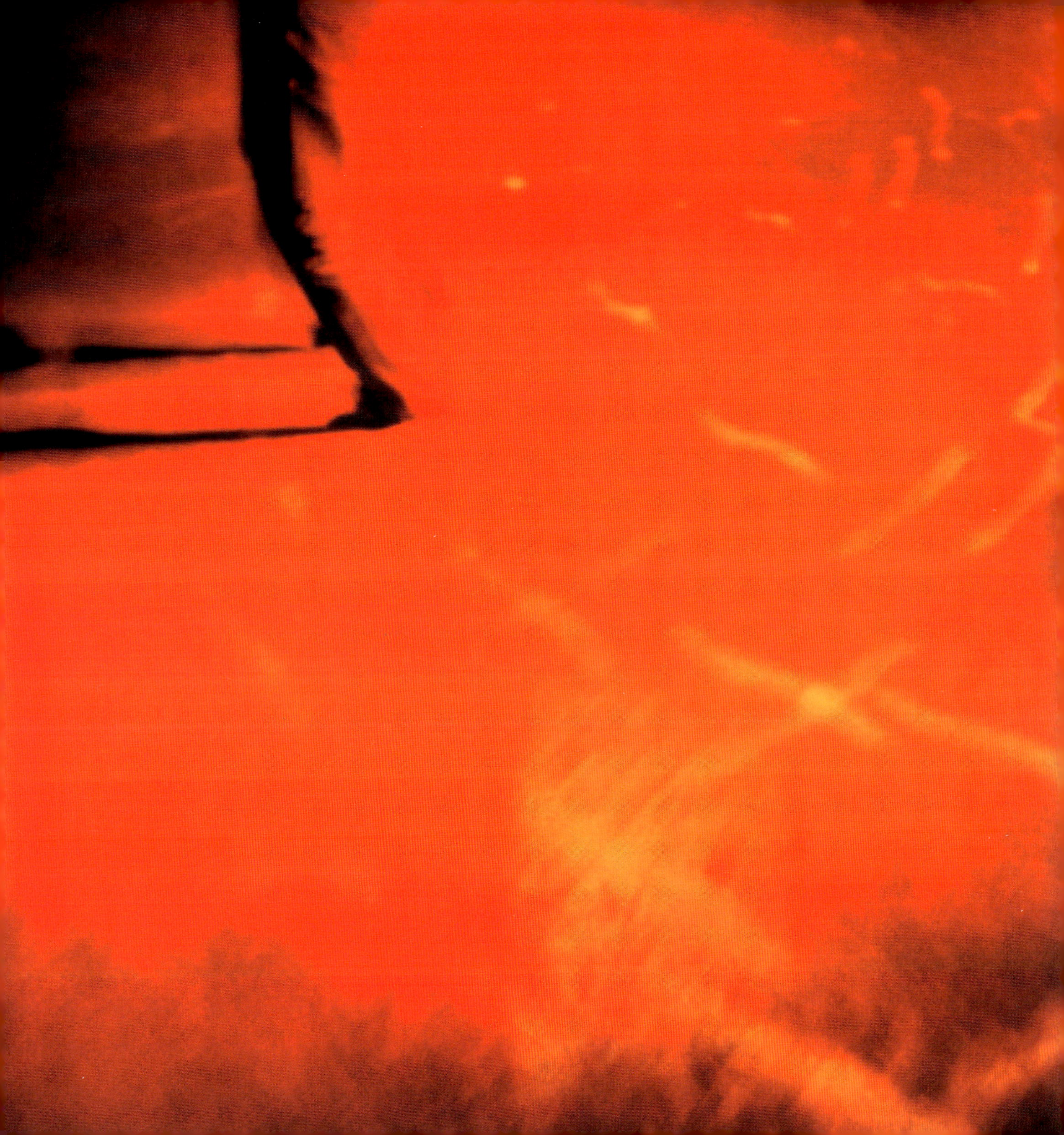

III. Wo sich wirklich alles traf ...

Jenni Zylka: Runden drehen

Erste Erinnerung. Rheiner Landstraße. Zu jung sein, sich älter schminken, man guckt erfahren, dreht Zigaretten, vernebelt das Kindergesicht mit Qualm, rollt Münzen über den Holztisch, vom Taschengeld sauer abgespart, am Eingang vorbei. Puh. Bier holen lassen. Von jemandem, der erwachsen aussieht. In die Nase kriecht Suppendunst. Runden drehen. Besoffen auf ein Plakat stieren. Und keiner schmeißt einem was in die Cola! Obwohl das alle immer behaupten. Später steht man nächtelang draußen, redet über Musik. Musik, Musik, Hippiezeug, Rock, Neue Deutsche Welle. Nebenan der Friedhof. Auch da ab und an mal Absturz. Tüten drehen lernen. Dann Demo, erster Polizeikessel des Lebens, mutig mit hervorgerecktem Pubertätskinn mitten drin, solidarisieren, mitskandieren. Angst kriegen. Sommer 1983, Eltern im Urlaub, wenn die wüssten, Menno.

Zweite Erinnerung. Fürstenauer Weg. Die Freundin fährt eine weiße Ciao, man krallt die Hand auf ihre Schulter, lässt das Fahrrad ziehen. An der anderen Schulter hängt ein anderes Mädchen mit Rad. Fast eine halbe Stunde aus dem Kaff vor Osnabrück, wo die Freundin mit den toleranten (oder desinteressierten) Eltern wohnt, bis zur »Lagerhalle«. Bestimmt mindestens dreifacher Spritverbrauch. 1:50 selbstgemischt. Man schließt das Rad unter dem Heger Tor ans Mofa, Zahlenschloss, Daumen raus in Richtung stadtauswärts. Beim Warten dreht man Zigaretten aus dem ekeligen Bantam von Aldi. Steigt in Bullis ein, bärtige Typen, langhaarige Mädchen. Oder langhaarige Typen und bärtige Mädchen. Oder sich mit der großen Schwester rausschleichen. Die den Floh überhaupt originär ins Ohr gesetzt hat: Da sind Freaks! Normale Menschen tanzen so. Da tanzen aber alle SO! (Mit Ausdruck.) Auf Zehenspitzen federt man wie ein lautloser Schatten hinter ihr her, wenn sie extra geräuschvoll die Türen schlägt, sich in ihren gelben VW-Käfer setzt, und losfährt. Die Eltern hören nur eine Person gehen. Man trägt den Harry-Potter-Unsichtbar-Umhang! Genauso heimlich wieder nach Hause, später, das Nachthemd wartet an der Tür, damit das Umziehen schneller geht. Oder man kraxelt gleich aus dem Fenster und haut durch den Garten ab. Eines Nachts standen mal plötzlich fremde Eltern mitten auf der Tanzfläche, als der Diskonebel sich verzogen hatte. Danach zuckt man immer zusammen, wenn DJ Brownie eine Ansage macht. Hofft mit klopfenden Herzen, dass nicht der eigene Name aufgerufen wird. »Die Eltern von ... sind hier.« Stattdessen wieder Run-

den drehen. Und Runden drehen. Mit der Freundin abmachen, so lange zu bleiben, bis man mindestens drei Leute trifft, die man kennt. Klappt auch immer.
Dann Konzerte! Jeffrey Lee Pierce. Der steht danach flippernd in der Ecke, guckt traurig aus kajalumrandeten Augen. Der dicke Bauch knallt bei jedem Freispiel an den Plunger. TV Personalities, Sisters of Mercy, Herman Brood, geht ja nicht anders. An dem kommt man nicht vorbei. Aber vor allem: Tanzen. Oder jedenfalls Tanzen üben, denkt man jetzt, so im Rückblick. Und Wave-Bootlegs in Kassettenform horten. Die leiern heute alle. Man staunt über die Frisuren der anderen. Aber die müssen ja auch keine blöde Brille dazu stylen. Wieder Runden drehen, schnorrenden Punks Geld geben, hübschen Blonden aus Bielefeld hinterhergucken. Denn die schönsten Jungs auf der Welt / gibt's in Berlin und Bielefeld. Man macht Pläne für später.
In der Ecke links neben dem Eingang isst man Nudeln mit Tomatensauce satt. Trinkt Bier aus Riesenhenkelgläsern, für magere Penunzen. Taschengeldkompatibel. Oft hat man eh zuhause schon weitblickend vorabgebechert, ist billiger. Oben drüber schwebt die DJ-Etage. So hoch, dass man Mut braucht, um hochzuklettern und sich zum Beispiel »Bauhaus« zu wünschen. Als unsicherer Pickelteenie, der man ist. In diesen unkleidsamen und auch noch unbequemen Klamotten. Stattdessen läuft »Cocaine« von Eric Clapton.
Montags ist ohnehin immer zu. Am Wochenende geht man auch nicht mehr hin, zu viele Emsländer. Zwei Tage die Woche aber garantiert. An einem dieser Tage legt Brownie auf. Dessen Haare so hoch toupiert sind, dass sie ihn geschätzte 40 Zentimeter größer machen, und die Silhouette enorm beeinflussen, ganz wertfrei.
Andere Städte werden besucht. Und interessant: Überall kennen sie den »Park«. Ein bisschen stolz ist man, dass man nicht mehr nur Botschafterin für das Ampelleitsystem, Heinz Rudolf Kunze und die Hexenverbrennung ist. Bis nach Holland wehen die Schwaden. Die Osnabrück-Holland-Connection: Lakritz, Vla und Shit. Gibt's auf dem Markt am Ledenhof und im »Park«.
Im Regen versauen sich alle die Autoreifen. Meistens regnets, Osnabrück und London liegen auf demselben Breitengrad. Man bleibt bis zum Ende, wenn die Lichter schon angehen, endlich ist das Alter erreicht, jippie. Die Musik ist aus, der DJ kraxelt müde vom oberen Stockwerk runter. Gegen drei Uhr, halb vier, wird zurückgetrampt, wird versucht, noch irgendwo einzukehren, »Exil« hat schon zu, »Subway« auch, Bar an der Stadthalle ist scheußlich, also privat oder Nachttanke. Letzte Kontaktchance.
Dritte Erinnerung. Man ist weggezogen. Nicht nach Bielefeld. Sondern in die Stadt, die auf Bars und Diskotheken gebaut ist. Ein Jahr später fällt dort eine Mauer, und noch mehr Bars und Diskotheken locken sperrstundenfrei. Anfangs wird das ehemalige Zuhause oft besucht, wird immer in den »Hyde Park« gegangen, um zu gucken, ob man noch jemanden kennt, um Runde um Runde zu drehen, Bier aus Henkelgläsern zu trinken, alte Freunde zu treffen. Das hört langsam auf. Die neue Stadt schläft eben nie.
Aber egal, in welcher Stadt man lebt, wo man heute Abend hingeht, was man trinkt, wozu man schüttelt, was man hat: Von der Pike auf gelernt hat man das alles im »Park«. Und das wird man ihm nie vergessen.

Günter Mey: (K)eine ganz normale Diskothek. Anmerkungen aus jugendtheoretischer Perspektive

»Ihr habt die Macht, wir haben die Nacht«. Sozialisationsraum Diskothek

»Und du hattest die Entscheidung, gehst du jetzt in eine normale Disko oder in den ›Hyde Park‹. Das, was nämlich den ›Hyde Park‹ ausgemacht hat, war, dass sich dort wirklich alles traf, was nicht in die Disko geht. … Die Punker gehen nicht in die Disko. Die Rocker gehen nicht in die Disko. Und wenn du völlig normal bist, gehst du auch nicht in die Disko.« (aus einem Interview zum Dokumentarfilm »Hyde Park«)

Ende der Siebziger- und Anfang der Achtzigerjahre erhöht sich das Forschungsaufkommen zu der Frage, welche Bedeutung und Funktionen Diskotheken generell als Sozialisationsraum für Jugendliche haben könnten. Dass Diskotheken mitunter der zentrale Ort für Selbst-Inszenierungen sind, erscheint schon deshalb offensichtlich, weil bestimmte ästhetisch-modische und ästhetisch-subversive Haltungen andernorts nicht oder nur bedingt ausgedrückt werden können. In kulturpessimistisch getönten Debatten wurde von einer »Jugend in Trance« (Neißer, Mezger & Verdin 1979) gesprochen, denn aus der Außenperspektive wirkte es wie ein »Abtauchen« in und ein Zelebrieren von Oberflächlichkeit. Diagnostiziert wurde eine neue Sprachlosigkeit und ein Mangel an sozialen Beziehungen, ein Sich-Einrichten in Scheinwelten, um Distanz zur Alltagswelt und den sonst üblichen Kommunikationsanforderungen herzustellen. Dass Diskotheken auch weitergehende Funktionen zukommen könnten, wird dann deutlich, wenn der Blick darauf gelenkt wird, in welcher Weise sie Orte der gelebten Alltagskultur von Jugend und deren Selbst-Erkundung sind, es also um adoleszente Selbstverhältnisse und Selbstverständnisse geht. Denn wenn Jugendkultur mehr meint als Diskothekenbesuche am Wochenende, wenn es um das Erproben eines eigenen Lebensstils und eigener Normen an diesen Orten und mittels dieser Orte geht, dann weisen auch die Orte selbst über Freizeit und puren Konsum hinaus. Insbesondere die Autorinnen und Autoren jener Forschungsarbeiten, die durch die Studien des Birminghamer Centre for Contemporary Cultural Studies (v. a. Clarke u. a. 1979) inspiriert waren, entwickelten ein Verständnis, dass Jugendkultur vor allem in Musik und Kleidung, Körpersprache sowie Drogen und darin eingeflochten auch in spezifischen Ideologien

Haller, Conny Overbeck und Jutta Baumberger.

DJ Brownie als Konzertbesucher vor der Bühne.

oben: Osnabrücks DJ-Legende Volker Campen, Uschi Meckert und Jochen Hagedorn in der »Hyde Park«-Kneipe.

(siehe z. B. Baacke 1987), und dies gerade auch im Zusammenhang mit Analysen zum damaligen Jugendprotest (eine umfassende Werkschau zu Jugendästhetik und Jugendprotest im 20. Jahrhundert liefern Bucher & Pohl 1986; aktuell zu Geschichte, Stand und Perspektiven der Jugendforschung Mey 2011).

»Hyde Park« als die »andere Welt«

Der »Hyde Park« in Osnabrück bot als eine etwas andere Diskothek – zur damaligen Zeit und im Kontrast zu anderen Sozialisationsorten – Raum für jugendkulturelle Experimente. Er war ein Szenetreff für ganz verschiedene Gruppen (»Punks«, »Hardrocker«, »Freaks«, »Hippies«, »Ökos« u. a.), denen gemeinsam war, dass sie immer auch mit einem partiell bewussten Nicht-Beachten von Normen und einem Hang zum »Verbotenen« spielten. Einfach anders zu sein – anders als »zu Hause«, anders als »in der Schule«, anders als »auf der Arbeit« und auch anders als »erwartet«: gegen auferlegte »Rollen« zu verstoßen und mit selbst gewählten »Rollen« immer wieder auch zu spielen – war seit jeher ein zentrales Moment von Jugendkultur im Dienste von Identitätsarbeit.

Eine Besucherin sagte in einem Interview, das für den Videodokumentarfilm »Hyde Park« (Mey & Wallbrecht 1988) geführt wurde:

»Für mich war das, 17, 18 war ich da, so die Phase des intensivsten Besuchs. Und das Tolle war, ich habe mir irgendeinen Fummel in die Tasche gepackt, den ich sonst nie getragen hätte, und da durfte man sich verrückt fertig machen … Manchmal war das so, du gingst da rein und warst in einer anderen Welt.«

zum Ausdruck komme und sich nicht zuletzt deshalb auch zum Teil konträr zur Arbeits- und Erwachsenenwelt verhalte und verhalten müsse. Gesprochen wurde deshalb neben »Jugendkultur« auch – je nach theoretischem Standpunkt – von »Gegenkultur«, »counter culture« oder »Subkultur«

Diese »andere Welt« beschrieb ein ehemaliger »Hyde Park«-Besucher, der ebenfalls für den Videodokumentarfilm interviewt wurde, wie folgt:

»Für jede Stimmung gab es da eine Nische. Wenn du Bock hattest auf Saufen, hast du eben gesoffen … Es war ein Raum ohne Zwang und ohne Normen … Wenn es diesen ›Hyde Park‹ nicht gegeben hätte, … hätte ich das Leben nicht so leben können, denn bei dem, was sich da abspielte, fühlte man Bestätigung für seine Gedanken, die man gegenüber seinen Eltern und am Arbeitsplatz nicht geäußert hat.«

Diese Attribute von Jugend und deren Assoziation zu Aufbegehren, Devianz und Experimentieren erzeugten eine hohe Attraktivität gerade auch als Identifikationsangebot, das dann aus Besuchern und Besucherinnen Angehörige einer speziellen Szene werden ließ, zumindest aber ein Gefühl von Zugehörigkeit eröffnete. Verschiedene rituelle Handlungen und subversiv vorgetragene Diskurse (sei es spielerisch-kreativ oder existenziell) begleiteten die jugendlichen Aneignungsformen und unterstützten die adoleszenten Positionierungen zu sich und zur Welt. In diesem Sinne bot der »Hyde Park« als markanter Ort Distinktionsmöglichkeiten zwischen In- und Outgroups und über eine Symbolfunktion auch einen wesentlichen Beitrag für die jugendliche »Identitätsarbeit«. Eine weitere für die Videodokumentation Interviewte pointierte dies folgendermaßen:

»Also früher im ›Hyde Park‹ war das irgendwie wie ein geschlossener Kreis, da gingen eben nicht alle hin, … sondern da hieß es noch: ›Was, du gehst in den ›Hyde Park‹?‹. Dem ›Hyde Park‹, dem haftete so was ›Verruchtes‹ an, … und das fanden wir natürlich toll.«

Die hohe Attraktivität von »halböffentlichen« Orten wie dem »Hyde Park« – halböffentlich, weil nicht jede und jeder Zutritt hat und sucht – drückt sich auch durch besondere Formen einer »verdünnten Sozialkontrolle« aus. Zentral für jugendkulturelle Praxen ist das Rollen-Experimentieren und – im wahrsten Sinne des Wortes – auch das Aus-der-Rolle-Tanzen. Die Dis-

Frohnatur Heinz Kallen, genannt Heinz der Kölner.

kothek ist der Ort, um sich »Auszutoben«, um »Abzutanzen«, für »pure« Körpererfahrung. Und hier erscheint es wichtig, dass dies in einer »Welt der Jugend« ohne pädagogisierende Erwachsene stattfindet. Es geht um Emanzipationsversuche vor den Augen eines (realen wie imaginierten) Publikums und in der Gemeinschaft der Peers als Altersgleichen und Gleichgesinnten.

Sozialisation in Eigenregie

Im Grunde geht es um die Ermöglichung einer »Sozialisation in eigener Regie«, wie der Soziologe Tenbruck (1962) dies früh benannt hat. Neues auszuprobieren, für sich eine neue Ordnung zu beanspruchen unter Missachtung vorgegebener Handlungsmaximen, all dies führt auch zu Selbst- und Fremdstigmatisierung zwecks Provokation und Gegenprovokation. Zwar wird in klassischen psychologischen und soziologischen Sozialisationstheorien zugestanden, dass Jugendliche, um ihren Weg zu finden, auch »Irr-« und »Umwege« gehen dürfen; ihnen werden Rollen-Experimente zugebilligt und sogar ein (gleichwohl nur in Maßen) »über

die Stränge schlagen«; größere Abweichungen zu einer mehr oder weniger impliziten Norm werden allerdings sanktioniert (ausführlich Mey 1999). Damit geht es um die auch künstliche Scheidung von »richtigen« und »falschen« Wegen und um Einfallspforten für Vorstellungen von der »richtigen« und der »falschen« und das heißt von der »guten« und »schlechten« Jugend. Hier sind immer Projektionen virulent, die die Jugend als Lebenslaufkategorie von Beginn an begleiten und sich aufspannen zwischen Jugend als »Heilsbringer« und Jugend als »Sündenbock«, wobei dies immer in Kontrast zur »Erwachsenenwelt« beziehungsweise Welt der »Etablierten« zu lesen ist (Wirth 1984; Farin 2008).

Durch die Inanspruchnahme eines eigenen Sozialisationsraums, das Ausleben jugendkultureller Praxen, die »Eroberung« von Neuem und Aufregendem – und für Jugendliche ist vieles neu und aufregend, weil es eben erstmals erprobt wird – werden auch Bilder von »Gefahrenzonen für Jugendliche« mobilisiert. Jugendkultur und deren Orte werden »verdächtig«, nicht zuletzt, weil aus der Perspektive der Erwachsenenwelt das Sich-Entziehen aus ihrer Kontrolle auch als »Bedrohung« wahrgenommen wird. Dies gilt für die Ausdehnung von »freier Zeit« allgemein und speziell an eigenen, exklusiven und/oder von Jugendlichen selbst gestalteten »Freizeitorten«, wenn diese in Kontrast zu den verordneten Zeiten, Angeboten und Regimes in Bildungs- und Ausbildungsinstitutionen gesehen werden. Die hier wirksam werdenden »pädagogischen Bemühungen« um sinnvolle Freizeitbeschäftigung, die der vermeintlich wahrgenommenen beziehungsweise zugeschriebenen Entfremdung, Leere, Passivität und Oberflächlichkeit entgegengesetzt werden, implizieren auch, dass Erwachsene (Eltern, Pädagog/Innen, Politiker/Innen) immer schon genau wüssten, was sinnvolle Freizeitbeschäftigung sei.

Freiraum »Hyde Park«

Dass Jugendliche im »Hyde Park« die Füße auf den Tisch, auf das Sofa und auf die Sessel legten und legen durften, kann als Ausdruck dafür verstanden werden, dass der »Hyde Park« und die ihn prägenden Jugendkulturen in den Siebzigerjahren ein Unbehagen gegen eine Welt von Verregelung und Verordnung symbolisierten. Der Austausch und das Aushandeln von Regeln und das Ausloten von Grenzen, die probeweise Übernahme von Orientierungen, das Suchen und Verlieren von Zuordnungen zu Gruppen und Szenen (und damit vielleicht auch das Herstellen und Verlieren von Sinn), das Ringen um Fassade und das Aufbrechen eben dieser Fassade, die überwiegend friedliche Koexistenz diverser Stile – all das sind zentrale Momente von Jugendkultur: Es geht um wichtige Kristallisationspunkte in den Lebens- und Seinsfragen von Jugendlichen, um immer vorläufige Selbstjustierungen und Ansprüche an Selbstgestaltung, die erst Kreativitätspotenziale eröffnen. Insofern geht es um die »Schärfung der Sinne« und die Frage von »Jugendprotest als persönliche und kulturelle Chance« (Wirth 1984).

Erst mit dieser Blickrichtung wird verständlich, dass es weniger um »Freizeit« und mehr um »Freiraum« in seinen materiellen, sozialen und kulturellen Nuancen ging. Der »Hyde Park« war für die ihn besuchenden Jugendlichen und jungen Erwachsenen, die wir für den Videodokumentarfilm interviewt haben, ein »Freiraum«, ein »Chaosraum«, ein »Raum ohne Zwang und ohne Normen«, eine »neutrale Zone« oder eine »eigene Welt«, ein »zweites Zuhause«, ein »zweites Wohnzimmer«. Diese Umschreibungen verweisen *gleichermaßen* auf eine Mystifizierung, auf Autonomiewünsche und Autonomieerleben und Idylle-Utopien.

Die von der Stadt Osnabrück verordnete Schließung des »Hyde Parks« im Sommer 1983 wurde als Angriff auf die eigene Lebensform erlebt und mit Gegenwehr beantwortet, ganz so, wie andernorts Jugendliche zu dieser Zeit um »ihre« Orte »kämpften« (»Züri brennt«) und mit Hausbesetzungen und Demonstrationen gegen staatliche Großprojekte protestierten *und* lebten. Eine junge Punk-Frau sagte im bereits erwähnten Videodokumentarfilm »Hyde Park«: »Und außerdem geht es nicht nur um den ›Hyde Park‹. Es geht gegen die Bullen, gegen den Staat, gegen alles.« Damit war der »Hyde Park« mehr als eine normale Diskothek, er war zu seiner Zeit und in seiner Zeit ein von allen Seiten umkämpftes »Symbol«.

Quellen

Dieter Baacke: Jugend und Jugendkulturen. Darstellung und Deutung. Weinheim: Juventa, 1987
Willi Bucher & Klaus Pohl: Schock und Schöpfung. Jugendästhetik im 20. Jahrhundert. Darmstadt: Luchterhand, 1986.
John Clarke u. a.: Jugendkultur als Widerstand. Milieus, Rituale, Provokationen. Frankfurt/M.: Syndikat, 1979.
Klaus Farin: Über die Jugend und andere Krankheiten. Essays und Reden 1994-2008. Berlin: Archiv der Jugendkulturen, 2008.
Günter Mey: Adoleszenz, Identität, Erzählung. Theoretische, methodologische und empirische Erkundungen. Berlin: Köster, 1999.
Günter Mey: Immer diese Jugendforschung! Psychologie & Gesellschaftskritik, 35 (2), 2011, 27-49.
Günter Mey & Günter Wallbrecht: Hyde Park. Ein Ort zum Schreien. Videodokumentarfilm, 1988.
Horst F. Neißer, Werner Mezger & Günter Verdin: Jugend in Trance? Diskotheken in Deutschland. Heidelberg: Quelle & Meyer, 1979.
Friedrich H. Tenbruck: Jugend und Gesellschaft. Soziologische Perspektiven. Freiburg i. Br.: Rombach, 1962.
Hans-Jürgen Wirth: Die Schärfung der Sinne. Jugendprotest als persönliche und kulturelle Chance. Frankfurt/M.: Syndikat, 1984.

Peter Clasen: Der »Hyde Park« – unser schwuler Freiraum

Was mich an früheren deutschen Fernsehkrimis immer wahnsinnig genervt hat, waren diese blöden Fragen, was man denn vor 23 Tagen um 17.35 Uhr so getrieben hätte. Meine Antwort: Ich habe keinen Schimmer. Auch was ich vor 30 Jahren im »Hyde Park« gemacht habe, weiß ich nicht wirklich mehr. Ich war um die 20, hatte noch alle Haare auf dem Kopf, mochte laute Musik und trank gerne Bier, das reicht doch schon! Nur da und dort blitzen kleine Erinnerungspartikel auf: Wie ich braver Student eine kesse Matrosenjacke angezogen hatte und mit gestylter Frisur auf den Holzkästen neben der Tanzfläche wippte. Wie ich Nichttänzer nach reichlich Apfelkorn (Modedroge!) doch noch übers Parkett gefegt bin. Wie glücklich ich war, wenn mir der DJ verriet, was er gerade Tolles aufgelegt hatte. Oder wie ich auf »Chant No. 1« von Spandau Ballet und »Dreiklangsdimensionen« von Rheingold ausflippte.

Das tatsächlich Bemerkenswerte am »Hyde Park« aber war, dass man sich geben konnte, wie man wollte – eben auch als Schwuler. So war halt das Publikum: Jeder kam rein, und alle ließen einander in Frieden. Und so war Chefin Conny, die uns immer mochte. Einmal trat bei ihr sogar der offen schwule Jürgen Zeltinger mit seiner Band auf (die Kölner Wuchtbrumme in der Leopardenfellhose), und auch die schwule Agitprop-Theatergruppe Brühwarm aus Hamburg hatte einen Auftritt im »Hyde Park« – einer der Mitspieler war der heutige Reeperbahn-Impresario Corny Littmann (der im »Park« nach dem Schlussapplaus direkt von der Bühne auf die Tanzfläche wechselte), die Musik steuerte der spätere »König von Deutschland« Rio Reiser mit seiner Band Ton Steine Scherben bei. Die viel gepriesene Toleranz – hier war sie zuhaus!

Wenn mittwochs die Schwulengruppe AHO (Aktionsgruppe Homosexualität Osnabrück) in der Lagerhalle tagte, schloss sich häufig eine gemeinsame Fahrt in den »Hyde Park« an, um die emanzipatorischen Ideale gleich mal in der Praxis auszutesten. Dazu stellte man sich gegenüber vom Heger Tor an den Anfang der Lotter Straße und streckte den Daumen raus. Endlich angekommen, konnte man auch als Männerpaar schwofen und knutschen, ohne Schläge zu riskieren (was ich in anderen Diskos durchaus erlebt habe), und wer besonders keck war, übte sich im »Heten-Anmachen« – also einfach mal den hübschen Jungs sagen, wie hübsch sie sind, auch wenn die Freundin danebensteht.

Natürlich konnte man auch in die reguläre Homokneipe »Gentleman« in der Wiesenbachstraße gehen, doch Läden wie diese waren damals noch von der Zeit der jahrzehntelangen Verfolgung und Angst geprägt: Erst wenn man auf die Klingel drückte und durch ein Guckloch inspiziert wurde, durfte man eintreten … Das war also keine Alternative zum »Hyde Park«. Schon gar nicht in unserer Sturm-und-Drang-Zeit.

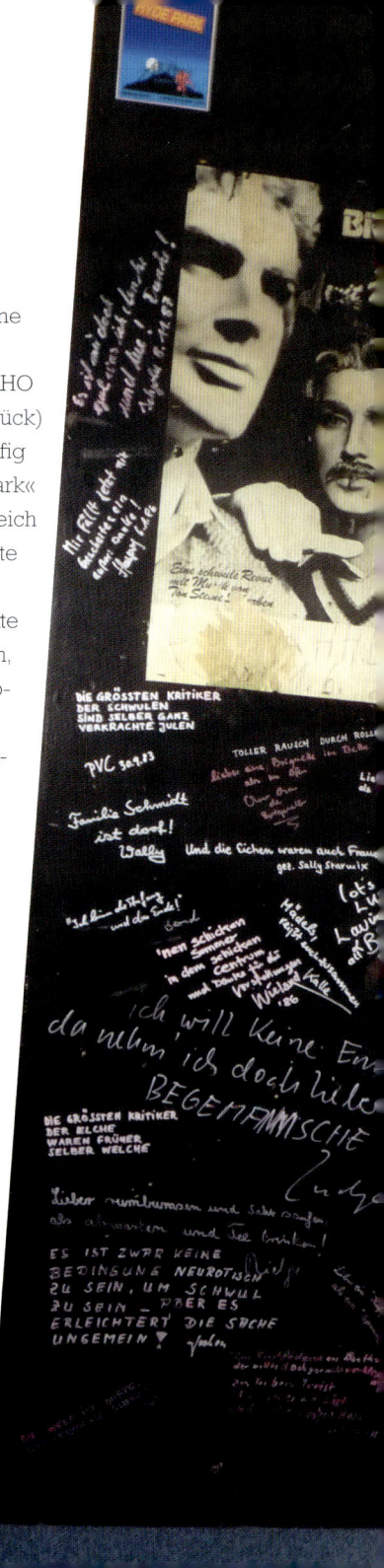

Martin Sonneborn: Ja, so war es ...

Es gab zwei beeindruckende Erlebnisse im Osnabrück der frühen Achtzigerjahre, an die ich mich recht gut erinnere.

Das eine war ein Tor, ja, wirklich, ungelogen, ein Tor des damaligen VfL-»Stürmers« Detlef Olaidotter. Ich habe ihn nie im Leben bewusst ein Tor schießen sehen, obwohl ich bei vielen, vielen Spielen des VfL Osnabrück war. Dabei hat Olaidotter sich jahrelang wirklich um Torgefahr bemüht, zumeist im Bereich der Eckfahne; herrlich, wie seine hellblonden Dauerwellen flogen bei kunstvollsten Pirouetten und doppelten Rittbergern!

Dann hat er eines Tages das Tor des Jahrhunderts geschossen: Bei einem miserabel getimten Flugkopfball flog Olaidotter unter dem Ball her und beförderte ihn aus Versehen, parallel zum Boden schwebend, mit seinem angewinkelten linken Bein bzw. der Hacke ins Tor, bevor er staunend auf die Fresse flog. Das Publikum brüllte ohrenbetäubend, es war eine Mischung aus Fassungslosigkeit und Häme mit einem Schuss ehrlicher Begeisterung. Leider war gerade keine Kamera auf ihn gerichtet, sonst wäre seine Karriere zweifellos anders verlaufen. Das zweite Erlebnis war ein nächtlicher Besuch im »Schweizerhaus«; meine Eltern waren verreist und Axel Busmann, der einzige Rocker an der Ursulas-Schule, hatte mich auf seinem frisierten Kleinkraftrad mitgenommen. Vergeblich versuchten wir cool zu wirken, nachdem wir den Einlass überwunden hatten und uns eine Welt aus brachialem Lärm, undurchsichtigem Zigarettenrauch und ungekannten süßlichen Gerüchen umfing. Mit großen Augen streiften wir umher, bis wir in einen Raum kamen, in dem auf einer dunklen Bühne ein berauschtes Paar den Geschlechterverkehr vollzog. Das Publikum brüllte, feuerte die beiden an; es war eine Mischung aus ehrlicher Begeisterung und Häme mit einem Schuss Fassungslosigkeit.

Im ersten Semester Publizistik in Münster versuchte ich, Osnabrück etwas aufzuwerten, indem ich berichtete, dass zur Schließung des »Schweizerhauses« sogar Bereitschaftspolizisten aus Hannover anrücken mussten.

Die schwarze Tür wurde aus der »Hyde Park«-Ruine gerettet und steht heute in Hamburg. Aufgeklebt ist das Plakat zu einer Revue der schwulen Agitprop-Theatergruppe »Brühwarm« aus Hamburg – einer der Mitspieler war der heutige Reeperbahn-Impresario Corny Littmann, die Musik steuerte der spätere »König von Deutschland« Rio Reiser mit seiner Band »Ton Steine Scherben« bei.

Martin Barkawitz: Der »Hyde Park« – eine Drogenhölle?

War der »Hyde Park« wirklich das von Haschisch-Wolken eingenebelte Sodom und Gomorrha, als das er von seinen Gegnern verteufelt wurde? Vor der Etablierung der Kultdisko galten das damalige »Deutsche Haus« und das »Fättken« in der Altstadt als Treffpunkte langhaariger Jugend sowie als Kiffer-Eldorados. Mit der Schließung dieser beiden Lokale verlagerte sich auch die öffentliche Wahrnehmung, wie das »Stadtblatt« 1983 analysierte: »Hochwillkommen muss der Stadt (Osnabrück) da ursprünglich die Eröffnung des ›Hyde Parks‹ gekommen sein, denn nicht nur die Bewegung für ein unabhängiges Jugendzentrum verschwand, auch die Altstadt wurde frei für ein ›ordentliches‹ Vergnügungsviertel, wie es heute existiert.«

Sicher ist: Der »Hyde Park« spielte in der Entwicklung der Osnabrücker Drogenszene eine Rolle, wenngleich er auch kein Alleinstellungsmerkmal hatte. Der ehemalige Pressesprecher der Osnabrücker Polizei Ernst Hunsicker schreibt in seinem Buch »Highlights: Authentische Polizei- und Kriminalgeschichten – Von der Polizeischule (1962) bis zur Pensionierung (2004)«: »Die ersten illegalen (Weich-)Drogen brachten Ende der Sechzigerjahre ganz offensichtlich – auch bekannte – Bands aus den Niederlanden und England nach Osnabrück, die im ›Schweizerhaus‹ an der Rheiner Landstraße ›aufspielten‹. Sie hatten nicht nur Groupies im Gefolge, sondern auch Cannabisprodukte im Gepäck.«

Bei weichen Drogen blieb es allerdings nicht; in den Siebzigerjahren wurde das Osnabrücker Land beispielsweise vom Drogentod der Bramscher Geschwister Traute und Rainer D. erschüttert. »Es war Heroin: Die Spur führt in den ›Hyde Park‹«, titelte die »Neue Osnabrücker Zeitung« damals. Dennoch sollte die Rolle des »Hyde Parks« als Drogenort auch nicht überbewertet werden, jedenfalls nicht Ende der Achtzigerjahre. So lautete ein handschriftlicher Vermerk auf einer Liste der Kriminalpolizeiinspektion Osnabrück vom Mai 1989: »20 Prozent der BtMG (Betäubungsmittelgesetz)-Delikte entfallen in Os auf den ›Hyde Park‹.«

Die lokalen Kiffer und Junkies kannten die Szene natürlich wie ihre Westentasche. Sie wussten, wo sie bekamen, was sie haben wollten. Doch für ortsfremde Provinz-Konsumenten war der »Hyde Park« stets die erste Anlaufadresse, was auch der Polizei nicht verborgen blieb. Dazu erneut Ernst Hunsicker: »Alle Fahrzeuginsassen, die aus Regionen bis zu einer Entfernung von 100 km rund um Osnabrück kamen, hatten nur ein Bestreben: Kauf von Weichdrogen und Kokain. Die Händler gingen arbeitsteilig vor (›Anbahner‹, ›Depotwächter‹, ›Geldhalter‹). Mehrere Erddepots (›Bunker‹) befanden sich ganz offensichtlich in einem kleinen Birkenbestand hinter dem ›Park‹.«

Blick vom Piesberg auf den Zeltbau mit dem Grünstreifen, in dem Dealer ihre Ware horteten.

Doch nicht nur Gäste, auch einige »Hyde Park«-Mitarbeiter frönten dem Rausch. Nicht nur mit Alkohol oder illegalen Drogen, sondern auch mit psychogenen Pilzen. Der spätere Stadtjugendpfleger Hans-Georg Weisleder erzählt aus der Zeit um 1978 von einem solchen Fall, ohne den Namen des Mannes zu nennen: »Tom Bullmann, wenn ich das richtig in Erinnerung habe, ist eingesprungen für einen Diskjockey, der zur Pilzsaison sehr unzuverlässig wurde. (…) Der Kollege hatte in der Pilzsaison ganz dicke Augen und war ziemlich ›high‹. Der stand in dieser Zeit ganz schön zu. (…) Und andere auch hinter der langen Theke. Allerdings vermutlich von anderen Drogen. Es war ja nicht nur ein Gerücht, dass einzelne Mitarbeiter Drogen nahmen. Das war tatsächlich so. Und einigen ist das nicht gut bekommen, wie sich später herausgestellt hat, da sie beruflich gescheitert oder sogar an Drogenmissbrauch gestorben sind.«

Im Jahr 2011 gehört die Bedeutung des »Hyde Parks« als Drogenumschlagplatz längst der Vergangenheit an. Staatsanwalt Uwe Wahlbrink befasst sich bei der Staatsanwaltschaft Osnabrück hauptsächlich mit Straftätern, die gegen das Betäubungsmittelgesetz verstoßen haben. Nach seiner Einschätzung hatte der »Hyde Park« für die einschlägige Szene seine Blütezeit zwischen 1985 und 1990. Auch als überregionaler Anlaufpunkt für Drogenkonsumenten spielt der »Hyde Park« nicht mehr die Rolle wie in früheren Jahren.

»Den Betreibern konnte man es nicht anlasten, dass der ›Park‹ so eine Anziehungskraft für Konsumenten hatte«, sagt der Staatsanwalt. »Und die illegalen Geschäfte haben sich ohnehin draußen auf dem Parkplatz und in der Umgebung abgespielt.«

Das sogenannte »Osnabrücker Modell« eines Präventivkonzepts mit Platzverweisen und Verfolgungsdruck gegenüber Dealern und Süchtigen wurde inzwischen auch von anderen Städten und Gemeinden übernommen. Die Drogen haben sich teilweise geändert – Haschisch wurde durch Marihuana verdrängt, Kokain ist inzwischen weiter verbreitet als in den Achtzigerjahren, und auch Amphetamine werden immer mehr zu einem Thema.

Unabhängig vom »Hyde Park« ist Osnabrück durch seine Nähe zu den Niederlanden und seine verkehrsgünstige Lage nach wie vor eine Stadt mit Drogenproblemen. Darüber macht sich Uwe Wahlbrink keine Illusionen: »Dort, wo sich junge Menschen treffen, und sei es auf Schulhöfen, da wird heutzutage auch mit Drogen gehandelt. Wer das leugnet, der ist nicht von dieser Welt.«

Quellen

Martin Barkawitz: Interview mit Uwe Wahlbrink, 2011.
Ernst Hunsicker: Highlights. Authentische Polizei- und Kriminalgeschichten. München 2009.
Liste der Kriminalpolizeiinspektion Osnabrück, am 10. Mai 1989, Depositum 3c, Nr. 1800, Staatsarchiv Osnabrück.
han: Es war Heroin: Die Spur führt in den »Hyde-Park«. »Neue Osnabrücker Zeitung«, 3.11.1979.
O. V.: Drogenumschlagplatz Altstadt. »Stadtblatt Osnabrück«, Oktober 1983, S. 4 ff.

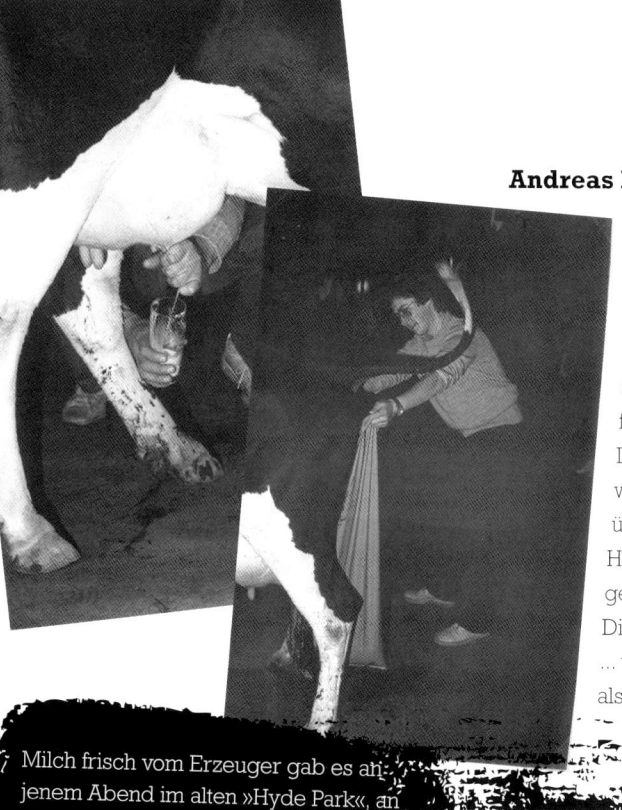

Andreas Mand: Kleinstadthelden[14]

Wir standen zusammen auf der »Tunnel«-Bühne. Wir zeigten Kraaker-Filme aus Amsterdam ... auf ein knittriges Bettlaken projiziert ... der Ton funktionierte nicht, aber Weko, Günther und Jürgen kommentierten auf ihre Art. Das »Tunnel«-Publikum schwankte zwischen Beifall für die militanten Szenen und Zurufen wie: »Mehr Sachlichkeit, bitte!« oder auch nur: »Musik!« Die Betreiberin des »Tunnels« sagte nervös, es gebe gleich wieder Musik. Der Discjockey, den ich aus der Uni kannte, sagte über sein Konkurrenzmikro, die Minderjährigen sollten nach Hause gehen. »Sie sollen bleiben«, rief Weko, »denn genau um sie geht's!«

Die Anwohner des »Tunnels« prozessierten ... fühlten sich belästigt ... von Menschenmassen und wild parkenden Autos ... das hätte ich als geplagter Altstadtbewohner eigentlich verstehen müssen ...

Der »Tunnel« war so wichtig, weil er keinen Eintritt kostete. Die Musik war höchstens an schlecht besuchten Tagen zu ertragen, und auch erst weit nach Mitternacht. Es war was anderes, für den »Tunnel« kämpfen zu wollen, als für ein unabhängiges Jugendzentrum, beispielsweise.

Und das wußte auch die Betreiberin, die sich gleich Sprüche anhören mußte wie: »Für diesen Konsumschuppen gehe ich nicht auf die Straße!«

Und ich mit Jürgen auf der Bühne ... ins Mikrophon überlegend, »zusammensitzen« reiche nicht, man müsse schon »zusammen aufstehen«. Was hätte Lutz gesagt, diese behindertenfeindlichen Metaphern mal wieder.

Zuruf aus dem Publikum: »Auf dein scheißintellektuelles Gelaber kann ich verzichten!«

Milch frisch vom Erzeuger gab es an jenem Abend im alten »Hyde Park«, an dem ein übermütiger Jungbauer eine seiner Kühe mit auf die Tanzfläche nahm.

---

14 Aus: Andreas Mand, Kleinstadthelden. Roman, Zürich 1996 (S. 216 f.). Abdruck mit freundlicher Genehmigung des Autors.

**Tom Bullmann: Wanderbewegungen –
Der »Hyde Park« und seine Standortwechsel**

Betrachtet man progressive gesellschaftliche Entwicklungen, stellt man häufig fest, dass sich die Urheber solcher Bewegungen der Bedeutung ihres Tuns gar nicht bewusst sind. Wie es im Leben passiert: Man ist jung, macht das, was einem Spaß bringt, und plötzlich stellt man fest: Hoppla, da ist aber ganz schön etwas ins Rollen gekommen. Ähnlich muss man die Geschichte des »Hyde Parks« betrachten, in der Zufälle stets eine wichtige Rolle spielten. So begab es sich, dass der Osnabrücker Konzertveranstalter und Gastronom Gerd Ebel in Rüschendorf nördlich von Osnabrück ein Ausflugslokal betrieb, in dem eine Studentin namens Cornelia Overbeck als Aushilfe arbeitete. Aufgrund ihrer kommunikativen und geschäftstüchtigen Art bot Ebel ihr einen Job in Osnabrück an. Gerade hatte er dort eines der ehemals schönsten Ausflugslokale am Rande der Stadt, das »Schweizerhaus«, übernommen. Im Saal spielten ab und zu Beatbands, »nach hinten raus« konnte man Kaffee und Kuchen zu sich nehmen, und in der ersten Etage befanden sich einige Hotelzimmer, die zu Anfang auch noch vermietet wurden.

Die Ur-Besetzung

Für dieses Lokal suchte Ebel eine Mitarbeiterin, die sich um das tägliche Geschäft kümmerte. Conny Overbeck nahm den Job gerne an, denn so war sie nicht mehr auf dem Lande, sondern in der Stadt, am Puls der Zeit. Und sie war einer gewissen Szene näher, die sich schon bald im »Schweizerhaus« etablieren sollte. Da gab es beispielsweise zwei Mitarbeiter des »Grammophons«, der seit 1968 bestehenden ersten Rockdisko Osnabrücks. Pete Foss und Ralf Plogmann hatten dort eine Kombination aus zwei Jobs übernommen: Weil es das Berufsbild des Diskjockeys so noch nicht gab, standen die beiden hinter der Theke und legten, manchmal mit biernassen Händen, eine neue Schallplatte auf den Plattenspieler. Pete »Fossi« Foss, gebürtiger Brite, war mit seinem Vater nach Deutschland gekommen, einem Angehörigen der British Army. Ralf Plogmann, genannt Ploggi, hatte als Möbelpacker in den britischen Kasernen gearbeitet und Pete Foss im nahe gelegenen »Grammophon« kennen gelernt. In ihrer Freizeit trafen sich die beiden häufig mit Conny und mit deren Freund Jürgen Schwabe. Schwabe arbeitete damals im »Fättken«, einer beliebten Kneipe in der Osnabrücker Altstadt, in der sich das eher alternative Publikum traf. Betreiber dieser Kneipe war Eddie Whitehead, der später auch eine Rolle in Bezug auf den »Hyde Park« spielen sollte.

»Wir spielten gemeinsam Rommé oder Canasta«, erinnert sich Ralf Plogmann. Außerdem gab es einen speziellen Grund, warum man sich schon bald im »Schweizerhaus« traf: »Dort standen zwei oder drei fast neue Billardtische. Die waren so gut erhalten wie kaum andere in der Osnabrücker Gastroszene«, so Pete Foss. Während Pete und Ploggi sich also bei Conny und Schwabe zum Kartenkloppen und Billardspielen trafen, zeigte sich immer deutlicher, dass sich das von Gerd Ebel betriebene, riesige Vergnügungslokal nicht rentierte. Daher entstand die Idee, das »Schweizerhaus« zu übernehmen und daraus eine Diskothek zu machen.

»Das ›Grammophon‹ und die ›Drehorgel‹ waren relativ klein«, erklärt Plogmann. »Wenn man einen größeren Laden oder überhaupt etwas Anderes sehen wollte, musste man ins ›Albatros‹ nach Mesum bei Rheine fahren oder gar zu Meta in Norddeich an der Küste.« Warum also nicht vor Ort das »Schweizerhaus« zu einer Disko mit Live-Musik umfunktionieren? Die Örtlichkeiten boten alles, was man brauchte: In dem alten Fachwerkhaus gab es eine Kneipe, eine professionelle Küche, einen lang gestreckten Wintergarten, den man zur Teestube machen konnte, und eine Bühne in einem Saal für schätzungsweise 1.000 Personen. Darüber hinaus war Conny bereits in die Geheimnisse der Gastronomie und die Spezialitäten gerade dieses Etablissements eingeweiht, Schwabe hatte als Bierzapfer im »Fättken« Erfahrungen gesammelt. Ploggi und Pete bildeten die »kreative Zelle«: Da sie beide Musiker waren, kannten sie sich gut in der Musikszene aus, konnten als Diskjockeys arbeiten und sich auch um das Live-Programm kümmern.

Als Conny dann eine Erbschaft in Höhe von 15.000 DM machte, stand der Beschluss zur Übernahme fest, und Conny ging mit ihrem Ansinnen auf Gerd Ebel zu. »Ich habe ihr davon abgeraten«, so Ebel. Sie solle ihr Geld doch gewinnbringender anlegen, weil das mit dem »Schweizerhaus« nichts werden könne, sei sein Tipp gewesen. Doch Conny ließ sich nicht abschrecken. Zusammen mit Jürgen Schwabe und dem bereits erwähnten Eddie Whitehead, der offenbar als erfahrener Gastronom mit ins Boot geholt worden war, ging man an die Arbeit. Nachdem sie mit einem Team aus Freunden und zum Teil recht eigenwilligen Individuen das alte Gebäude »auf Vordermann« gebracht hatten, eröffnete am 15. Mai 1976 zunächst die Kneipe, am 18. Juni 1976 wurde der Saal mit einem Konzert der ungarischen Band Omega eingeweiht.

Mit dem Gesicht zur Kamera: DJ Ralf Plogmann, genannt Ploggi.

Die ersten Probleme

Montags war Ruhetag, an den anderen Tagen der Woche war der »Hyde Park« geöffnet. Um 17 Uhr öffnete die Kneipe, der Saal mit der Diskothek wurde um 20 Uhr aufgesperrt, und es dauerte gerade an Wochenenden und später auch mittwochs höchstens bis 22 Uhr, dann platzte der Laden aus allen Nähten. Trotz des sperrmülligen Ambientes, trotz einer scheppernden Musikanlage, die man heute nicht mal mehr zur Beschallung einer Kellerbar einsetzen würde, und trotz einer minimalistischen Lichtanlage, die das Geschehen auf der Tanzfläche eher schummerig illuminierte, fühlte sich das Publikum offenbar wohl – vielleicht gerade wegen dieser besonderen Verhältnisse, denn die zum Teil arg psychedelische Musik, die gespielt wurde, auch Rock und später Punk hätten sich mit einem Schickimicki-Flair wohl kaum vertragen. Da erwies sich die Sektbar, die alsbald rechts neben der Bühne eingerichtet wurde und eine eigene Stammkundschaft anzog, schon als das Nonplusultra an akzeptierter Dekadenz für die Hippies, Freaks, Spät-68er und

Neopunks, die hier verkehrten. Aber genau dieses Publikum, nonkonformistisch in Bezug auf Aussehen, Musikgeschmack sowie andere Gewohnheiten und Attitüden, erregte den Unmut des Bürgertums. Es dauerte kein halbes Jahr, dann wurden der Konzessionärin des »Hyde Parks« die ersten Steine in den Weg gelegt. Die Maßnahmen der Stadt liefen auf eine Schließung hinaus.

»Oberstadtdirektor Wimmer war meines Erachtens die Triebfeder für den Ärger, den wir schon bald mit der Stadtverwaltung hatten«, meint Conny Overbeck. Das Damoklesschwert, das von 1977 an über dem »Hyde Park« schwebte, warf interessanterweise keinen Schatten auf die Atmosphäre in der Lokalität. Zwar wurde bisweilen der Stand des Rechtsstreits Conny Overbeck versus Stadt Osnabrück und Anwohner ausgetauscht, aber als Bedrohung wurde dieser nie angesehen. Bei den Mitarbeitern des Rock-Schuppens wurde das Thema eher verdrängt. »Da ist nicht viel drüber gesprochen worden«, so Conny Overbeck im Interview.

Der Rechtsstreit währte mehrere Jahre.[15] Offenbar agierte das von Conny Overbeck beauftragte

15   Siehe den Text »Brennpunkt ›Hyde Park‹« in diesem Band.

Der Aufbau des großen Zirkuszeltes wollte erst einmal gelernt sein. Nicht alles klappte auf Anhieb.

Die angekündigte Schließung des Zeltes weckte Besorgnis unter einigen »Hyde Park«-Besuchern, die erneut zu Demonstrationen aufriefen.

Anwaltsbüro so geschickt, dass die Stadt Osnabrück – zunächst – keine Möglichkeit fand, den »Hyde Park« tatsächlich zu schließen. Bis Conny Overbeck schließlich mit der Stadt Osnabrück in einem Kompromiss vereinbarte, das Lokal an der Rheiner Landstraße zugunsten eines neuen Standortes aufzugeben und zum 1. August 1983 zu schließen.

Die Schließung

Am 31. Juli 1983 kam es zu einer Abschlussparty, die Geschichte schreiben sollte. Diskjockey Christoph Hobein, bekannter als DJ Brownie, erinnert sich: »Ich habe bis 24 Uhr Platten aufgelegt. Unter anderem habe ich ›Macht kaputt, was Euch kaputt macht‹ von den Ton Steine Scherben, ›Street Fighting Man‹ von den Rolling Stones und ›Holiday in Cambodia‹ von den Dead Kennedys gespielt. Conny hat sich ›Verdamp lang her‹ von BAP gewünscht, was sonst gar nicht in mein Repertoire passte. Aber es war halt der finale ›Hyde Park‹-Abend, und wir wollten das Protestszenario durchaus unterstützen. Als definitiv letzte Nummer spielte ich den ›Ritt der Walküre‹ von Richard Wagner. Dann habe ich mir ein Tuch umgebunden, bin rausgegangen und habe mich von der Protestwelle mitreißen lassen.«

Angeblich waren bereits um 22.30 Uhr die ersten Flaschen auf die Rheiner Landstraße vor dem »Hyde Park« geworfen worden. Schließlich entlud sich, auch angestachelt durch die massive Polizeipräsenz, offenbar der ganze Zorn der jungen Leute, der sich aufgrund der jahrelangen städtischen Torpedierung »ihres Ladens« aufgestaut hatte. Die Kämpfe waren vehement. Zahlreiche Demonstranten und Polizisten wurden verletzt.

Carlo Korte (links) und Kollegen errichten das Chapiteau.

Nach dieser massiven Randale wurde dem »Hyde Park« damals das endgültige Aus prophezeit. Es hätte wohl niemand einen Pfennig darauf gewettet, dass es den »Hyde Park« im Jahr 2011 oder darüber hinaus immer noch geben würde.

Der Grundriss des Zirkuszeltes diente als Vorbild für den Holzba[u] (rechts ein Foto vom Richtfest), d[er] das Provisorium ablöste.

Der »Circus Hyde Park«

Dennoch geschah die Wiederauferstehung des ungeliebten Jugendtreffpunkts schneller, als vielen Gegnern recht war. Schon am 27. August 1983 wurde der »Circus Hyde Park« am Fürstenauer Weg eröffnet. Dabei handelte es sich um ein kurzfristig angemietetes, riesiges Zelt der Zirkusdynastie Althoff, das im Eilverfahren in eine Diskothek umfunktioniert worden war.

»Die Zeit im Zelt war für mich bisher die schönste Etappe«, erinnert sich Rock 'n' Roll-Gastronomin Conny Overbeck. »Das hatte ein ganz besonderes Flair. Wir campierten in Wohnwagen und lebten fast wie Zirkusleute.« Der Rock 'n' Roll-Zirkus brachte neuen Schwung in den »Hyde Park«. Denn der Spaß und die Euphorie, mit der Overbeck und ihr Team seinerzeit zur Eröffnung ihres »Ladens« an der Rheiner Landstraße angetreten waren, hatten mit der Zeit nachgelassen. Routine bei der Abwicklung des »Geschäfts« hatte sich breitgemacht. »Steuern, Abgaben, Papierkram ohne Ende, der Rechtsstreit, die Verantwortung gegenüber Festangestellten und Gästen ... da blieb bald nicht mehr viel Spaß übrig«, meint Overbeck. Der neue Standort, viele neue Gäste, die durch die Krawalle neugierig geworden waren, und vor allem die Zelt-Konzerte, beispielsweise mit Nina Hagen, den Sisters Of Mercy (»Mehr Nebel, als dass man die Band gesehen hätte ...«) und Golden Earring brachten wieder Pep ins »Business«.

Der Auftritt von Golden Earring im Zelt brachte dem »Hyde Park« Anwohnerbeschwerden wegen Lärmbelästigung ein.

Zwischenstation Halle Gartlage

Was jedoch von vornherein klar war: Das Zelt war nur eine Übergangslösung. Nachdem sich alle Beteiligten über den Standort am Fürstenauer Weg geeinigt hatten, wurde ein fester Holzbau, der architektonisch an ein Zelt erinnern sollte, geplant. Daher wurde der »Circus Hyde Park« am 30. November 1984 geschlossen, das Zelt abgeräumt und an derselben Stelle mit den Bauarbeiten begonnen. Um den »Hyde Park« während der Bauphase nicht in Vergessenheit geraten zu lassen und um die vielen Beschäftigten des Unternehmens in dieser Periode nicht entlassen zu müssen, entwarf Conny Overbeck ein Überbrückungskonzept. Die Halle Gartlage, die in der Regel für Viehauktionen und gelegentlich für Konzerte genutzt wird, wurde an diversen Wochenenden zum Party-Dom

Die Kuppel des Holzbaus mit den Lichteffekten aus der Werkstatt von Walter Hauser (siehe Interview).

ANSICHT SÜD-OST

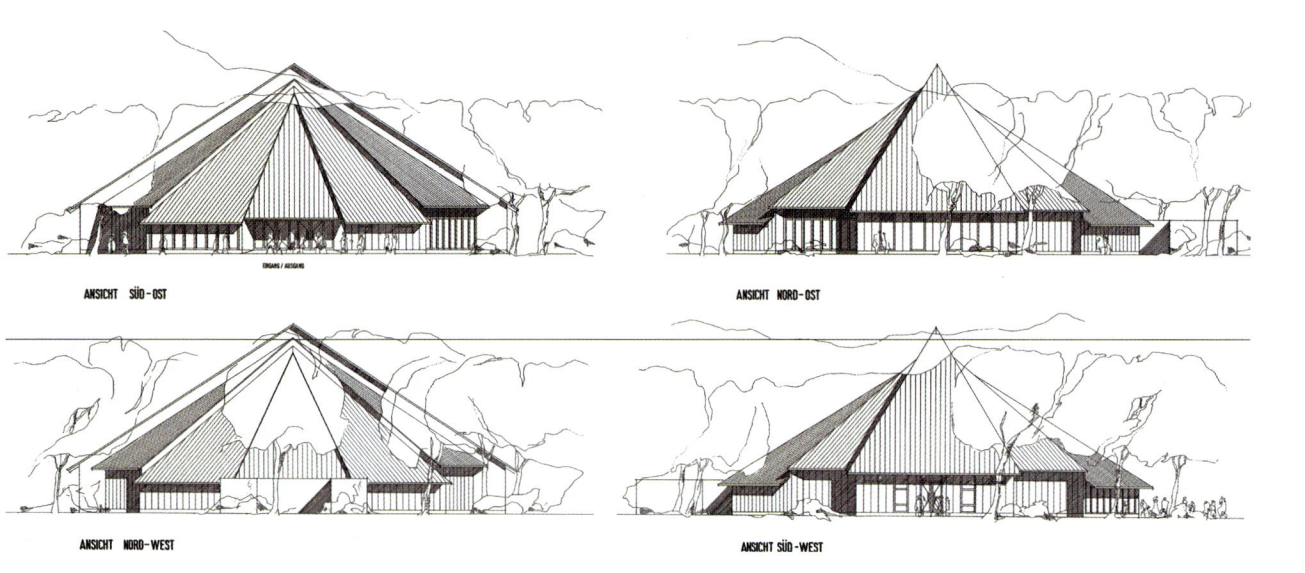

ANSICHT NORD-OST

ANSICHT NORD-WEST

ANSICHT SÜD-WEST

umfunktioniert. Tausende von Gästen bewegten sich enthusiastisch zur Musik, die jetzt von einer selbst entwickelten, einzigartigen Lichtanlage in Szene gesetzt wurden. [16]

Der Holzbau im Aufriss (oben) und in späteren Jahren, von Grün umwuchert und von Wind und Wetter zersetzt.

Der Holzbau

Am Fürstenauer Weg wurde derweil in relativ kurzer Zeit der Holzbau errichtet. Alles deutete darauf hin, dass es hier wenig Reibungsverluste geben würde: Der Stress mit Anliegern war auf ein Minimum reduziert. Außerdem sollte das Gebäude so konzipiert sein, dass man es schnell demontieren und an anderer Stelle wieder aufbauen konnte – für den Fall, dass das vorgehaltene Areal einer anderen Nutzung zugeführt würde. Denn auf Dauer plante die Stadt Osnabrück, dort ein Güterverkehrszentrum zu errichten, dem der »Hyde Park« dann im Weg gestanden hätte.

Zwar wurden diese Pläne nie umgesetzt, dennoch mussten Conny Overbeck und ihr Team nach vierzehn Jahren ihre Theken im Holzbau wieder abbauen. Der Pachtvertrag für das Gelände, auf dem der Holzbau stand, war gekündigt worden. Also wurden am 6. Februar 2000 die Pforten geschlossen. Der Abriss des Gebäudes wurde unverzüglich in Angriff genommen, denn der Platz musste innerhalb von zwei Wochen frei geräumt werden, damit die geforderte »besenreine«

Übergabe möglich war. So wurden Overbecks Pläne vereitelt, einen nahtlosen Übergang von einer »Hyde Park«-Location in die andere hinzubekommen. Denn schon bei der Kündigung des Pachtvertrages wurden erneut intensive Verhandlungen bezüglich eines neuen Standortes geführt. Da sich der Fürstenauer Weg bewährt hatte, wurde eine Lösung gefunden, die der Odyssee ein Ende bereiten sollte. Das Grundstück genau gegenüber dem Holzbau wurde erschlossen, um dort einen Stahlbeton-Neubau zu errichten. Dieses Vorhaben erwies sich allerdings aus unterschiedlichen Gründen als schwierig. »Der Zeitplan konnte nicht eingehalten werden, weil wir auf das Schallgutachten warten mussten«, erklärte die Bauherrin. »Außerdem hat sich der erste Bauunternehmer, den wir mit der Erstellung des Neubaus beauftragt hatten, als unseriös herausgestellt«, so Overbeck. Hinzu kam, dass die Auflagen für die Genehmigung des Diskothekenbaus umfangreicher waren als beim Vorgänger. Umfassende Schalldämmung und großzügigere Sozialräume machten es beispielsweise nötig, die ursprünglichen Planungen über den Haufen zu werfen.

Als der Rohbau fertig gestellt war, wurde darin ein Partywochenende veranstaltet, um den Fans des Tanztempels die Wartezeit bis zur Neueröffnung zu verkürzen. Unter dem Titel »Golden Summer Jam« wurde am Abend des 31. August der Kultfilm »From Dusk Till Dawn« gezeigt – in einem Gebäude ohne Dach. Am nächsten Abend traten die Killer Barbies und New Model Army auf die bereits fertig gestellte und nur behelfsmäßig überdachte Bühne, um den mehr als 1.500 Gästen mächtig einzuheizen.

Die Dachkonstruktion des Festbaus, der nach Abriss des Holz-»Parks« auf der gegenüberliegenden Straßenseite errichtet wurde.

Schließlich war es dann so weit: Am 30. November 2000 konnte der finale Festbau eröffnet werden, der natürlich wieder den Namen »Hyde Park« trägt. »Hier bleib ich mit meinem Laden, denn noch einmal ziehe ich nicht mehr um«, meinte Conny Overbeck während der Eröffnungsfeierlichkeiten, »Außerdem laufen die aktuellen Kredite bis zum Jahr 2020. Dann bin ich 68 Jahre alt und höre auf. Dann habe ich genug Rock 'n' Roll gehabt«, meinte sie mit einem Augenzwinkern.
Warten wir es ab.

Laute Musik, hundert Gesichter, hundert Stimmen ...

Interview mit Alois Eilermann

»Wo kämen wir hin, wenn alle sagten, wo kämen wir hin und niemand ginge, um einmal zu schauen, wohin man käme, wenn man ginge.« – Dieses Zitat von Kurt Matti ist ein Lebensmotto von Alois Eilermann. Zwei Jahrzehnte hat Alois die Osnabrücker Szene lebhaft mitgestaltet. Von 1980 bis 1986 war er freier Mitarbeiter in der »Hyde Park«-Crew. Er war der Mann, der den stärksten Kaffee nördlich von Äthiopien über die »Hyde Park«-Theke in der Teestube schob. Zudem gestaltete er die Werbung des »Parks« und brachte das Veranstaltungs- und Unterhaltungsmagazin »Terminal« heraus. Alois Eilermann lebt heute mit seiner Familie in Bramsche.

Alois, nachdem der »Hyde Park« 1983 an der Rheiner Landstraße geschlossen worden war, stand die Szene vor der Frage »Was nun?«. Nach meinen Informationen hast Du damals die Idee eingebracht, ein großes Zirkuszelt von Althoff anzumieten. Wie war das damals?

Vorbild für mich war das Zelt des »Tempodrom« in Berlin. Zwar war das »Tempodrom« keine Diskothek, aber es war eine Ahnung davon, wofür ein Zirkuszelt jenseits des herkömmlichen Betriebes verwendet werden kann. Ich war überzeugt, das geht auch mit dem »Hyde Park«. Als Übergangslösung. Conny und Schwabe [die »Hyde Park«-Inhaber] waren von der Idee nicht so sehr begeistert. Sie meinten, dass die Stadt so etwas nie genehmigen würde.

Ich bin dann mit dieser Idee zu Reinhart Richter, dem damaligen Leiter des Kulturamtes, gegangen, und der hat sich dann mit dem Kulturdezernenten Hummel in Verbindung gesetzt. Und dann ging das mit den Genehmigungen ganz schnell. Nach sechs Tagen Demonstration und Straßenschlachten an der Rheiner Landstraße brauchte die Stadt eine rasche Lösung.

In deinem Magazin »Terminal« hast du oft literarische Texte von Jörg Fauser und Wolf Wondratschek abgedruckt, und du warst auch ein Fan von Kiev Stingel, wie ich in alten »Terminals« lesen konnte. Warum gerade diese »extremen« Autoren und Künstler?

Extrem waren diese Autoren eigentlich nicht. Sie waren auf der Höhe ihrer Zeit und ihrer Generation. Sie machten Rock 'n' Roll mit der Schreibmaschine. Genau das war das, was ich meinem Publikum im Dunstkreis der »Hyde Park«-Szene geben wollte: Nicht nur Hören und Sehen, sondern auch Lesen und Imaginieren ist sexy.

In den »Terminals« findet man auch deine eigenen Gedichte, die du manchmal, wie du mir vor einigen Tagen berichtet hast, nachts nach dem Leeren einer Flasche Tequila verfasst hast. War Alkohol für dich damals so etwas wie ein geistiger Treibstoff? – Da gibt es in der Literaturgeschichte ja einige Vorbilder.

Das hast du falsch verstanden. Die Flasche Tequila habe ich nicht allein geleert. Wäre es so gewesen, hätte ich meine Schreibmaschine dreifach gesehen und keine Taste richtig getroffen. Die Flasche haben wir als Thekenmannschaft zu dritt oder viert während der Arbeitsnacht im »Park« leergemacht. Das und die laute Musik, die hundert Gesichter, die hundert Stimmen, die etwas zu trinken bestellten, das Klacken der Billardkugeln, das Tick Tack Teck und die Sirenen der Flipperautomaten – das alles und noch viel mehr zusammen, brachte immer wieder einen Rausch, der sich – früh morgens um drei oder vier, zurück im eigenen Apartment – in ein weißes Rauschen verwandelte, Insomnia, in das ich wie hypnotisiert hineinschrieb. Alkohol ist nur ein Bestandteil des geistigen Treibstoffs.

1986 hast Du den »Hyde Park« verlassen.

Für mich war der »Hyde Park« nicht mehr das legendäre und glorreiche Piratenschiff, der verschworene Mannschaftsgeist war futsch. Aber das ist meine ganz individuelle Sicht. Wahrscheinlich war der Mannschaftsgeist nicht futsch, er hatte sich einfach nur verschoben, eine neue, gemäß dem Publikum verjüngte Crew forderte ihren Platz. Und diesen Platz habe ich frei gemacht; letztlich erleichtert habe ich den Thekenjob an den Nagel gehängt, sechs Jahre waren gut, doch auch genug. Aber ich habe weiterhin die Werbung für den »Park« gestaltet. Und 1994 habe ich mit der »Frontpage Moto Guzzi Tour« noch einen fetten Rave im

Andra Hessel und Jochen Hagedorn.

Elke Dietrich und Heinz Kallen.

Carlo Korte und Karin Dietrich.

»Hyde Park« organisiert: mit den DJs Westbam, Jonzon und Timo Maas.

Die Techno Party »Yeeak – The European Gaga Rave!« in der Halle Gartlage war für manche die beste Party, die Osnabrück je erlebt hat. Stimmt es, dass du das Konzept maßgeblich mitbestimmt hast?

Ich habe das Konzept allein im eigenen Auftrag entwickelt und es dann mit diversen Partnern in Osnabrück, Hannover und noch einmal Osnabrück realisiert.

Was war das Erfolgsrezept von »Yeeak«?

Querdenken und alles gegen den Strich bürsten. Dann agieren wie ein virtuoser Legonaut. Dazu den guten Anzug ungebügelt anziehen, zum Tanz. Oder wie Bob Dylan es einst vermerkte: Man muss seine Glühbirne immer dabei haben, um sie irgendwo einzuschrauben, zum Licht machen.

Was machst du heute?

Gegenden ausleuchten. Mit meiner Glühbirne.

Vielen Dank für das Gespräch!

Das Gespräch führte Gisbert Wegener im Januar 2011.

Martin Barkawitz: Tex Mortons Fahrgemeinschaft

Als es mich in den Achtzigerjahren von Hamburg nach Osnabrück verschlug, hatte ich so ein Juwel wie den »Hyde Park« nicht erwartet. Damit will ich nicht sagen, dass ich mit der angeborenen Arroganz des Metropolenbewohners auf die Bevölkerung kleinerer Ortschaften hinabsah. Zwar merkte ich schnell, dass in Osnabrück die Uhren noch anders tickten; damals konnte man in der selbsternannten »Stadt der goldenen Mitte« mit einer Kurzhaarfrisur noch Aufsehen erregen. Der selbstgenügsame Müsli-Muff der Siebziger hielt sich hartnäckiger als in meiner Heimatstadt, wo er bereits 1977 durch ein Konzert von The Clash im »Winterhuder Fährhaus« hinweggeblasen wurde (Eintritt: drei Mark).

Ich hatte trotzdem ein besseres Bild von Osnabrück als die Einheimischen selbst, mein Kulturschock hielt sich also in Grenzen. Ich dachte über die Osnabrücker ähnlich wie Joachim Lottmann: »Sie sind wach, freundlich, quick, hören die richtigen Platten, verbringen ihre Jugend, werden später Stützen des Geisteslebens mit angemessener Entlohnung. Gut, gut.«

Meine »Hyde Park«-Erfahrungen beginnen im Zirkuszelt. Das legendäre »Schweizerhaus« an der Rheiner Landstraße habe ich nie betreten. Mir fiel sofort auf, dass es einen solchen Konsens-Laden für die unterschiedlichsten Altersgruppen und Szenen in Hamburg definitiv damals nicht gab. Sicher, der »Park« war immer der etwas wilderen Fraktion vorbehalten. Wer mit 18 Jahren schon einen Bausparvertrag abschließt, wird sicherlich niemals seinen Fuß in einen solchen »Sündenpfuhl« setzen. Ansonsten war die Mischung farbig genug – sie reichte vom barfuß tanzenden emsländischen Kotten-Bewohner über Alt-Junkies bis zu selbstironischen 18-jährigen Wavern vom Gymnasium in der Wüste.

In Hamburg fand man eine solche Bandbreite niemals in einem einzigen Treff. Die »Marktstube« im Karo-Viertel war den Hardcore-Punks vorbehalten, das »Bsirs« den eingebildeten Eppendorfer Juristen-Kids. Im »Subito« trafen sich die Intellektuellen, im »Café Schöne Aussichten« die Luxus-Konsumidioten. Eine Vermischung fand nicht statt, war auch nicht erwünscht. Etwas anderes war wichtiger, wie Kerstin Eitner 1984 schon erkannte: »Nach dem no fun-Dogma bestehen jetzt viele auf ihrem Spaß, fast trotzig.« Der »Hyde Park« hingegen bot für alle und für kleines Geld jede Menge Spaß. Zum regelmäßigen »Park«-Besucher wurde ich, als Tex Morton in einem Haus mit mir lebte. Der Kult-Gitarrist war auch stolzer Besitzer eines Opel Kadett-Kombi, in dem sich eine verschworene Fahrgemeinschaft auf den Weg zum »Hyde Park« machte – vorzugsweise, wenn Brownie auflegte.

Quellen

Kerstin Eitner: Die Marktstube. In: Peter Glaser (Hg.): Rawums. Texte zum Thema. Köln 1984.
Joachim Lottmann: Mai, Juni, Juli. Ein Roman. Köln 1987.

Theke im Zeltbau.

Besucher im Zeltbau.

**Corinna Berghahn:
Mit dem Nachtbus nach
Hause – Auf die Gesichts-
farbe kommt es an**

Nach seiner Verbannung Anfang der Achtziger zog es den »Hyde Park« weit vor die Tore der Stadt. Trotzdem kamen die Gäste, gab es in Osnabrück doch nur wenige Möglichkeiten, seine Lust auf alternative Musik zu stillen. Das war auch bei meinem Zuzug 1998 nicht anders. Die »Kleine Freiheit« existierte noch nicht, und den Indie-Tempel »Gleis 22« in Münster entdeckten wir erst im dritten Semester.

Donnerstags fuhren meine beste Freundin und ich also in den »Park« und hofften, dass nach den Gothic-Tönen so um 0.30 Uhr auch ein wenig Indie-Musik gespielt werden würde. Manchmal kam dann sogar Blumfeld.

Samstags kamen wir wieder, wünschten uns – oft vergeblich – etwas anderes als Cake oder Liquido und beobachteten die Menschen, indem wir im wahrsten Sinne des Wortes unsere Kreise im dunklen Zirkuszelt drehten. Zurück ging es dann mit dem Nachtbus.

Aber jetzt war Vorsicht angebracht: Die Strecken eines Nachtbusses sind oft nicht direkt. Er rumpelt vielmehr umständlich durch die Osnabrücker Peripherie. Damals war es nicht anders. Allerdings kann eine derartige Schlängelei bei wenig erprobten Trinkern arg auf den Magen gehen. Und so war es auch: Fast keine Rückfahrt ohne Kotzerei. Anfangs machten wir noch den Fehler, uns zu nah an potenziell Magenkranke zu setzen. Kein Spaß für die Sinne, fürwahr.

Doch mit etwas Übung und Einsatz eines Rasterblicks galt es, folgende Menschen zu schneiden: blasse oder grünstichige Gesichtsfarbe, unter 21, männlich, zu schweigsam, glasiger Blick, offene Jacke im Winter, fleckiges T-Shirt im Sommer, genervte Begleiter. Trafen mehr als drei Punkte zu, schauten wir uns lieber nach einem Sitzplatz am anderen Ende des langen Busses um.

Die Reaktion nach einem Kotzanfall war dann auch jedes Mal dieselbe: erst betretenes Schweigen, dann Grinsen, und plötzlich wurde es laut und alle im Bus berichteten von ihren besten Kotzerlebnissen.

Worüber reden wohl heute die jungen Menschen nach ihren Besuchen in den vielen Ausgehmöglichkeiten innerhalb der Stadt?

Eine inzwischen langjährige Tradition im »Hyde Park«-Festbau am Fürstenauer Weg ist die »RabenNacht« (ehemals »Rabenschwarze Nacht«). An jedem zweiten und fünften Freitag im Monat streben nicht nur aus Osnabrück, sondern auch aus dem weiteren Umfeld überwiegend dunkel gekleidete, teils verwegen ausstaffierte Gestalten zu einer Tanzparty mit einer ganz besonderen Atmosphäre. Daniel Johann-Krone, 23, ist einer von ihnen.

Daniel, wie oft gehst Du zur »RabenNacht«?

Ich bin schon seit zirka acht Jahren regelmäßig auf der »RabenNacht« anzutreffen, sofern mir nichts Gravierendes dazwischen kommt.

Für alle, die keine Vorstellung davon haben, was da abgeht – beschreib mal die Atmosphäre.

Es kommen Leute aus den unterschiedlichsten ›schwarzen‹ Gruppen: EBM, Industrial, Cyber, Gothic, Mittelalter, Achtziger ... Der »Hyde Park« ist immer nett dekoriert: Überall stehen Kerzen, Blumen oder auch mal ein großes Holzkreuz. Dazu gibt es abwechslungsreiche Musik vom DJ.

Was ist das Reizvolle, was kennzeichnet diese Subkultur?

Die Leute sind dort immer freundlich, man gerät nie aneinander und fühlt sich einfach unter seinesgleichen.

Regelmäßiger Besucher der »RabenNächte«: Daniel Johann-Krone.

»Die Leute sind dort immer freundlich ...«

Interview mit Daniel Johann-Krone

Sirany Schümann, Studentin, Osnabrück:

Ich war mit einem Freund von mir an einem Freitagabend auf dem Weg in den »Hyde Park«. Wir waren der festen Überzeugung, dass an diesem Tag die »Rocknacht« stattfinden sollte. Schon im Bus stachen wir zwischen den vielen in Schwarz gekleideten Menschen heraus. Einige trugen sogar mittelalterliche Kostüme. Beim »Hyde Park« angekommen, schallten uns die harten EBM- und Industrial-Bässe entgegen, und spätestens hier merkten wir, dass wir uns im Termin geirrt hatten. Da die »Rabenschwarze Nacht« nicht ganz unserem Musikgeschmack entspricht, fuhren wir mit dem nächsten Bus wieder zurück in die Stadt.

Danach hat es sich leider nicht mehr ergeben, dem »Hyde Park« einen erneuten Besuch zum richtigen Termin abzustatten.

Seinetwegen nehmen die Besucher auch längere Wege in Kauf: DJ Alexx Botox.

Aus welchem Einzugsgebiet kommen die Leute?

Auf dem immer überfüllten Parkplatz sieht man viele verschiedene Kennzeichen. Das geht von Bremen runter ins Ruhrgebiet oder auch in Richtung Hannover.

Kennt man die DJs aus der Szene?

Wenn man die Musik hört und solche Veranstaltungen von Bremen bis runter ins Ruhrgebiet besucht, dann kennt man die DJs auch namentlich und weiß, was die auflegen. Wenn beispielsweise DJ Alexx Botox spielt, dann weiß man einfach, was einen erwartet.

Wieso trifft sich die Szene nach so vielen Jahren immer noch regelmäßig im »Hyde Park«?

In der Szene ist es üblich, dass man seiner Musik und seinem Stil meist viele viele Jahre lang treu bleibt. Das wird besonders dadurch deutlich, dass man im »Hyde Park« mittlerweile auch schon einen kleinen Generationskonflikt feststellen kann. In der ›schwarzen‹ Szene sind die Gäste teilweise schon über 30 Jahre aktiv. Die haben dann natürlich eine ganz andere Vorstellung und einen anderen Geschmack. Die stehen eben nicht auf dieses »neue Elektrogeballer«, wie sie es vielleicht nennen würden, und hören stattdessen lieber Achtziger. Die Szene ist eben sehr breit gefächert.

Judith Kantner führte das Gespräch im März 2011.

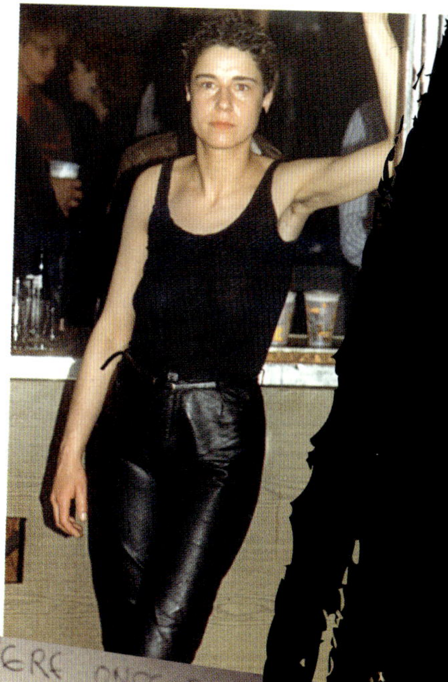

ÖSTRO 430
HALTS MAUL
DIE RÄCHER!
ONCE OR TWICE
OR THREE TIMES

UNDERTONES
Sin of Pride Tour
UNDERTONES
EINTRITT: 12,-

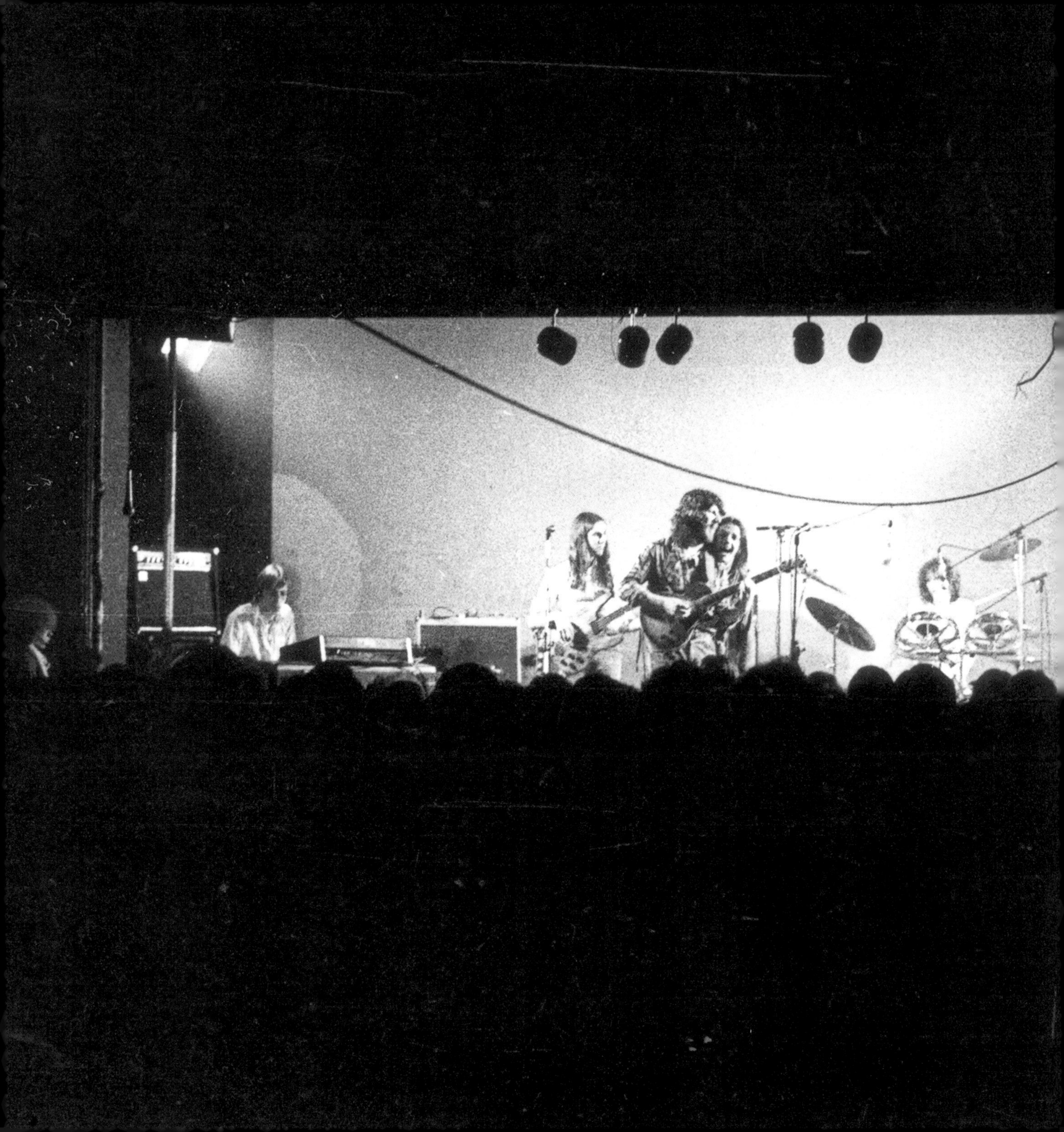

IV. Der Musiktempel
Bands und DJs

Reiner Wolf: Die Haus-Band(s)

Wie hieß die Haus-Band des »Hyde Parks«? Wenn es allein um die Anzahl der Auftritte ginge, kann es für diesen Ehrentitel nur einen geben: Herman Brood & His Wild Romance. Niemand ist dort häufiger aufgetreten als der dynamische Herman mit seinen Mannen – und Frauen, seinen bezaubernden Background-Sängerinnen. Wobei deren Bühnenoutfit nicht immer der Jahreszeit entsprechend ausgesucht wurde. Der Niederländer gastierte nämlich meist rund um Weihnachten im »Park«. Das war die Zeit, in der es viele Ausgeflogene zurück nach Osnabrück, in die elterliche Wohnstube, zog. Nach zuviel Festtagsbraten und »O Tannenbaum« drängte es die jüngeren Familienmitglieder, sich schnellstmöglich von dort abzusetzen und die ebenfalls heimgekehrten Freunde zu treffen – und das möglichst fernab der elterlichen Krippenidylle, am besten im »Hyde Park«. So erwuchs aus Hermans regelmäßigen Gastspielen eine Weihnachtstradition – für viele genauso unverzichtbar wie Karpfenkillen und Tannenbaumabfackeln.

Mit fünf gut besuchten Auftritten waren auch Rockbitch gern gesehene Gäste im »Hyde Park«. Die vorwiegend mit Frauen besetzte Band aus England untermalte ihre obskure Pornoshow mit einem treibenden Metal-Sound. Wobei wohl niemandem im Publikum aufgefallen wäre, wenn die Musikerinnen die elektrischen Gitarren zur Seite gelegt hätten, um auf Blockflöten Weihnachtslieder zum Besten zu geben. Von daher wäre Rockbitch die ideale Besetzung gewesen, Herman Broods Weihnachtstradition fortzuführen, da dieser traurigerweise am 11. Juli 2001 zum großen Sprung vom Amsterdam Hilton ansetzte. Allerdings gab es auch die Formation Rockbitch ein Jahr später nicht mehr beziehungsweise in veränderter Formation mit neuem Namen.

Für den prestigeträchtigen Titel »Haus-Band des ›Hyde Parks‹« reichte es aber nicht aus, möglichst viele Auftritte in Connys Musikclub zu absolvieren. Es bedurfte auch eines gewissen »Familienanschlusses«. Und wenn man mit der »Hyde Park«-Crew auf gutem Fuß stand, lief das mit den regelmäßigen Gigs fast automatisch. In diesem Sinne wäre die Sunny Jim Band ein heißer Titelkandidat (siehe den Beitrag von Beate Dölling). Die britischen Funk-Rocker kamen auf immerhin vier Auftritte.

Ebenfalls ein aussichtsreicher Kandidat war die Edgar Broughton Band, sozusagen die englischen Ton Steine Scherben (kommt ja selten genug vor, dass man eine englische Band durch den Vergleich mit einer deutschen erklärt). Wie bei den

Scherben – die ihrerseits drei Mal im Park auftraten; einmal kam Rio Reiser alleine – forderte die linksradikale Fangemeinde der Broughton-Brüder ihr vermeintliches Recht ein, die Band umsonst zu sehen. Da hatten sie ihre Rechnung aber ohne Carlo Korte gemacht. Der »Ausbeuter«, »das Kapitalistenschwein« (so ein paar heutige Aktienjongleure und anerkannte Steuerhinterzieher) wagte es doch, vier Mark zu nehmen, damit die Bands genug Geld für Sprit hatten, um zum nächsten Gig fahren zu können. Einen ›Heimvorteil‹ hatten natürlich die Bands, in denen »Park«-Mitarbeiter spielten. Bei der Osnabrücker 825 Band zum Beispiel mussten Sänger Eddie McGrogan und Gitarrist und Sänger Pete Foss eine Nebentätigkeit bei Conny anmelden. Und wenn »Foins Up« beim Betriebsfest des »Hyde Parks« spielte, standen manchmal mehr auf der Bühne als davor, die meisten allerdings nur, um Heinz »dem Kölner« das Mikro abzunehmen. Außer Heinz spielten noch Ralf Plogmann (Gitarre), »Ede« Schwabe (Bass) und Tom Bullmann (Schlagzeug) in der Band, die sich nach der Lautmalerei benannte, die benutzt wird, wenn »Mad«-Comic-Figuren eins in die Fresse kriegen.

Wer immer sich sonst noch »Haus-Band des ›Hyde Parks‹« nennen darf, den Titel »Haus-Band der Herzen« kann wohl nur eine Formation für sich beanspruchen: eine Band, die auf den lakonischen Namen »Carlo Lee's Rock 'n' Roll Revival Band« hörte. Die Gitarrenarbeit teilten sich das »Park«-Urgestein Pete Foss und die inzwischen in Berlin lebende Osnabrücker Gitarren-Legende Tex Morton, am Mikrophon brillierte niemand geringerer als Carlo Korte höchstpersönlich. He! Moment mal! Wer steht eigentlich an der Kasse …

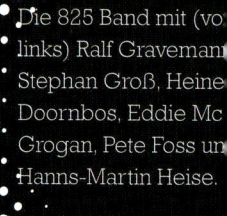

DJ Tom Bullmann setzte sich auch gelegentlich ans Schlagzeug.

Die 825 Band mit (von links) Ralf Gravemann, Stephan Groß, Heiner Doornbos, Eddie Mc Grogan, Pete Foss und Hanns-Martin Heise.

Die Mitarbeiter-Band Foins Up bei einer internen Feier im alten »Hyde Park«.

Der Namensgeber und Frontmann von »Carlo Lee's Rock 'n' Roll Revival Band«: Carlo Korte.

Henry Rollins: Someplace warm[17]

02-17-83 Germany:
(…) Later: now at the club in Osnabruck. Cold in this place. Skinheads are in here for some reason. It's not even soundcheck and they're here. They make me nervous. I don't like the pressure of playing under the stare of some stupid army faction. (…)
Soundcheck is over, went ok. The Skinheads make me nervous. It's hard enough to play these gigs let alone have to deal with these shit heads. There's always too many of them. I never see them alone.

02-18-83 Berlin Germany:
Hello here at the SO36 club. Inside is cold. (…)
We crossed into Berlin no problem. The place we played last night, Hyde Park, that was something. One song in, someone cut the snake and we had to play the rest of the gig with no PA except for the monitors. We turned them toward the crowd so they could hear the vocals. It was alright, sounded like one of our practices. No one seamed to give a fuck. (…) [»Get in the Van«, Seite 84/85]

02-25-83 Osnabruk Germany:
Back at the Hyde Park place. Conny, the lady who owns the place said that we could stay any time we wanted. We drove out here to see if she meant it. She put us all up in the rooms upstairs. I have my own room. We're getting fed good too. We have been in the van since last night. It's great to be out of the van and in someplace warm. (…)

02-27-83 Osnabruk Germany:
Richard Hell played here tonight and let us and the minutemen open up. We went off, I got all cut up. I bit a skinhead in the mouth and he started to bleed real bad. His blood was all over my face. While we were playing D. Boon was in the crowd and gave me a glass of beer. I broke the glass over my head. I am all cut up. Hell went on and told the crowd that Black Flag kills. No shit. I took a bath and had to wash myselfe three times to get all the dirt and glass out of my skin. We leave for Denmark in an hour. [»Get in the Van«, Seite 88]

Henry Rollins mit Black Flag auf der Bühne des »Hyde Parks«.

17 Abdruck aus dem Buch »Get in the Van« mit freundlicher Genehmigung von Henry Rollins.

Deko Pellmann: »Ich weiß noch nicht einmal, ob wir Verträge gemacht haben« – Live im »Hyde Park«

»Es klappt, Carlo hat zugesagt.« Wir hatten endlich die Zusage bekommen, mit unserer Band Die Angefahrenen Schulkinder im »Hyde Park« zu spielen. Es war Ende 1982, die hohe Zeit der Neuen Deutschen Welle, und wir waren jetzt musikalisch ›würdig‹, unsere Chance im heißesten Laden in weitem Umkreis zu bekommen. »Carlo hat aber auch gesagt, wir müssen um halb elf fertig sein.« Conny Overbeck wusste aus eigener Anschauung, was junge Leute für einen gelungenen Abend brauchen und erwarten. Ihre Motivation, im »Hyde Park« Konzerte zu veranstalten, ist in den Erfahrungen aus der Thekentätigkeit bei den Tanzparties der Siebzigerjahre zu vermuten. Zudem erinnert sich Conny Overbeck an erste Konzerte mit Osnabrücker Lokalmatadoren wie den Prog-Rockern Trikolon beziehungsweise deren Nachfolger Tetragon (mit Hendrik Schaper an den Keyboards) in einem kirchlichen Gemeindehaus in Haste.

Meist aber spielten durchschnittlich begabte Musiker die Titel der aktuellen Hitparade nach. Aus der Tradition der Gebrauchsmusik entstanden, waren Beat und Rock 'n' Roll die Sprache und neben amorphen politischen Vorstellungen vielleicht sogar die eigentliche Quelle der Jugendkultur. Beat-Parties waren zeitweilig aber auch ein lukrativer Markt und ein gutes Geschäft für Bands, Wirte und Impresarios.

Als der Betreiber des traditionsreichen Saalbetriebs »Schweizerhaus« aufgrund der schwindenden Popularität der Tanzveranstaltungen

Der Saal des »Hyde Parks« an der Rheiner Landstraße: links die DJ-Kanzel, rechts der Aufbau für die Mischpulte der Bands.

Die Osnabrücker Krautrock-Pioniere Tetragon mit Hendrik Schaper (unten links) auf dem Cover ihres erst lange nach Auflösung der Band veröffentlichten zweiten Albums »Stretch« (Garden of Delights).

abgeben musste, übernahm Overbeck mithilfe eines durch Erbschaft erlangten Startkapitals das Haus und begann den Betrieb unter dem neuen Namen »Hyde Park«. »Von Anfang an ein Selbstläufer«, so Overbeck. Mit Wiedereröffnung des zirka 800 Personen fassenden großen Saals war es mehr als naheliegend, Konzerte mit den aktuellen, »progressiven Bands« zu veranstalten.

Die Entwicklung einer überregional tätigen Konzertwirtschaft für Popularmusik verlief parallel zu der der deutschen Schallplattenindustrie, die sich immer stärker auf ein jugendliches Publikum ausrichtete. Auf die auch heute noch häufig anzutreffende Ignoranz der tradierten Schallplattenindustrie reagierend, bildeten sich unabhängige Labels und Agenturen wie das 1971 gegründete »Brain«-Label oder das seit 1979 bestehende »ZickZack«-Label Alfred Hilsbergs, dem die Erfindung des Begriffs »Neue Deutsche Welle« zugeschrieben wird. Auch die »Hyde Park«-Betreiber starteten einen kulturellen Gegenentwurf im Mief der Siebzigerjahre. Der Mut, ohne Marktanalysen, nur im Geist der Zeit etwas Neues zu wagen, und das hohe Engagement für ein erfolgversprechendes Projekt ist bewundernswert. Aus heutiger Sicht, in einer Medienwelt mit universell präsenter, zur Massenkultur gewordener Popularmusik, nur schwer vorstellbar, aber Anfang der Siebzigerjahre war diese Popularmusik ein Nischenangebot und in den Medien kaum präsent. Der »Hyde Park« füllte in dieser Hinsicht 1976 mit seinem Programm und seiner Ausrichtung eine deutliche Marktlücke. Ähnliches trifft auf andere »progressive« Diskotheken in Nordwestdeutschland zu: »Circus Musicus« in Märschendorf bei Vechta, »Aladin« in Bremen oder »Lord« in Lingen, um nur einige zu nennen (vergleiche den Beitrag von Gisbert Wegener in diesem Buch).

Die zur Zeit der »Hyde Park«-Eröffnung moderne, progressive Musik – Led Zeppelin, Cream, The Doors, Genesis, Yes, aber auch deutsche Bands wie Guru Guru, Grobschnitt, Can, Neu!, Scorpions, Amon Düül, Tangerine Dream – setzte sich mit ihren Kleidungs- und Lebensstilen gegen die aus der Mode geratene Rock 'n' Roll-Musik und die adretten, nunmehr altbacken wirkenden Attitüden der Beatbands ab. Dies bildete sich auch in der Musikerszene Osnabrücks ab. Todor »Toscho« Todorovic, der schon im »Schweizerhaus« (1971 bis '76) bei zahlreichen Tanzmusikveranstaltun-

Christian Rannenbergs Bluesband mit »Toscho« Todorovic (links) – hinter sich ein Plakat für das »Hyde Park«-Gastspiel der Scorpions.

gen gespielt hatte, war Mitglied der Christian Rannenbergs Bluesband, die am 25. Juni 1976 als zweite Band im neu eröffneten »Hyde Park« auftrat. Für Todorovic ging ein Traum in Erfüllung, denn er konnte endlich die steife Tanzmusik hinter sich lassen und nun mit »richtiger Musik, Blues« seine Karriere fortsetzen.

Todor Todorovic: »Wenn ich mich richtig erinnere, waren wir die zweite Band, die im Park gespielt hat. Eine Woche vor uns hat – glaube ich – Omega aus Ungarn gespielt. Höhepunkt ihrer Show war, dass der Sänger mit einem brennenden Dreizack auf der Bühne herumsprang.« Conny Overbeck erinnert, dass sie für Omega bei einer Spedition Trockeneis besorgte, das für den damals essentiell wichtigen Bühnennebel benötigt wurde.

Todor Todorovic: »Ich hatte ja schon von '71 bis '76 im damaligen ›Schweizerhaus‹ Tanzmusik gemacht. In den letzten Jahren hat Conny dort schon

```
Natürlich können wir uns an Auftritte im »Hyde Park«
erinnern. Darüber hinaus habe ich sehr lebendige Erin-
nerung an den »Hyde Park« als Manager vom ersten Wiener
Musiktheater »Hallucination Company«. Wir haben, glaube
ich, mehr Auftritte gehabt als Amon Düül II. — John Wein-
zierl (Jahrgang 1949, Gitarrist von Amon Düül II)
```

gearbeitet, sodass die Zusammenarbeit völlig problemlos war. Ich weiß noch nicht einmal, ob wir Verträge gemacht haben. Jedenfalls war der ›Park‹ der Laden, in dem wir auch in unserer Freizeit abhingen, sodass man dort mehr oder weniger ›zu Hause‹ war. Einfach alles sehr angenehm. Getränke holte man sich einfach von der Theke und zu essen gab es auch das, was die Zuschauer kaufen konnten. Eine Garderobe brauchten wir eigentlich auch nicht, denn wir haben erst viel später damit angefangen, spezielle Bühnengarderobe zu tragen ...« Einen guten Einblick in die Lebens- und Arbeitsbedingungen einer in den Siebzigerjahren erfolgreichen deutschen Hippie-Art-Rockband findet man bei Tennstedt (1979).

Für 2010 weist der Verband der deutschen Konzertdirektionen allein für die 250 angeschlossenen Agenturen einen Jahresumsatz von zwei Milliarden Euro aus. Nicht nur diese Zahl, auch die Arbeitsweise der heutigen Konzertwirtschaft

Um freie Sicht auf die Bühne zu gewährleisten, wurde eine Sitzgruppe mit schweren Planken abgedeckt und als Podest für die Mischpulte genutzt.

VERTRAG

zwischen Amon DÜÜl II, Wolfgang Dorsch,
          8 München 43, Postfach 504

und   HYDE PARK, Peter Foss, 45 Osnabrück,
          Rheiner Landstr. 140

1) Hyde Park Osnabrück verpflichtet Amon Düül II
   für ein Konzert am Freitag, den 5. November 1976.
   Der technische Aufbau kann ab ... Uhr erfolgen,
   Einlaß bzw. Veranstaltungsbeginn ist ... bzw. ... Uhr.

2) Das Honorar beträgt DM 2.000.- (i.W. zweitausend)
   plus 5,5% Mwst. und wird am Veranstaltungstag in
   barbar ausbezahlt.

3) Hyde Park erhält von Amon Düül II unentgeltlich
   200 Plakate zur Vorwerbung.

4) Zusatzvereinbarungen wurden nicht getroffen.
   Konventionalstrafe - bei Nichtzustandekommens des
   Vertragsinhaltes durch schuldhaftes Verhalten
   eines der beiden Partner - ist die Höhe der Gage.
   Gerichtsstand ist München.

München, den 6. 9. 76   Osnabrück, den ... 9. 76

AMON DÜÜL II

Gastspiel Hyde-Park

Gage
3000.- DM
i.W. dreitausend
+ 165.- MWSt.
+ 180.- Posters
Gruppe OMEGA

18.6.

Vertragliche Vereinbarung

zwischen a) SCORPIONS, Gesellschaft des bürgerlichen Rechts,
vertreten durch Roland Nilles und Markus Piggen, nachstehend KI genannt
und
b) Diskothek Hyde-Park, Cornelia Overbeck Rheiner Lnadstr. 140
45 Osnabrück, nachstehend KII genannt.

1. KII verpflichtet KI zu einem Gastspiel am 13. August 1976 um 20.00 Uhr
   in Osnabrück, Hyde-Park, Rheiner Landstr. 140
2. Der Gesamtnettopauschalpreis von DM 2.300.- i.W. zweitausend-
   dreihundert. Bei Vertragsabschluß ist eine Bankbürgschaft in Höhe der
   Gage beizufügen. Die Gage ist vor dem Auftritt an bar zu übergeben.
3. Folgende Plakate stehen zur Verfügung:
   Format 12o x 8o 10,70 DM/Stck.   Format DIN A 2 10,20 DM/Stck.
   die Portokosten hierfür trägt K II.
4. Der Name SCORPIONS muß 5 x größer als der einer anderen Gruppe
   auf dem Plakat stehen.
5. KII hat Sorge zu tragen, daß der Name von KI auf jedem Schriftstück
   wie folgt geschrieben steht: S C O R P I O N S
6. KII stellt zwei Kästen gemischte Getränke
7. KI wird eine geheizte, abschließbare und saubere (mit Handtuch &
   Seife & Spiegel) Garderobe zur Verfügung gestellt.
8. Stromkreis: 3 x 16 A zur Verfügung 220 V / 1 x 32 A zu 38o V
   ein Elekriker muß zur Verfügung stehen.
9. Die Halle muß zur Verfügung der Roadcrew ab 11 Uhr zum Aufbau der Anlage zur
   Verfügung stehen. Der Aufbau der Anlage darf in keiner Art beeinträchtigt
   werden. Erfrischungen für 4 Roadies müssen zur Verfügung stehen, ebenso muß KII Sandwiches
   zur Verfügung stellen. Die musikalische Entfaltungsfreiheit von KI (Lautstärke, Show u.s.w.)
   darf in keiner Weise beeinträchtigt werden.
10. KI darf bis mindestens 1/2 Stunde vor Einlaß ungehindert Soundcheck machen.
11. ~~sein, daß KI Garderobe zu bestimmt~~
12. ~~(KII sorgt für Pressemitteilung) beim Auf- und Abbau der Anlage helfen~~
13. KII trägt Sorge dafür, daß Mit-glieder der Gruppe sowie die Anlage
    vor Tätlichkeiten irgendwelcher Art geschützt werden. Andernfalls ist
    KII haftbar.
14. Bühnenmaße: 10 x6 x1, je re. u.Li. v.d. Bühne 1,5 Mtr.
15. KII sorgt, daß in allen Plattengeschäften im Umkreis sämtliche
    SCORPIONS-Platten auf Lager haben: Lonesome Crow, Fly to the Rainbow,
    In Trance. Die Plattenläden sind mit SCORPIONS Posters und Infos zu
    bemustern.
16. Hält einer der Kontrahenten den Vertrag nicht ein, so hat dieser
    den entstandenen Schaden zu tragen, mindestens jedoch eine Konventi-
    onalstrafe in Höhe des vereinbarten Gesamtpauschalpreises Abs. 2 zu zahlen.
    Ausgenommen höhere Gewalt & 275 BGB.
17. Zusätzliche Vereinbarungen zu diesem Vertrag müssen schriftlich
    erfolgen. Gerichtsstand ist Hannover.

Für den Künstler

KI   KII Hyde Park
                 Inh. C. Overbeck
                 Rheinerlandstr. 140

15. June 76 Osnabrück

muss aus der Sicht der Siebzigerjahre utopisch wirken. Heute arbeiten in nahezu allen Bereichen Profis in anerkannten Ausbildungsberufen, vom Veranstaltungskaufmann bis zum zertifizierten Popularmusiker und Techniker. Ablauf und Organisation der ersten Konzerte im »Hyde Park« unterschieden sich noch nicht grundsätzlich von denen der Tanzveranstaltungen der Sechzigerjahre. Todor Todorovic: »Wir haben die notwendige P. A.-Anlage selber angeschleppt. Man muss wissen, dass sowas damals völlig normal war. Ich kann mich an keinen Club in den Siebzigern erinnern, der eine Haus-P. A. [Anm.: Public Adress] hatte. Mit etwas Glück hingen ein paar Lampen. Oft kam es aber vor, dass auf den Bühnen, speziell in Sälen auf dem Lande, vier Stühle auf der Bühne standen ... Ja, ja, die Herren von den Blaskapellen haben immer gerne gesessen beim Musizieren. Sowas wie Vorverkauf gab es nicht. Die Tür ging auf, die Leute kamen und zahlten drei – oder waren es doch schon fünf Mark – und dafür gab es zwei bis drei lange Sets, und in den Pausen Disko.

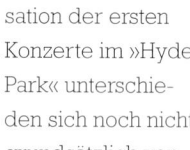

Kurz vor Schluss des letzten Sets wurde die Kasse weggeräumt und dann wurde es meistens richtig *voll* und die, die keinen Eintritt zahlen wollten, schrien sich die Kehlen heiser nach Zugaben ... Schon damals galt das Motto: Geiz ist geil!«

Das Booking im »Hyde Park« wurde zunächst von den Diskjockeys Pete Foss und Ralf Plogmann und später federführend vom ehemaligen Betreiber der Gaststätte »Sieben Meere«, Carlo Korte, übernommen. Foss fuhr in der ersten Zeit seiner Booking-Tätigkeit regelmäßig nach Amsterdam, um Kontakte mit internationalen Agenturen aufzubauen, was anfänglich schwierig war. Nachdem er aber direkten Kontakt zu Agenturen in England knüpfen konnte, wurde seine Arbeit leichter, das Angebot interessanter. Es waren letztlich die – mit bislang ungekannter kommerzieller und stilistischer Wucht in Erscheinung tretenden – Musikstile Punk, New Wave und Neue Deutsche Welle, die die Bekanntheit des »Hyde Park« als Tourneestandort begründeten. (Mehr zur Entstehung und den gesellschaftlichen Hin-

Die Deutsch-Amerikanische Freundschaft (D.A.F.) gab im »Hyde Park« ein grandioses Konzert.

tergründen der englischen Punk-Kultur bei Simon Frith, 1981/83). Die Konzerte von The Damned (1977), Ultravox (1978, Eintritt: 8 D-Mark), Dead Kennedys (1980), DAF, Ideal, Trio und vieler anderer sind allen, die vor Ort waren, sicher noch in bleibender Erinnerung. Der »Hyde Park« war nun endgültig ein überregional bekannter Liveclub, der aber bereits an seine Kapazitätsgrenzen stieß. Es gab Sicherheitsprobleme und durch Stromausfälle und Vandalismus verursachte Unterbrechungen. Aber der »Hyde Park« bot Platz für alle: übriggebliebene Hippies, Waldorfschüler, Oberschüler, Azubis, englische Soldaten, die immer zahlreicher vertretenen Punks, Motorradfahrer und die mir persönlich äußerst exotisch erscheinenden New Waves. Dieses meist friedliche Nebeneinander von Jugendstilen kann zumindest in Ansätzen wie ein Momentum von Jugendkultur als »magischer Lösung«, wie es von Dick Hebdige und anderen Autoren der Birminghamer CCCS-Gruppe (Centre for Contemporary Cultural Studies) für die Punk- und Ska-Szenen Englands beschrieben wurde, angesehen werden.

Ich habe neben über-ausverkauften Shows (Trio, Ideal, Steppenwolf, Gruppo Sportivo) auch obskure Konzerte von Bands im »Hyde Park« an der Rheiner Landstraße gesehen, bei denen vor dreißig Leuten neunzig Minuten lang nur improvisierte Musik ohne Gesang gespielt wurde. Die Edgar Broughton Band und die Sunny Jim Band gastierten in man-

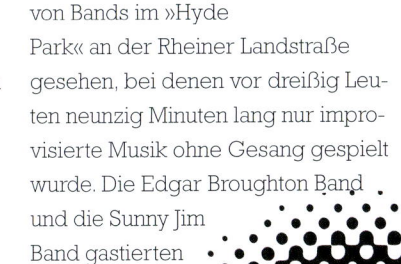

The Troggs in der Garderobe des »Hyde Parks«. Vorne links Volker Campen.

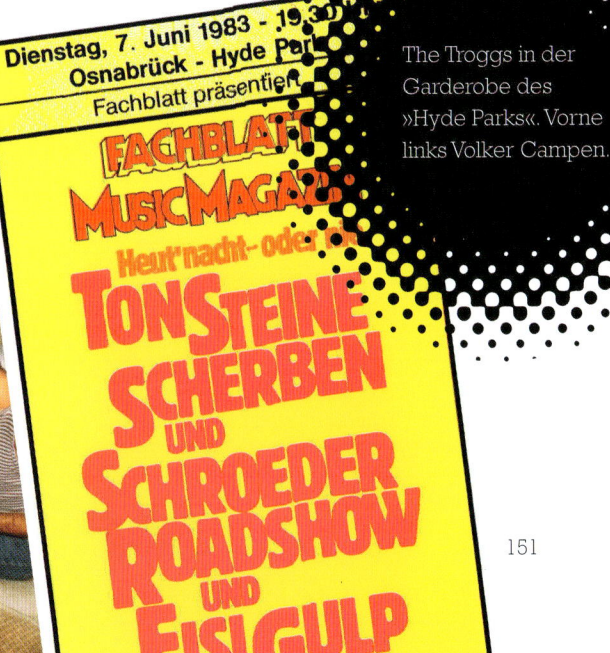

chen Jahren mehrmals. Als die Edgar Broughton Band wegen einer kurzfristigen Tournee-Absage in Skandinavien festsaß, baten sie Conny Overbeck, im »Hyde Park« spielen zu dürfen. Die sagte sofort zu und zahlte 1.000 Pfund Gage – für die Band die nötige Summe, um die Kosten für die Heimfahrt aufbringen zu können. Ginger Baker lud alle anwesenden Drummer ein, auf die Bühne zu kommen, um seine Soli besser sehen zu können. Er sah furchtbar bleich aus, aber es war trotzdem beeindruckend für mich und in dieser Form wohl nur im »Hyde Park« möglich. Die United Balls (»Pogo in Togo«) hatten offensichtlich nur Repertoire für dreißig Minuten und wiederholten ihr gesamtes Set zweimal. Ton Steine Scherben spielten im »Hyde Park« die längste Zugabe, die es je bei ihren Konzerten gab – so dass sie am Ende ihr Repertoire beinahe durchhatten. The Troggs (»Wild Thing«), bereits Herren im gesetzten Alter, schienen mit den zügellosen Punk-Attitüden des Publikums überfordert zu sein und gerierten sich leicht verängstigt.

Jango Edwards und die österreichische Hallucination Company um einen jungen Sänger namens Falco boten zotig-clowneskes Rocktheater. Es war eine musikalisch interessante Zeit, in der alles gleichzeitig zu passieren schien. Und der »Hyde Park« war der Ort in Osnabrück, an dem alles stattfand. Trauriger Höhepunkt war der Tod des Kritikerlieblings Alex Harvey, wenige Tage nach seinem Konzert im »Hyde Park«. Angeblich soll er in Osnabrück Blumen aus Beeten des »Park Hotels« gegessen haben. Ob ein Zusammenhang zwischen der ungewöhnlichen Nahrung und seinem Ableben besteht, ist nicht bekannt. Das verbreitete Gerücht, Sting sei ebenfalls vor Beginn seiner internationalen Karriere aufgetreten, entspricht nicht den Tatsachen.

Auch Metallica traten nie im »Hyde Park« auf. Aber sie absolvierten ein Gastspiel in der Osnabrücker Halle Gartlage und wechselten anschließend auf (nicht nur) einen Absacker in den »Hyde Park«, wo sie vor allem den Jägermeister-Vorräten mächtig zusetzten. Ein Mitarbeiter des »Parks«, ein großer Metallica-Fan, soll dem Herzstillstand nahe gewesen sein, als Lars Ulrich und Konsorten plötzlich völlig überraschend an der Theke auftauchten.

Kurz nach seinem »Hyde Park«-Auftritt erlag der Exzentriker Alex Harvey im belgischen Zeebrugge einer Herzattacke.

Konzertbesucher wollen beobachtet haben, dass der Fleetwood Mac-Mitbegründer Peter Green während seines Auftritts einnickte.

Schlagzeuger Steve Broughton war mit der Edgar Broughton Band und The Broughtons häufig zu Gast im »Hyde Park« und lernte dort auch seine Lebensgefährtin Monika Lejeune kennen.

Die Anekdoten und Berichte über Künstlerattitüden sind zahlreich. ZK – die sich wenig später in Die Toten Hosen umbenannten – kamen wegen einer Autopanne viel zu spät, wurden aber so sehnlich erwartet, dass alle Gäste gern ausharrten. Beim Konzert der englischen Art-Rockband Camel musste die Küche geschlossen bleiben – die Musiker sollten auf Drängen des Managements vor Küchengerüchen geschützt werden. Eric Burdon verlangte mehrere Sauerstoff-Flaschen hinter der Bühne. Die amerikanische Band Black Flag zog, nachdem sie von ihrem Manager sitzen gelassen wurde, für mehrere Tage in die beiden Garderobenräume im ersten Stock ein. Conny Overbeck: »Die waren unglaublich sauber und haben jeden Tag Staub gesaugt. Henry Rollins saß den ganzen Tag am Tisch und hat Gedichte geschrieben.« Peter Green (Ex-Fleetwood Mac) war so dick, dass er nicht durch die Tür zur Bühne im alten »Hyde Park« passte. Er wirkte geistig abwesend und schien sogar während des Konzerts gelegentlich wegzudämmern.

Grundsätzlich war – und ist – der »Hyde Park« ein Gewerbebetrieb und kein Forum, alternative Lebensentwürfe zu erproben. Trotzdem herrschte eine familiäre, unkonventionelle und libertäre Atmosphäre, die den besonderen Ruf des »Hyde Parks« bei Musikern, Agenturen und Publikum begründete. Steve Broughton, der Schlagzeuger der Edgar Broughton Band, erinnert sich gern an die Gastspiele im »Hyde Park«: »Not just a gig. It was family. Like playing at their house. A little crazy. It got crazier in the eighties.«

Besonders war es auch am Tag unserer Show, Ende 1982. Ich, damals 17 Jahre alt, dachte, dass dies das größte Ding meines Lebens sei, und entsprechend früh waren wir vor Ort, standen jedoch zunächst vor verschlossenen Türen. Gegen 18 Uhr öffnete man uns, und alles lief hochgradig schlampig, aber sehr routiniert ab. Das Catering bestand neben drei Getränkemarken aus der Einladung, in der Küche zwischen Toast und den berühmt-berüchtigten Nudeln mit Bolognese zu wählen. Die Show war super, so meine subjektive Erinnerung, und ich fühlte mich danach ein wenig wie in den Olymp aufgestiegen. Es lohnte sich nicht, die Gage mit nach Hause zu nehmen, weshalb ich sie gleich vor Ort in Getränke investierte.

Nach der Schließung des Hauses an der Rheiner Landstraße haben wir an Benefiz-Veranstaltungen für die bei den Krawallen wegen Landfriedensbruch und Sachbeschädigung angezeigten »Hyde Park«-Gäste teilgenommen.

Unser Song über den Einsatzleiter der Polizei, »Schödler« – siehe Abdruck in diesem Buch –, schlug ein wie eine Bombe – 15 minutes of fame. Ich wollte am letzten Öffnungstag eigentlich die Show von Surplus Stock sehen, aber die eigentliche Abschlussparty fand auf dem Außengelände und der Straße statt. Nach Aussage des Surplus-Stock-Sängers Bob Giddens (siehe Interview in diesem Band) haben auch sie sehr lange – fast zu lange – auf ihre Chance im »Hyde Park« warten müssen, obwohl sie bereits gewisse überregionale Popularität erreicht hatten. Selbst für die im Haus probenden – manchmal auch wohnenden – Bands Pattex und die 825 Band um die beiden DJs Pete Foss und Eddie McGrogan war es nicht selbstverständlich, Auftritte im »Hyde Park« zu ergattern.

Nach dem Umzug in das stimmungsvolle Zirkuszelt im Jahr 1983 bemühte sich das »Hyde Park«-Team, den gewohnten Konzertbetrieb aufrechtzuerhalten. Das Provisorium aber brachte ganz eigene Probleme mit sich, so die hohe Anfälligkeit für Witterungsprobleme – bei Sturmwarnung musste das Zelt geschlossen bleiben und im Winter von Eis und Schnee befreit werden. Und natürlich gab es keinerlei Schalldämmung. Bands wie Golden Earring waren sogar in entfernteren Stadtteilen hörbar, das Konzert von Killing Joke wurde nach Anwohnerbeschwerden wegen zu hoher Lautstärke zwangsweise abgebrochen. Insgesamt nahm die Zahl der Konzerte im »Hyde Park« deshalb und wohl nicht zuletzt auch wegen der Neueröffnung anderer Spielorte für Live-Musik in Osnabrück ab. Persönlich kann ich mich an das Konzert von Kurtis Blow erinnern, meines Wissens das erste HipHop-Konzert in Osnabrück. Es war ziemlich ›lausig‹. Der benebelte DJ versäumte mehrmals, die richtige Geschwindigkeit auf den Turntables einzustellen (»Hey DJ, it's on 45!!«). Weitere internationale Acts aus dieser Zeit: Sisters of Mercy, Uriah Heep, New Model Army, Chris Spedding und Stray Cats. Herman Brood gastierte bis zu seinem Tod 2001 mindestens einmal pro Jahr jeweils an einem der Weihnachtsfeiertage.

1995, ich war mittlerweile selbst Profimusiker und tourte seit einigen Jahren durch die deutschen Clubs, stand der »Hyde Park« – inzwischen hatte ein fester Neubau das Zelt ersetzt – als letzter Termin auf unserer Tourliste. Unser Bus erreichte in der Nacht das Gelände am Piesberg und wir

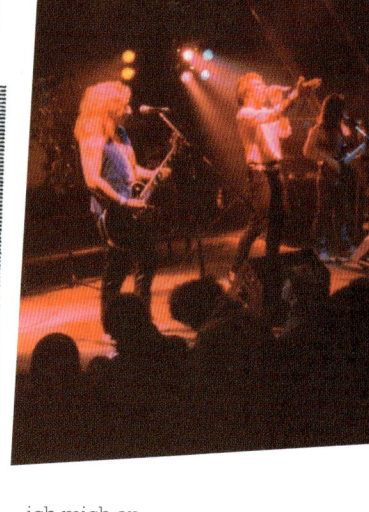

oben rechts: Uriah Heep, frühe Wegbereiter des Hardrock, waren drei Mal zu Gast im »Hyde Park«.

hatten gegen elf Uhr *Get In*, um im Club zu frühstücken und zu duschen. Eine Besonderheit von *Nightliner*-Tourneen ist, dass die Hierarchien solch temporärer Zwangsgemeinschaften vom Balz- und Imponiertrieb der Tourmitglieder bestimmt werden und durch alle Lebensbereiche transzendieren. Unser New Yorker Gitarrist war wegen seines unbestreitbaren Herkunftsvorteils – er stammte aus Brooklyn (»tough neighbourhood«) – in allen Belangen gängiger *Rock 'n' Roll Credibility* im Vorteil. Nach dem Aufwachen vertrat er sich ein wenig die Beine und verfolgte interessiert, was es mit dem regen Treiben an dem nahegelegenen Wendehammer auf sich hatte. Danach erschien er völlig verstört zum Frühstück. Solch eine Ansammlung von »crime« und »low life« hätte er noch nie gesehen, und wir hätten ihn doch unbedingt vor diesem schon am Tage rege frequentierten Drogenumschlagplatz warnen müssen. Ich sagte ihm, dass er sich keine Sorgen machen müsse, befinde er sich hier doch in meiner »neighbourhood«, und wir würden schon auf ihn aufpassen.

Der Ablauf der Konzerte war mittlerweile genauso straff organisiert wie in jedem anderen vergleichbaren Spielort Deutschlands. Der ›Charme‹ der frühen Jahre war einem durchstrukturierten Zeitplan gewichen, der sich an den vom Tourneeveranstalter ausgegebenen *Itenaries* zu orientieren hat. Das Konzert ist nun, vergleiche die Schilderungen Todor Todorovics, vollständig vom Diskobetrieb abgekoppelt. Pausen finden kaum mehr statt. Einzig Herman Brood & the Wild Romance blieben auf ihren traditionellen Weihnachtskonzerten diesem Ablauf treu und spielten mehrere Sets. Die Tourneeteams bestehen heute nicht selten aus mehr als dreißig Personen, die alle vor Ort, angepasst an die Anforderungen der technischen und kaufmännischen Logistik eines minutiösen *Cateringriders*,

verköstigt und betreut werden müssen. *Backliner* tragen die Instrumente auf die Bühne und bereiten sie für das Konzert vor, wo sie von *Stagemanagern* für die Übertragung an die P.A. durch die Tontechniker vorbereitet werden. Erst dann treten die modernen Helden in Erscheinung.

Die oft furchtbar klingenden Selbstbau-Lautsprecher der Siebziger- und Achtzigerjahre – nur wirkliche Top Acts konnten sich professionelle Technik leisten – waren moderner P.A.- und Lichttechnik gewichen. In den Anfangsjahren war die Technik oftmals abenteuerlich, das Personal mürrisch, dilettantisch und gestresst, aber weil es kaum (bezahlbare) Alternativen gab, unersetzlich. Ab Mitte der Achtzigerjahre arbeiteten im »Hyde Park« durchaus professionell zu nennende Veranstaltungstechnikfirmen aus dem Stadtgebiet und dem Umland. Die Ticketpreise passten sich dem branchenüblichen, gegenüber den Siebzigerjahren weitaus höheren Niveau an. Der gesamte Konzertbetrieb professionalisierte sich, was aufgrund der steigenden Anforderungen der gastierenden Bands unabdingbar wurde. Conny Overbeck erinnert sich, dass die Einstürzenden Neubauten sich »unmöglich« benahmen, weil ihnen die Garderobe, ein Zirkuswagen, nicht zusagte. Das Konzert war dermaßen laut, dass die Thekenkräfte es nur für wenige Minuten an ihren Arbeitsplätzen aushielten und sich abwechseln mussten.

Heute, 2010, ist der »Hyde Park« ein Club unter zahlreichen anderen im Stadtgebiet. In jeder Woche finden in Osnabrück kleinere und größere Konzerte der unterschiedlichsten, unüberschaubar gewordenen, parallel existierenden Musikstile statt. Zwar ist das Publikum durch die ständig steigende Zahl Osnabrücker Studenten und dem mittlerweile generationsunspezifischen Charakter der Popularmusik stetig gewachsen, hat dabei aber ein grundsätzlich verändertes Freizeitverhalten entwickelt. Der »Hyde Park« hat seinen Monopolstatus der Siebzigerjahre eingebüßt, bietet sich aber nach wie vor für Konzerte mit Zuschauerzahlen um 1.500 Besucher an und hat sich in den letzten Jahren verstärkt im Bereich von Heavy Metal und Gothic einen Namen gemacht.

Der Erfolg der Konzertkultur des »Hyde Parks« kann nicht ohne Blick auf das Freizeitverhalten Jugendlicher in den Siebzigerjahren verstanden werden. Der Club war nicht nur das Forum, um sich über neue Musik zu informieren, er war ganz allgemein Treffpunkt und Refugium. In einer Welt ohne mobile Kommunikation musste man sich – um in Kontakt mit Gleichgesinnten zu treten – an die entsprechenden Treffpunkte begeben. Tagsüber war es die Eduscho-Filiale auf der Großen Straße, am frühen Abend »Lagerhalle«, »Unikeller« oder »Merlin« und dann »Hyde Park«. Ich war in den Jahren 1979 bis 1986 wohl nur an Ruhetagen (montags) nicht im »Hyde Park« und habe dort auch meine erste Freundin kennen gelernt (wofür ich dem Team nachhaltig dankbar bin).

Die heutige Freizeitkultur ist ungleichlich differenzierter, das Publikum anspruchsvoll und in seinen Präferenzen wechselhaft. In den Siebzigerjahren ging man abends in den »Hyde Park« und konnte fast sicher sein, dass alle Bekannten auch dort sein und dieselben Bands sehen würden. Man hörte gemeinsam Musik, die neben Mode und Lebensstil auch heute noch wichtiges Element der Jugendkultur ist, damals aber viel mehr als nur Klangtapete war. Musikkonsum damals war ein kollektiver und kommunikativer Akt, heute dagegen findet er intim und individuell statt, oftmals im Verbund mit einer gewissen Markenästhetik und Technikfetischisierung – siehe iPod. Kommunikation selbst kann mittelbar über Smartphones stattfinden. Eine Zusammenkunft an räumlichen Treffpunkten wie dem »Hyde Park« ist nicht mehr unbedingt erforderlich.

Ich schreibe diesen Artikel in New York. Der Umfang und die Frequenz der Beschäftigung mit *gadgets* in hiesigen Straßen, U-Bahnen, Restaurants, Clubs (auch Live-Musikclubs) und Bars hat dazu geführt, dass sich lokale Medien wie »New Yorker«, »Time Out«, »Village Voice« zunehmend mit den einhergehenden, auch hier durchaus als negativ bewerteten Veränderungen im Freizeit- und Sozialverhalten befassen.

Quellen

Howard S. Becker: Art worlds. Berkeley/Calif.: University of California Press, 1982.
Simon Frith: Jugendkultur und Rockmusik. Soziologie der englischen Musikszene. Reinbek b. Hamburg: Rowohlt, 1981.
Simon Frith: Sound Effects. London: Panteon, 1983.
Dick Hebdige/Diedrich Diedrichsen/Olaph-Dante Marx: Schocker. Stile und Moden der Subkultur, Reinbek b. Hamburg: Rowohlt, 1983.
Harald Keller: Interview mit Steve Broughton, 2010.
Deko Pellmann: Interview mit Pete Foss, 2010.
Deko Pellmann: Interview mit Todor »Toscho« Todorovic, 2010.
Florian Tennstedt: Rockmusik und Gruppenprozesse, München: Fink, 1979.
Verband der deutschen Konzertdirektionen: Pressemitteilung vom 17.09.2010.
Reiner Wolf u. a.: Interview mit Conny Overbeck, 2010.

Conny Dachs: Geil eben!

In/bei meiner ausbildung lernte ich »bött'n« kennen, der dort als geselle arbeitete, und er fragte mich, ob ich nicht bock hätte, in seiner band als sänger mitzumachen, hatte ich und schon ging es los, probenraum im »hyde park«-keller, geil dachte ich und verdammt ja, es war geil, nach der lästigen »maloche« direkt zum ehemaligen »schweizerhaus«, 'ne runde fußball auf der wiese nebenan spielen und beim niedersachsenhof bier holen und abends proben. Viele künstler, die später »große nummern« wurden, schauten einfach mal rein! irgendwann stand ich dann auch mit »pattex« auf der bühne, die so legendär werden sollte bzw. eigentlich schon war. Schwer zu sagen, ob unser sound gefallen hat, habe jedenfalls einige mühe gehabt, allzu begeisterte »fans« mit dem mikroständer von der bühne fernzuhalten, ach ja und gespuckt wurde auch, aber ich dachte, dass es wohl beim »punk« dazugehört und hab' zurückgerotzt! die kurze und intensive zeit im alten »hyde park« hat mich und viele andere zu einem nicht zu unterschätzenden teil geprägt oder zumindest beeinflusst. Im nebel der nicht grad wenigen jahre erscheint mir das ganze irgendwie »surreal« so wie bei fellini, nur eben in »assi«, geil eben!

»Da wäre ein riesiges Loch gewesen«

Interview mit Heinz Rudolf Kunze

Haben sie noch Erinnerungen an ihren ersten »Hyde Park«-Besuch?

An den ersten Besuch konkret vielleicht nicht. Aber ich war im alten »Hyde Park«, oben an der Rheiner Landstraße sehr regelmäßig. Das war eines meiner Stammlokale als Student in der zweiten Hälfte der Siebzigerjahre. Ich bin da oft gewesen, weil ich das da sehr gemütlich fand, ich habe mich da mit Leuten getroffen, wir haben Billard gespielt.

Und ich habe da kurz hintereinander zwei Konzerte gesehen, die ich in Erinnerung behalten habe, weil sie sozusagen die Schnittstelle markierten zwischen alter progressiver Rockmusik und Punk. Innerhalb weniger Tage, ja höchstens Wochen spielten dort Camel als Vertreter der altmodischen Rockmusik und dann die nicht so richtig erfolgreich gewordene, aber sehr interessante Band Doctors of Madness, eine der ersten Punkbands. Da konnte man also innerhalb kurzer Zeit den Vergleich anstellen und sehen, wie sich die Zeiten ändern.

Das war das erste Mal, dass ich Punk auf einer Bühne sah – und ich war sehr verblüfft, aber irgendwie auch beeindruckt. Ich kann mich noch daran erinnern, dass in Osnabrück diese neue Musik lange Zeit wenig Freunde hatte. Es gab hier ein ziemlich konservatives Rockpublikum, das auch lange Zeit langhaarig und vollbärtig rumlief. Ich war einer der ersten, der sich die Haare wieder abschnitt – ich hatte auch mal lange Haare, ob man es glaubt oder nicht. Für mich war das also ein Einschnitt, in diesem Laden zwei Welten aufeinanderprallen zu sehen: die alte »Rock-Welt« und die neue »Punk-Welt«.

War das vor oder nach dem Damned-Konzert von 1978?

Die hab ich nicht gesehen; es war jedenfalls in dieser Ecke. Diese Doctors of Madness waren eine sehr frühe Gruppe, die schon vor den Sex Pistols aktiv war. Aber zum ersten Mal sah man kurze Haare, rosa und grün gefärbt und Springerstiefel und Rasierklingen und hörte diese merkwürdige neue Musik. Ich fand das ziemlich spannend. Ich war unvorbereitet, aber es hat mich nicht negativ gestimmt wie viele meiner Kumpels, die das doch ablehnten.

Haben sie dann auch später, Anfang der Achtziger, Black Flag oder Dead Kennedys gesehen?

Ich weiß nicht, war der »Hyde Park« da schon umgezogen?

Noch nicht, die Konzerte waren Ende 1982 beziehungs-

weise Anfang 1983, und August 1983 war der Umzug, Rausschmiss – oder was immer das war.

Ich hab das gar nicht mehr so mitgekriegt, da war ich wahrscheinlich schon mit meiner Musik unterwegs. In dem neuen »Hyde Park« habe ich dann auch selber einmal gespielt mit meiner Band. Das weiß ich noch, nur nicht mehr genau wann.

Im Holzpark oder in dem Zirkuszelt?

Mmh … im Zirkus. Und dort habe ich auch ein Konzert gesehen von Fugazi – das ich extrem fantastisch fand. Das war ja keine Punkband der ersten Stunde, sondern … eine New Wave Band, könnte man sagen. Aber mit einem wahnsinnigen Konzert der Extraklasse. Ich hab es mir nicht nehmen lassen – weil ich da ja relativ bekannt war – mich in die Garderobe zu drängeln und mit den Jungs zu reden.

Wie war das dann hinter der Bühne?

Das war sehr interessant: also die Jungs waren total abgekämpft, sahen aus wie Marathon-Läufer, die ihr Ziel erreicht haben, völlig grün im Gesicht, ausgemergelt, keuchend und konnten kaum sprechen – aber sehr nette, höfliche Amis.

Die haben wohl auch alles gegeben …

… unfassbar!

Haben Sie noch Erinnerungen an andere Konzerte?

Ja, dann habe ich mal etwas relativ Normales gesehen, auch in diesem neuen »Hyde Park«. Nämlich die Hooters. Mit denen ich auch zusammengearbeitet habe, die haben ein Stück von mir mit deutschen Texten aufgenommen (woraus dann hinterher ein Welthit für äh … Ricky Martin wurde). Auf deutsch hieß der »Heimliche Sehnsucht«, ich weiß jetzt nicht, wie der auf Englisch hieß. Das hat der Sänger Eric Bsiliu bei uns im Studio in Hannover eingesungen; das fand ich eine große Ehre. Die Band ist eigentlich gar nicht so mein Favorit; aber die haben das Haus auch enorm gerockt. Das war gepackt bis auf den letzten Platz – viel voller als bei Fugazi beispielsweise, sind ja auch viel populärer, gerade in Deutschland, gewesen – und haben den Laden fast zerrissen, die Leute sind ausgerastet.

Bei Fugazi kann ich mir das vorstellen, bei den Hooters eher nicht so. Aber das lag dann wohl an der Masse – oder?

Ja, das war eher ein normales Rockkonzert mit normalerem, auch viel braverem Publikum – das sah man ja auch an den Outfits –, aber die Leute sind aus dem Häuschen gewesen, eine Mordsstimmung, wirklich, kann man nicht anders sagen.

Noch mal zurück zu den Anfängen. Waren Sie nie vor ihrer Studentenzeit im »Hyde Park«?

Ich denke nein, in meiner Schulzeit nicht.

Der »Hyde Park« hatte ja einen bestimmten Ruf ...

Also, wie ich da hingeraten bin, weiß ich nicht. Ich vermute – wenn ich nicht ganz falsch liege –, dass mich Mick Franke, mein erster Gitarrist, damals irgendwann mal mit hingenommen hat. Mick und ich kannten uns ja schon aus Schulzeiten. Und so vermute ich, dass ich in seinem Dunstkreis da irgendwie hingeraten bin. Abi habe ich 1975 gemacht – ich war auf jeden Fall danach da.

Gibt es noch andere spannende Konzerte, die Sie dort erlebt haben? Oder gab es noch andere Erlebnisse der außermusikalischen Art?

Hmm, nee. Also als Stammgast würde ich mich nur für den ersten bezeichnen, das »Schweizerhaus«. In dem zweiten war ich eigentlich nur noch als gelegentlicher Konzertbesucher, beziehungsweise einmal selber aufgetreten.

Haben Sie Christian Wulff, ein bisschen jünger als Sie, dort einmal als Gast gesehen? Wie uns vom Bundespräsidialamt bestätigt wurde, war der jetzige Bundespräsident »dort einige wenige Male mit Freunden zu Gast – und zwar zu der Zeit, als der Club noch an der Rheiner Landstraße firmierte«.

Jedenfalls nicht bewusst, denn wir sind ja nicht auf dieselbe Schule gegangen. Ich war »Stauffenberg« [Graf-Stauffenberg-Gymnasium] und er war EMA [Ernst-Moritz-Arndt-Gymnasium] und insofern kannten wir uns in Osnabrück gar nicht. Wir haben uns erst in Hannover kennen gelernt. Außerdem sprach man ja nicht mit Jüngeren!

Was wäre gewesen, wenn es in Osnabrück keinen »Hyde Park« gegeben hätte?

Oh, da wäre, glaube ich, ein riesiges Loch, eine riesige Leere gewesen. Man konnte ja auf dem Parkplatz sehen, dass die Autos aus Bremen, aus Münster und von sonst wo kamen. Der »Hyde Park« hatte eine große Anziehungskraft über die Stadt hinaus. Das hätte alles nicht in der »Halle Gartlage« oder der Stadthalle passieren können. Gerade diese etwas kleineren Acts brauchten das unbedingt als Auftrittsforum. Da hatte der »Hyde Park«, glaube ich, eine sehr wichtige Funktion.

H. R. Kunze, Mick Franke und Wolfgang Schönenberg am 18. April 1982 im »Charts«, Harkebrügge.

Eric Fish (Subway to Sally): Mit dem ... zum Volke

Es gab eine Zeit, da begannen wir den Westen zu erobern. So '95/'96/'97/'98 spielten wir nicht selten 120 Konzerte im Jahr, um die Menschen live davon zu überzeugen, dass man SUBWAY unbedingt gesehen haben musste. Einige Regionen beziehungsweise Städte kristallisierten sich bald als Hochburgen heraus. So auch Osnabrück. Was waren wir stolz, als der HYDE PARK das erste Mal ausverkauft war. Es hatte bis zu diesem Punkt sicher an die fünfzehn Konzerte in der Gegend gebraucht.

So begab es sich also, dass wir mit unserem aktuellen Album HERZBLUT, auf dem sich der Hit KLEID AUS ROSEN befand, wieder einmal im HYDE PARK gastierten. Eine ganze Reihe von Mädchen hatten sich eingedenk dieses Liedes in Weiß gekleidet und mitunter auch Rosen auf diese Kleider gemalt und gestickt. Ich ließ es mir selten nehmen, bei diesem Song eines dieser Mädchen auf die Bühne zu holen. In besagtem Falle konnte ich der außerordentlich aufdringlichen und sich lasziv bewegenden Protagonistin kaum entfliehen, die sich fortwährend an mich schmiegte und sich an mir rieb, so dass das Unvermeidliche geschah und eine natürliche Körperfunktion ihre Arbeit aufnahm. Da ich, wie immer, einen Rock trug, war das, was die Kollegen später feixend »postpublikumnale ERIKtion« nennen sollten, deutlich zu sehen. So sang ich zwangsläufig den Rest des Liedes mit dem Rücken zum Publikum.

Einen angemessenen Höhepunkt des Abends stellte die Tatsache dar, dass besagtes Mädchen uns später noch bewies, dass sie auch unter dem weißen Kleid ein KLEID AUS ROSEN anhatte – und weiter nichts.

Michael »Elf« Mayer (Slime): Auf ewig im Gedächtnis[18]

1983 hatte Karl Walterbach eine Tour der BAD BRAINS in Deutschland organisiert und im »Hyde Park« zu Osnabrück durften wir mit SLIME als Support spielen. Wir waren schon sehr beeindruckt von der Power und Geschwindigkeit, die die BRAINS hatten und das beeinflusste unsere dritte LP »Alle Gegen Alle« in nicht geringem Maße. Als wir dann den Soundcheck am Nachmittag sahen, wo der Sänger HR mal eben aus lauter Übermut einen Salto rückwärts aus dem Stand hinlegte, fanden wir die Typen noch cooler. Als wir dann noch mitkriegten, dass die total zugekifft waren, dachten wir nur, dass das nicht mit rechten Dingen zugehen kann.

Auf jeden Fall war es ein denkwürdiges Konzert auch für uns. Bei SLIME war die Bühne irgendwann so voll mit Leuten aus dem Publikum, dass man uns kaum noch sehen konnte (zu sehen auf unserer DVD »Wenn der Himmel brennt«). Der Ordner mit der Bullenmütze, der auf der Bühne stand, war zwar mindestens 2,20 Meter groß, konnte aber auch nicht viel machen, also zogen wir das Ding so durch und hatten trotzdem einen super Gig. Nach dem Konzert der BAD BRAINS ging dann draußen noch richtig der Punk ab. Bulleneinsatz inklusive. Warum weiß ich nicht mehr, das passierte damals aber öfter nach SLIME-Konzerten. Auf jeden Fall einer der Gigs, die auf ewig im Gedächtnis bleiben, was man beileibe nicht von allen Konzerten sagen kann ...

Die Bad Brains versammelten 1983 eine große Fangemeinde im »Hyde Park«.

18 Teile des von Elf beschriebenen Auftritts im »Hyde Park« sind auf der Slime-DVD »Wenn der Himmel brennt« dokumentiert.

Tom Bullmann: Musikbegeisterte, Selbstdarsteller, Provokateure – Die Akteure hinter den Plattenpulten

Spaß? Leidenschaft? Sendungsbewusstsein? Berufung? Die Motivation, den Beruf des Diskjockeys zu ergreifen, mag vielfältig sein. Während bei dem einen DJ das Bedürfnis vorherrscht, Musikstücke im Dienste des Publikums auszuwählen, auf dass die Tanzfläche möglichst rappelvoll ist, gibt es auf der anderen Seite Vertreter der Zunft, die sich eher von einer Art Missionarseinstellung lenken lassen: Diese haben einen ganz bestimmten Musikgeschmack, von dem sie überzeugt sind. Und den wollen sie den Zuhörern unter allen Umständen aufnötigen. Die Grenzen zwischen dem einen und dem anderen Lager sind fließend. Außerdem darf man gerade heute, in Zeiten der scheinbar unbegrenzten, weil digitalen Verfügbarkeit und Reproduzierbarkeit von Musik, nicht die »Diskjockeys« außer Acht lassen, die man allenfalls als »Plattenaufleger« bezeichnen kann, weil sie ohne Rücksicht auf Stilzugehörigkeit, Übergänge und Dramaturgie wahllos Musikstücke aneinanderreihen. Nach dem Motto: Egal ob Stones, Marianne Rosenberg oder Lady Gaga, Hauptsache, es kommt Stimmung in die Hütte.

Das »Grammophon«, Osnabrücks erste Rock-Disko, im Jahr 2011.

Zapfer und Plattenwechsler

Im »Hyde Park« hat es sie alle gegeben: Die Selbstdarsteller, die Musikbegeisterten, die Partykanonen, die Introvertierten, die Bekehrer, die Provokateure und die Nichtsahnenden. Den meisten eilte der Ruf voraus, borniert zu sein. Keine Frage: Arroganz gehört offenbar zu den Grundtugenden eines Diskjockeys. Jedenfalls aus der Perspektive des Konsumenten. Denn jede Reaktion des DJs auf

»Ede« Schwabe an den Plattentellern im Zirkuszelt.

einen Plattenwunsch aus dem Publikum, der nicht erfüllt werden soll, darf oder kann, wird zwangsläufig als ignorant eingestuft. Und schon mutiert der Meister der Musikauswahl zum Feindbild.

Über solche Mechanismen haben sich die ersten Diskjockeys des »Hyde Parks« nicht die geringsten Gedanken gemacht. Pete und Ploggi hießen die beiden Musiker, die man als Pioniere der rockenden DJ-Gilde Osnabrücks bezeichnen muss. Ihnen ging es damals nicht um den Wunsch oder den Entschluss, Diskjockey werden zu wollen. Pete Foss und Ralf Plogmann, so die kompletten Namen der beiden, arbeiteten bereits in den frühen Siebzigerjahren in Dieter Engelkers »Grammophon«, dem seit 1968 bestehenden ersten Rockclub Osnabrücks, der im Hinterzimmer einer bürgerlichen Gaststätte entstanden war. Der Laden war eine Kombination aus Kneipe und Clubdiskothek, wie wir sie auch heute kennen. Der Unterschied zwischen gestern und heute: Während zurzeit der Trend dahin geht, dass auch in angesagten Kneipen, in denen es keine Tanzfläche gibt, ein Diskjockey ausschließlich damit beschäftigt ist, dem Publikum ausgewählte Musik zu präsentieren, so mussten Pete und Ploggi den Job des Bierzapfers und des Diskjockeys miteinander verbinden. Das heißt: Wenn sich die Nadeln der Plattenspieler im »Grammophon« dem Ende einer Single oder einer LP näherten, ließen sie den Zapfhahn links liegen und legten schnell eine neue Platte auf. Glücklicherweise dauerten die Songs damals noch zwischen fünf und fünfzehn Minuten. In den Achtzigerjahren, in denen Punk-Salven von höchstens zwei Minuten Länge abgeschossen wurden, wären die Jungs im »Grammophon« mächtig ins Rotieren gekommen.

In den Siebzigern neben Rohlfing die zweite Anlaufstelle für Musikfans: Die vom Klassikbereich separierte Pop-Abteilung bei Radio Deutsch.

1976 wechselten Pete und Ploggi zum »Hyde Park«. Dort wurde dann eine strikte Trennung von Bier- und Disko-Theke praktiziert: Jetzt konnten sie an einem Abend entweder Musik machen oder zapfen. Und tagsüber wurde Weiterbildung betrieben. Weiterbildung?

Stilbildende Spezialisten

»Man machte sich schick und ging in den Plattenladen«, erinnert sich Pete Foss. Als gebürtiger Brite (eigentlich Schotte) wusste er, dass es bezüglich Musikrecherche damals

Conny Overbeck und Ralf Plogmann. Im Zeltbau diente ein Zirkuswagen als DJ-Kanzel.

kaum einen Unterschied zwischen Metropolen wie London und kleineren Städten wie Osnabrück gab. Wer Neuigkeiten über angesagte Bands und deren aktuelle Platten haben wollte, für den gab es nur zwei Informationsquellen: Radio und Plattengeschäft. Radio hören war enorm wichtig, denn hier bekam man Musik aktuell und direkt aus aller Welt zu hören. Wenn man zum Beispiel den damals angesagten Piratensender Radio Caroline empfangen konnte, war man weit vorn, weil die Betreiber dieser schwimmenden Radiostation auf der Nordsee tatsächlich die aktuellsten Scheiben auflegten. Dagegen waren Sender wie Radio Luxemburg oder der britische Armeesender BFBS nur begrenzt von Nutzen, weil nur bestimmte Sendungen mit progressiver Musik bestückt wurden. Das galt in noch extremerem Maß für die deutschen Radioprogramme, die noch über weite Strecken von Tanzorchestern und deutschem Schlager beherrscht wurden. Wenn man aber im Äther ein interessantes neues Stück hörte, wusste man erst einmal nicht, welche Band es eingespielt hatte. Nur mit viel Glück bekam man von einem Moderator verwertbare Informationen zu dem gespielten Song. Außerdem war dieser Song für den Hörer nicht ohne weiteres verfügbar. Das Aufnehmen per Mikrophon auf Tonband oder später auf Compact-Kassetten war weit verbreitet, die Ergebnisse aber reichten nur für den Hausgebrauch. Also mussten Diskjockeys damals regelmäßig zum örtlichen Plattendealer.
In Osnabrück waren die Firmen Gebrüder Rohlfing und Radio Deutsch, Musikalienhändler an der Großen Straße, diejenigen, die die Zeichen der Zeit erkannt hatten und gut sortierte Schallplattenabteilungen führten. Gerade Rohlfing, wo eine gemütliche Vinylabteilung separat im Untergeschoss untergebracht war und nur über eine schmale Wendeltreppe erreicht werden konnte, entwickelte sich mit der Zeit zu einem regelrechten Kommunikationszentrum, in dem nicht nur Informationen über das Musikgeschehen ausgetauscht wurden. Hier bekam man mit den neuesten Platten auch den heißesten Szeneklatsch und Insidertratsch mit auf den Weg, es wurde bisweilen zum Getränk aus einem Automaten gar geflirtet – und reichlich geraucht (heute unvorstellbar!).

Für das Sortiment und den Verkauf waren Musikspezialisten wie Volker Campen und Jürgen »Glüh« Fengler zuständig, die gleichzeitig auch als Kommunikatoren fungierten: Sie hielten das Gespräch unter der Kundschaft in Gang.

oben: Conny Overbeck mit Musikspezialist und DJ Jürgen »Glüh« Fengler.
unten: Volker Campen (vorne) im »Zirkus Hyde Park«.

> beschwerden zu kämpfen hatten: »Es fing nachmittags an, sonntags um vier Uhr, mit, sagen wir mal, Teenager-Dance-Musik. Und sonntags blieb es auch so. Freitags und sonnabends war es unterschiedlich. Ich habe immer so eine Rock-Schiene gemacht, in der auch schon mal Rory Gallagher mit ›Goin' to My Hometown‹, Status Quo und so was lief, also die ein bisschen rockigere Seite. Und dann kam wieder die Boney M.- und Abba-Seite, dazwischen dann die Sweet- und T. Rex-Seite.«

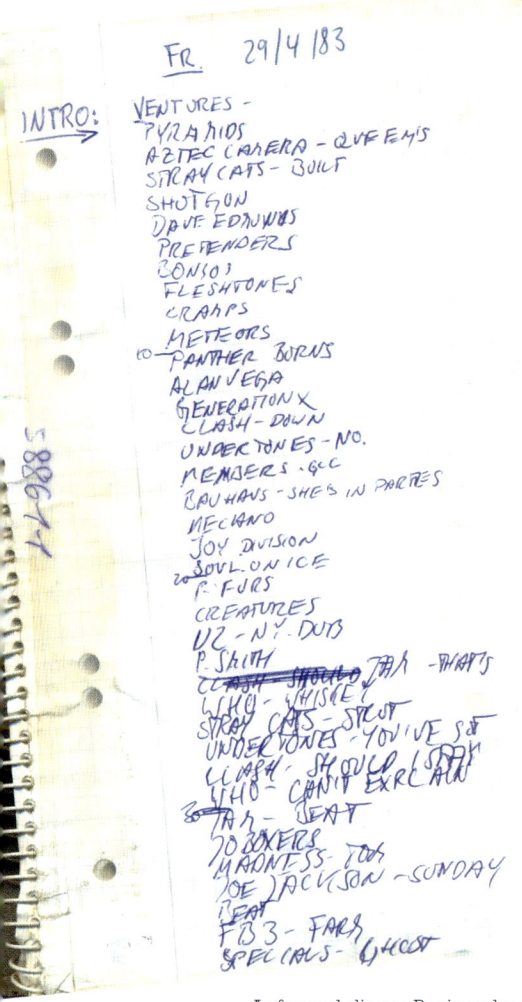

Aufgrund dieser Basisverbundenheit wunderte es niemanden, dass die Plattenverkäufer nachts bisweilen auch hinter den Plattentellern der Szeneläden anzutreffen waren. So legte Volker Campen zeitweilig einmal wöchentlich im »Grammophon« auf oder auch, wie »Glüh« Fengler, im »Number One« am Schölerberg. Campen erinnert sich an seine Tätigkeit im »Number One«, das ähnlich wie der »Hyde Park« in einem früheren Ausflugslokal eingerichtet worden war und dessen Betreiber, eine weitere Parallele, ebenfalls mit Anlieger-

Campen und Fengler waren Szenekenner und hatten den »Musikdurchblick«, weil sie in ihrem Plattenladen gleichsam an der Quelle saßen. Teilweise importierten sie selbst, Punk-Scheiben zum Beispiel, und sicherten sich damit eine gewisse Exklusivität.

Aus dieser Quelle sprudelte neue Musik, wie man sie bis dahin nicht gehört hatte. Bluesrock, Southern Rock, psychedelischer Rock, Glamrock, Hardrock, Krautrock, Funkrock, Jazzrock: Immer aufregendere Stilarten wurden im progressiven Sektor auf den Markt geschwemmt. Und um progressive Musik ging es im »Hyde Park«. Hier spielten Schlager oder schnöseliger Pop wie die Songs der Bay City Rollers, von Abba und Konsorten keine Rolle. Im Gegenteil: Diese Abteilung war verpönt, geradezu verhasst.

Rillenhopser und Plattenschaukler

Aber verschaffen wir uns erst einmal einen Eindruck von dem Job eines DJs im alten »Hyde Park« an der Rheiner Landstraße aus berufenem Munde: »Neben der Tanzfläche befand sich ein mit Holzwänden umgebener Podest, auf dem sich ein Jugendlicher aufhielt, um die dort befindlichen Geräte für die Musikdarbietung zu bedienen.« So beschrieb am 30. August 1980 ein gewisser Richter Langes vom Verwaltungsgericht Hannover das DJ-Pult nach einer Ortsbesichtigung.

Zu den Geräten, die der »Jugendliche« zum Zwecke der »Musikdarbietung« bedienen musste, gehörten natürlich zwei Plattenspieler, die – und nun berichte ich aus eigener Erfahrung, weil ich viele Jahre im alten »Park« als DJ tätig war – an der Decke aufgehängt waren. Da die Holzkonstruktion des Fachwerkhauses nicht erschütterungsfrei war, musste das »Baukommando« des Ladens sich etwas einfallen lassen, damit die Abtastarme der Plattenspieler bei heftigen Schritten

oben: »Ede« Schwabe in der Musikregie des Zeltbaus.
unten: Heinz Kallen stand oft sonntags an den Plattentellern. Immer im Programm: Iggy Pop.

des DJs oder Tanzattacken der Gäste nicht wild über die Rillen hoppelten. Also befestigte man kurzerhand vier Kanthölzer an der Decke, an denen sich am unteren Ende eine Art Tisch (oder besser Schaukel) befand, auf dem die Plattenspieler thronten. Allerdings hatte auch diese Konstruktion ihre Tücken. Wenn beispielsweise ein Gast einen Plattenwunsch hatte und diesen nicht äußern wollte, indem er das sakrosankte DJ-Podest betrat, dann stellte er sich bisweilen vor die Kanzel und rief dort lautstark seinen Wunsch. Manch einer zog sich aber auch an einem der Kanthölzer hoch. Das versetzte dann die »Schaukel« in Schwung, was zwangsläufig zu besagter, für alle Gäste im Laden lautstark vernehmbarer Rillenhopserei führte – und zu Wutausbrüchen beim Dienst habenden DJ.

»Weißt du eigentlich, wen du da gerade abgekanzelt hast?«, fragte mich einmal mein Freund Pec, mit dem ich an der Universität Osnabrück Kunst studierte, nachdem ich einen »Plattenschaukler« unfreundlich zurechtgewiesen hatte. Auf mein Kopfschütteln hin erklärte er mir, dass es sich um einen Dozenten handelte, bei dem ich schon diverse Vorlesungen besucht hatte. Offenbar hatte ich mir sein Gesicht noch nicht eingeprägt, sonst wäre ich vielleicht ein wenig freundlicher mit ihm umgegangen. Das Problem mit den Musikwünschen änderte sich im »Hyde Park« nie. Im Festbau am Fürstenauer Weg kamen die DJs auf die Idee, Schreibblocks und Kugelschreiber griffbereit zu haben, sodass Gäste ihre Wünsche schriftlich formulieren konnten. Das vermied verbale Auseinandersetzungen, hatte aber auch skurrile Wunschlisten zur Folge, auf denen man von Juliane Werdings »Am Tag, als Conny Kramer starb« bis zu »Hellraiser« von Motörhead die unterschiedlichsten Titel finden konnte.

Aber zurück zu den Anfängen. Natürlich lagen die wichtigen Bands der Sechziger- und Siebzigerjahre wie The Who, Led Zeppelin, Rory Gallagher, Rolling Stones und The Doors auf den Plattentellern. Natürlich wurde zu den Stooges und den Ramones getanzt. »Absolute Dauerhits waren Songs von Peter Frampton. Wenn der in Live-Versionen von Songs wie ›Do You Feel Like We Do‹ oder ›Show Me the Way‹ die Gitarre mit seiner Talkbox bearbeitete, sodass dieser spezielle Vokal-Effekt entstand, gab es im ›Hyde Park‹ kein Halten mehr«, erinnert sich Pete Foss an die Mitte der Siebzigerjahre.

Gefühlsausbrüche

Allerdings war nicht alles eitel Sonnenschein. Als später Funkrock und Disco-Musik Einzug in die Hitlisten fanden, gab es massive Eingriffe seitens der Geschäftsleitung. Dafür war allerdings nicht Conny Overbeck, sondern ihr Freund und Kompagnon Jürgen Schwabe zuständig. »Ich weiß nicht mehr, welchen Song ich damals auf dem Plattenteller hatte, es muss etwas discoartiges gewesen sein«, erzählt Foss. »Jedenfalls kam Schwabe wutentbrannt auf das DJ-Podest, riss den Plattenspieler samt Vinyl vom Tisch und pfefferte ihn mit Schwung auf die Tanzfläche.« Den Rest des Abends musste DJ Pete mit einem einzelnen Plattenspieler auskommen und durfte sich Gedanken über das Thema »Zensur« machen.

Auch mir ist eine ähnliche Situation noch lebhaft in Erinnerung. Als ich mich an einem Abend erdreistete, »Staying Alive« vom Soundtrack »Saturday Night

Fever« zu spielen – übrigens mit großem Erfolg, die Tanzfläche war voll – wollte Jürgen Schwabe beim Feierabendbier in der Kneipe wissen, ob er da richtig gehört habe. Ob da jemand etwa die Bee Gees aufgelegt habe. Als ich kleinlaut zugab, dass ich der »Täter« gewesen sei, ließ Schwabe sich das Album von einem Angestellten aus der Disko holen, um das Vinyl kurzerhand auf dem Oberschenkel zu zerbrechen und in den Müll zu werfen. Glücklicherweise blieb das der einzige Fall von Zensur in meiner gesamten DJ-Karriere. Die Entscheidung, welche Gratwanderungen man mit seiner Musikauswahl wagen wollte, war nicht leicht. So war die »Bohemian Rhapsody« von Queen für viele Rockfans ein rotes Tuch, weil Freddie Mercury doch allzu pathetisch daherkam. Anderseits wurden Songs wie »School« von Supertramp zum Dauerbrenner, die auch nicht gerade vor Rock strotzten. Und immer wieder durfte man sich als DJ mit neuen Entwicklungen auf dem Musiksektor auseinandersetzen. Gerade das empfand Pete Foss auch als seine Aufgabe: »Ich wollte das Publikum mit den neuesten Platten, mit der neuesten Musik bekannt machen. Man kann sich heute kaum noch vorstellen, was das für ein großartiges Gefühl war, wenn man mit einem brandneuen Album in den Laden kam, das garantiert noch niemand gehört hatte. Man spielte ein Stück daraus, weil man es für tanzbar hielt, und es funktionierte: Die Tanzfläche war voll. Toll!«

Die Musik der Space- und Glamour-Rocker, beispielsweise David Bowie und Roxy Music, wurde rundum heftig begrüßt, Jazzrock fand nicht so viele Fans, derweil Funk-Musik wie die der Average White Band als äußerst tanzbar akzeptiert wurde. Die Hardrock-Fans wurden sonntags von DJ Schorse und von DJ Ede, dem Bruder von Jürgen Schwabe, speziell betreut.

Außerdem waren auch Angestellte wie Kneipenmann Heinz Kallen, aufgrund seiner Herkunft allgemein unter dem Namen »der Kölner« bekannt, an den Plattentellern zu entdecken, der wegen seiner »Schatztruhe« mit amerikanischen Funkjazz-Scheiben und seiner Hingabe für Bands wie Bauhaus und Gang of Four wiederum einen großen Einfluss auf Pete Foss ausübte.

Pete und Ploggi herrschten an den publikumsträchtigen Wochenenden über das Pult, an denen auch viele Besucher von außerhalb den »Hyde Park« frequentierten. Derweil hatte ich am Mittwoch eine Art »Stadtabend« etabliert, denn vielen Osnabrückern war der »Park« an den Wochenenden schlicht zu voll. Daher blieb man ohne die »Touries« am Mittwoch halbwegs unter sich.

Bekehrer und Provokateur

Das Aufkommen von Punk Ende der Siebzigerjahre sorgte für einigen Wirbel. »Mit Punk bin ich nicht klargekommen«, erklärt Pete Foss. Er als Musiker, der mehr als drei Akkorde auf seiner Gitarre beherrschte, konnte sich mit dem rabiaten Einfach-Rock nicht anfreunden. Also wurde es Zeit für frischen Wind im alten »Park«. Ein neuer, junger DJ tauchte im Scheinwerferlicht auf: Brownie. Der hörte eigentlich auf den Namen Christoph Hobein, hatte eine Ausbildung bei Gebrüder Rohlfing absolviert, arbeitete dort in der Plattenabteilung und hatte auch schon in der »Drehorgel« aufgelegt. Sein größter Traum war es, im »Hyde Park« als DJ zu arbeiten. »Als ich das erste Mal in den ›Park‹ kam, war für mich klar: Das ist mein Laden!«, sagt er im Rückblick. 1981 wurde Brownie von Conny Overbeck »eingekauft«. Jetzt war im »Hyde Park« erstmals ein DJ am Werk, der eher der Kategorie

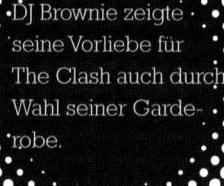

»DJ Brownie zeigte seine Vorliebe für The Clash auch durch Wahl seiner Garderobe.

Daher wunderte Brownie sich auch nicht, dass ihm brennende Zigaretten und bisweilen auch volle Trinkgläser auf das DJ-Podest geworfen wurden, weil Gäste mit seinem Stil nicht einverstanden waren. »Einmal musste ich sogar von Kollegen nach Hause begleitet werden, weil unzufriedene Gäste mir angedroht hatten, mich zu verprügeln, wenn ich nach Feierabend den ›Hyde Park‹ verlassen würde«, so Brownie.

Die aufregendste Zeit erlebte er als DJ nach der Schließung des alten »Hyde Parks«, als das Zelt eröffnet wurde. In dem aufgeschnittenen Zirkuswagen, der als DJ-Kabine fungierte, existierte dasselbe Problem wie im Saal des altehrwürdigen Fachwerkhauses: Wenn ein Gast zu vehement gegen den gefederten Wagen prallte – was öfter passierte – hoppelte der Plattenarm über die Rillen.

»Bekehrer und Provokateur« angehörte. Brownie war ausgewiesener Clash-Fan und liebte es, ähnlich wie seine Vorbilder in einer Art Tarn-Uniform zur Arbeit zu kommen, die den hippiesken Gästen allerdings ein Dorn im Auge war. Auch in Bezug auf die Musikauswahl agierte Brownie zum Teil rabiat, indem er Maxisingles mit den ersten Rap- und HipHop-Nummern auflegte, um diese wiederum mit rüden Punk-Attacken zu konterkarieren. Vorbei waren damit die Zeiten der Harmonie auf der Tanzfläche.

Außerdem war man im Zirkuszelt enorm wetterabhängig: »Einmal gab es eine Sturmwarnung«, erzählt Brownie. »Die haben wir erst ignoriert. Als aber einer von den großen Ständern, die das riesige Dach trugen, von einer Sturmböe angehoben wurde und mit Karacho gegen den Diskowagen krachte, haben wir den Laden dann doch geschlossen.« Jedenfalls war die Stimmung im Zelt stets extraordinär. Wegen der Krawalle hatte der »Hyde Park« eine enorme Medienpräsenz erfahren, was zu noch mehr neugierigen Besuchern führte, die die außergewöhnliche Location kennen lernen wollten. »Es war voll und es herrschte eine brisante, aufgeladene Atmosphäre«, so Brownie. Gute Bedingungen für einen DJ.

Gassenhauer ohne Verfallsdatum

Wie sich im Laufe der Jahre und Generationen die Geschmäcker verändern, stellte ich fest, als ich zum 30-jährigen Jubiläum des »Hyde Parks« eingeladen worden war. Als »Ehemaliger« sollte ich ans DJ-Pult treten. Das Publikum bestand in dieser Nacht nicht, wie ich erwartet hatte, aus alten Stammgästen. Nein, die regulären Gäste zwischen 16 und 25 Jahren dominierten. Ich versuchte, die Leute mit alten Schätzchen aus der Anfangszeit des »Hyde Parks« zu ködern, was sich als nicht sehr erfolgreich herausstellte. Ein Resident-DJ, der mir zur Seite gestellt worden war, meinte: »Wenn du die *crowd* da unten richtig rocken willst, musst du ›Eye Of The Tiger‹ von Survivor oder ›Summer of 69‹ von Bryan Adams auflegen.« Ich traute meinen Ohren nicht. Diese Gassenhauer, die ich in der Diskothek »Subway«, in der ich vorher tätig war, rauf und runter gespielt hatte und die ich schon längst als »abgenudelt« aus meinem Repertoire gestrichen hatte, wurden hier jetzt frenetisch abgefeiert – von Gästen, die diese Songs offenbar zum ersten Mal als Babys bei ihren Eltern gehört hatten und damit sozialisiert worden waren …

Kirsten Schuhmann: Gefühlte fünf Meter über dem Boden

Live-Porno mit Rockbitch, sich mit Tränengas attackierende Rocker-Banden und dazu ein Haufen düster dreinblickender und extrem tätowierter Kuttenträger. Meine Mutter hätte mich vor diesem »Laden« sicherlich eindringlich gewarnt und die Zimmertür verbarrikadiert, hätte ich ihr davon erzählt. Dass ich eben in diesem »Laden« mehr als acht Jahre gearbeitet habe, würde sie sicherlich auch nachträglich nicht beruhigen. Dabei hätte sie bei meinem ersten »Auftritt« als DJane sicherlich Spaß gehabt. Immerhin hatte ich einen Riesenfauxpas begangen und nicht ahnend, was das normale »Hyde Park«-Klientel auf die Tanzfläche treiben würde, mein liebstes ABBA-Stück rausgesucht und für das erstaunte Publikum besten Gewissens »Dancing Queen« zum Besten gegeben. Einstand gelungen: Ich kassierte meine erste Rüge seitens der sichtlich erbosten Kuttenträgergemeinde, sorgte für Gelächter auf Seiten des Thekenpersonals, und auch Jahre später noch begrüßte mich Conny Overbeck mit den Worten: »Ach Kirsten, spielste ma ABBA für mich?« So etwas sitzt tief, und ich kann mich an keinen misslungeneren DJ-Auftakt während meiner gesamten Laufbahn erinnern. Dennoch, der »Hyde Park« hielt an mir fest und ich wollte mich dafür mit Ehrgeiz und einer stetig wachsenden CD-Sammlung bedanken. Das Problem war mir erst später bewusst geworden: Ich hatte blauäugig den Freitag übernommen, der zu diesem Zeitpunkt noch fest in der Hand der, wenn auch geschrumpften, Metal-Gemeinde war. Da die Szene nun scheinbar eben diesen Freitagabend zum Kino- oder Thekenabend auserkoren hatte,

Für manche offenbar ein romantischer Ort: Das Damenklo im Holzbau.

Mit einer freizügigen Sexshow füllten Rockbitch die Säle. Und ihre Musik war gar nicht mal soo schlecht ...

suchte der »Hyde Park« nach einem neuen Konzept und neuen DJ und damit kam ich ins Spiel. Ich hatte damals eine Anzeige in der »GIG« gesehen und fühlte mich nach den ersten Studi-Partys im EW-Gebäude fit für die Disko. Dem ersten Bewerbungsgespräch via Telefon folgte ein zufälliges musikalisches Schaulaufen im »Trash«, das DJ-Guru Brownie von meinen Qualitäten überzeugt haben soll. Ich selbst hörte nur von erstaunten Bekannten, dass sie die DJ-Legende bei meinem Theken-Gig »schunkeln« gesehen haben wollten. Was auch immer an diesem Abend wirklich passierte, ich durfte fortan freitags den »Park« beschallen. Und nach anfänglichen Ungereimtheiten fand ich schnell den passenden Rhythmus für ein bunt alternatives Freitagabendpublikum.

Denke ich nun nach ein paar Jahren zurück, waren die wohl einschneidendsten Erlebnisse unter anderem ein britischer Flitzer, der das Stadion verfehlt hatte und im Adamskostüm vier Runden um die Tanzfläche drehte. Dazu erinnere ich mich an mehrere frisch verliebte Pärchen, die auch lange nachdem die letzten musikalischen Töne verklungen waren, eng umschlungen auf dem Frauenklo ihr junges Glück zelebrierten. Grundsätzlich vollkommen in Ordnung, was gibt es Schöneres? Doch nach einer gut besuchten Disko-Nacht ist das »Park«-Klo der schlimmsten Toilette Schottlands (siehe »Trainspotting«) wesentlich ähnlicher als einem romantischen Himmelbett. Inspiration lieferte sicherlich die britische Rockformation Rockbitch. Wer die illustre Combo mal live erleben durfte, weiß, worauf ich anspiele. Wie es im »Hyde Park« Usus war, sollte ich nach dem Konzert die Partygemeinde wie gewohnt zum Tanzen bringen. Doch wer kann schon eine grölende Masse bewegen, nachdem drei sichtlich sexuell aktive junge Frauen den zumeist männlichen Besuchern bereits das Letzte abverlangt hatten? Da wurde unter anderem ein goldenes Kondom in die Menge geworfen, dessen glücklicher Fänger anschließend von zwei der Damen hinter die Bühne geführt wurde. Weitere Details möchte ich wegen des hier begrenzten Platzes aussparen und verweise darauf, dass die Show nur für Besucher ab 18 freigegeben war und in einigen Diskos sogar verboten wurde. Nicht so im »Hyde Park«.

An diesem Abend überließ ich den Backstagebereich in jedem Fall ganz den britischen Damen und begnügte mich mit dem Gang auf die zuvor zitierte Damentoilette. Wenn ich so recht drüber nachdenke, waren es eher wenige Höhepunkte solcher Art. So aufregend und bunt war mein Leben als »Park«-DJane dann auch wieder nicht. Auch wenn man zu den vielen schrägen Geschichten den Soundtrack lieferte: Dank der gefühlten fünf Meter über dem Boden »schwebenden« DJ-Empore war ich halt immer zu weit weg vom eigentlichen Geschehen. Dennoch muss ich gestehen, mindestens einmal ganz froh über diesen Zustand gewesen zu sein. Ich erinnere mich an die Einführung des Rauchverbots und eine damit verbundene Massenwanderung Richtung Ausgang. An einem Abend verließ nun aber das gesamte »Bodenpersonal« fluchtartig den »Park«. Dabei kamen die White Stripes sonst immer gut an. Nach zwei Minuten war auch mir klar, dass »Seven Nation Army« unschuldig war. Der Grund: Der stechende Geruch von Tränengas erreichte jetzt auch meine Nase. Später wurde ich dank des gut informierten Thekenpersonals aufgeklärt: Verfeindete Rocker-Bandenmitglieder seien aufeinander getroffen. Aus zweiter Hand (und mit viel Fantasie) weiß ich nur zu berichten, dass die Jungs das Mitglied der feindlichen Gang zu Boden warfen, eine Tube Tränengas in seine Augen entleerten und anschließend mit Knüppeln schlugen. Angeblich waren Polizei und Krankenwagen vor Ort, die feindlichen Gangmitglieder verschwunden und der Geschundene blieb noch ein Weilchen. Er orderte an der Bar zwei Whiskey-Pinnchen, mit denen er zum einen die brennenden Feuerbälle, die mal seine Augen waren, ausspülte, zum anderen seine trockene Kehle befeuchtete und Nachschub orderte. Gille meinte später am Abend dazu, dass es unter Rockern »zum guten Ton gehören würde«, dass man pro Abend mal mehr als einen Zahn riskiert. Und bevor ich nun riskiere, dass dank meiner ausufernden Erzählung andere zu kurz kommen, belasse ich es hiermit dabei und hoffe, ich konnte ein paar »Park«-Erinnerungen und -Legenden wach rufen.

Kirsten Schuhmann war von 1999-2008 DJane im »Hyde Park«.

DJane Kirstens »Hyde Park«-Top Ten:

Nine Inch Nails: »Closer«
Massive Attack: »Teardrop«
Prodigy: »Smack My Bitch Up«
Placebo: »Pure Morning«
Pixies: »Where Is My Mind?«
Cake: »I Will Survive«
Hives: »Hate To Say I Told You So«
Violent Femmes: »Blister In The Sun«
Strokes: »Hard To Explain«
Chemical Brothers: »Hey Boy, Hey Girl«

Marcel Kawentel:
Groupie Nights

Einmal über den Dingen stehen. Menschen, in diesem Falle. Tanzende, in Kunstnebel gehüllte, vom Scheinwerferlicht in Schemen wankender Zombies verwandelte.

Ein Korb hält gekühlte Getränke bereit, umsonst. Die Wände sind mit CDs bedeckt (das sind diese glitzernden Scheiben, auf denen man im letzten Jahrtausend unter anderem Musik zu speichern pflegte ...). Man kann vor den Regalen auf und ab wandeln, das Getränk lässig in der Hand, so wie ein zum Essen geladener Gast vor dem Entrée die Bücherwände inspiziert und auf den Charakter des Besitzers zu schließen versucht. Hier lässt die Musikauswahl einen gealterten, aber jung gebliebenen Rocker aus den Achtzigern und Neunzigern vermuten. Dieser Geschmack deckt sich nicht immer mit dem der verschwitzten Kids, die sich die wacklige Leiter hinaufwagen und hanebüchene Wünsche äußern. Ich stehe an der Pforte zur Erfüllung dieser Wünsche. Ich bin *Kerberos*, der dreiköpfige Hund, der den Eingang zur Unterwelt bewacht. Ich sammle, sortiere vor und bringe dem Meister die Auswahl der Wünsche dar. Denn der Meister ist beschäftigt. Mit Kopfnicken. Mit Herumstöbern in den Tiefen seines Alukoffers. Mit dem simultanen Bedienen zweier (sic!) CD-Player. Wenn ich in einer kurzen Pause mit meinen im Kopf gesammelten Notizen vortrete, lächelt er manchmal mitleidig kopfschüttelnd (ich lache mit). Ein anderes Mal ist es mehr ein schelmisches Grinsen, in fachmännischer Anerkennung dessen, dass noch jemand anders in dieser schummrigen Höhle solch eine alte Perle zu schätzen weiß. Dann verschwindet die eine Hand (die andere ist gerade beschäftigt) in besagtem Alukoffer und zaubert das fast vergessene Relikt hervor. Ich bin stolz, Teil dieses Moments zu sein und weiß, ich werde mich noch Jahre später an diese Abende erinnern. Diese Abende, an denen ich so viel Macht hatte wie nie zuvor (und auch später nie bekam), so viele Freigetränke. Und so viel Spaß, von oben auf die Menge zu schauen. Ohne bis vier Uhr früh hier rumhängen und für ein lumpiges Taschengeld zwei CD-Player bedienen zu müssen.

»Illusionswerfer und Scheinapparate«

Interview mit Walter Hauser

Walter Hauser ist ein bis heute wenig bekannter Pionier im Bereich Beleuchtungstechnik und Licht-Design in Diskotheken. Aufgewachsen in Innsbruck, studierte Hauser Werkstofftechnik in Erlangen. Er wechselte von einem Siemens-Labor für Höchstfrequenztechnik zum Hersteller der Pershing-Mittelstreckenraketen in Phoenix/Arizona, um in den Genuss eines computerunterstützten Unterrichts für Steuerungstechnik zu kommen. Zurück in Deutschland, gründete er eine Entwicklungsfirma im Bereich physikalische Chemie und Werkstofftechnik. In Osnabrück »blieb« er »hängen«, weil er hier seine Frau kennen lernte, mit der er zwei Kinder hat; aber auch, weil es im Umfeld des »Hyde Parks« »viele tolle Menschen gab, die einen mit ihrer Begeisterung und ihrem Engagement angesteckt haben.«

Wann waren Sie das letzte Mal im »Hyde Park«?

Hmm ... in den letzten Jahren war ich zwei Mal ganz kurz dort, um nach der Lichtanlage zu gucken. Ansonsten habe ich den »Hyde Park« gemieden, seit mein Freund, der Mitbetreiber Jürgen Schwabe, 2007 gestorben ist. Da konnte ich den »Park« nicht mehr sehen, weil er mein bester Freund war – seit fast dreißig Jahren. Zu vieles erinnerte an diesen Verlust. Kennen gelernt hatte ich ihn 1983, in dem Jahr, als das »Schweizerhaus« dichtgemacht wurde und es eine riesige Keilerei gab, mit den Hundertschaften der Polizei. Davon habe ich auch Videoaufnahmen gemacht ... Aber kennen gelernt habe ich Jürgen Schwabe schon vorher durch einen meiner Mitarbeiter, der auch im »Hyde Park« arbeitete. Jürgen sagte: »Ich habe da so 'ne Kneipe«, und dann habe ich ihn da mal besucht und dachte: »Was ist das denn für ein Laden!« Wir lebten in sehr unterschiedlichen Welten, fanden aber sehr spannend, was der jeweils andere machte.

Was ist aus den Filmaufnahmen geworden?

Die habe ich alle Conny gegeben, die hat sie wiederum an Leute verliehen, die einen Dokumentarfilm über den »Hyde Park« machen wollten, und bei denen sind die Bänder wohl bei einem Feuer verbrannt. Was ich aber noch

> **Campino, Sänger der Toten Hosen:**
> Der »Hyde Park« war für längere Zeit der absolute Nummer-Eins-Laden in der Gegend. Wenn wir da gespielt haben, hat die Luft eigentlich immer gebrannt. In dieser Zeit wimmelte es bei uns nicht gerade vor Groupies. Im »Hyde Park« hatte ich allerdings direkt zwei Mal Erfolg. Allerdings dauerte es bei der zweiten Begegnung einen halben Abend, bis ich gerafft habe, dass es dieselbe Frau wie beim ersten Mal war. Trotzdem, die Reise hat sich gelohnt.

Was waren das für Experimente?

Wir haben eine der ersten Videokameras gekauft. Durch Zufall habe ich die Kamera auf den Kopf gestellt und nah an den Monitor gehalten. Dann kam es zu Rückkopplungen, und mit diesen Rückkopplungen konnte man aus dem Nichts alle möglichen Formen und Figuren hervorrufen. Das auf eine große Fläche projiziert, erzeugt eine psychoaktive Wirkung. Das war sozusagen ein Raum-Zeit-Oszillator – das war schon faszinierend. Wir hatten ja im »Schmied im Hone« [eine ehemalige Gaststätte an der Oldenburger Landstraße, in der Jürgen Schwabe wohnte] eine Werkstatt eingerichtet, in der solche Sachen ausgetüftelt wurden. Wir haben dann versucht, derartige Effekte mit Licht nachzuvollziehen. Anfangs hatten wir nur eine kaputte Lichtkanone mit einer großen Linse vom Zirkus Althoff bekommen, mit der wir experimentieren konnten. Es gab ja kein Geld. Aber wir wollten was Neues machen und hatten Ideen. Ich habe dann – das war hochinteressant – eine Xenonlampe, so wie sie in Leuchttürmen oder in großen Autokinos verwendet wird, genommen. Deren Lichtstrahl habe ich nicht über einen Spiegel laufen lassen, sondern über mehrere Linsen »ausgekoppelt« und konnte dann über zwei sogenannte dichroitische Farbspiegel [trennen das Licht nach Wellenlängen] bis zu 600 Farben erzeugen. Charakteristikum des dabei erzeugten Lichtes ist – ähnlich wie beim Laser –, dass es monochrom und kohärent bleibt, also alle Lichtquanten den selben Startpunkt haben. Und damit lässt sich sehr viel machen.

Wie? Was?

Na ja, Sie können zum Beispiel ein Lichtpaket machen, das hier startet und dort endet [markiert mit den Händen zwei Punkte in der Luft], und so einen dreidimensionalen Effekt herstellen. Wenn ich das Entladungslicht einmal direkt abstrahle und einmal durch einen Spiegel und bringe die beiden Strahlen zusammen, dann interferiert das Licht. Das heißt, ich kann

habe, sind ein paar Kassetten. Aber da müsste ich das Abspielgerät erst wieder herrichten. Das sind Aufnahmen aus dem leerstehenden »Schweizerhaus«. Da haben wir nämlich herumexperimentiert für die Lichtanlage und die spektakulären 3-D-Projektionen für den »Hyde Park« im Zirkuszelt, das hat total Spaß gemacht.

das so einstellen, dass Wellenberg und Wellenberg sich addieren oder der eine den anderen auslöscht – das ist das Verrückte. Das haben wir gemacht mit einer Fresnellinse, wie sie in den Fünfzigerjahren verwendet wurden, um kleine Fernsehbilder optisch aufzumotzen. Mit der haben wir als Projektionslinse super Effekte erzielt – höchst faszinierend, was da manchmal rauskam. Einmal hatte ich eine Installation, bei der von links und von rechts Lichtstrahlen kamen, die sich – kurz bevor sie aufeinander trafen – scheinbar nach oben bogen. Da kam ein Physik-Lehrer mit seiner ganzen Klasse und sagte: »Guckt euch das mal an! Licht soll sich angeblich doch gradlinig ausbreiten.« Er war total fasziniert. Aber in Wirklichkeit war es ja kein gekrümmter Lichtstrahl; tatsächlich war es eine sogenannte *Katakaustik*, eine Brennlinie, die als Ergebnis optisch einen gekrümmten Strahl zeichnete.

Hattet ihr ein großes Budget für die Entwicklung und das Equipment?

Das war die Herausforderung: Es standen uns anfangs nur 2.000 D-Mark zur Verfügung. Den Winter über, als der Holz-»Park« noch ein Rohbau war,

Eine echte Innovation, exklusiv im »Hyde Park«: Walter Hausers »psychoaktive« Lichtspiele.

haben alle, die sonst im »Park« gearbeitet hätten, in meiner Werkstatt geholfen. Da wurde gehämmert und geflext. Wir sind dann auf den Schrottplatz gegangen und haben uns eingedeckt mit allem, was wir brauchten. Da gab es viel Militärzeug zum Ausschlachten, zum Teil hochwertige elektronische Bauteile, für eine Mark das Kilo. Ich hatte auch einfachste Steuerungen. Zum Beispiel hatte ich ein Mikrophon genommen, über einfache Filter mit einem Transistor verbunden und dann einfach über ein Relais die Motoren für die Linsen und Spiegel angesteuert. Irgendwie war alles permanent synchron zur Musik, ohne große Computersteuerung. So haben wir dann die ersten exotischen Apparate konstruiert. Ich nannte sie damals »Illusionswerfer und Scheinapparate«. Das waren mächtige Dinger mit doppelwandigen Gehäusen und 200 Kilogramm und mehr Gewicht. Ich habe dafür einen einstellbaren Tesla-Zünder entwickelt, mit dem ich bis 300.000 Volt alles zünden konnte, was mir jemals als Entladungslampe unterkam. Da konnten wir die geschenkten, ausrangierten Entladungslampen aus dem Kino verwenden oder aus Siebdruckbelichtern. Die waren ja eigentlich nicht kaputt oder explodiert, sondern brauchten nur, weil sie eben älter waren, eine erhöhte Zündspannung.

War das nicht gefährlich, wenn mal eine explodierte?

Ach wo! Die letzte von diesen Lampen im »Hyde Park« ist seit über fünfzehn Jahren in Betrieb, die läuft immer noch. Und wenn die auseinanderfliegt, kann nichts passieren. Die sitzt ja in einem doppelwandigen Stahlgehäuse. Als mal eine explodiert ist, war das ein sehr intensives Geräusch und die Linse war auch beschädigt, aber die Leute standen unten und haben applaudiert.

In den Achtzigerjahren gab es Veranstaltungen, die als »Disco & Lights« angekündigt wurden.

Zum ersten Mal wurde zu einem »Tanz in den Mai« eine solche Show angekündigt. Ich weiß noch, der Laden war zum Platzen voll. Wir hatten Farbfilter vor die Scheinwerferlinsen gemalt, und die wurden mit der Hitze auf einmal trüb, und auch sonst hat einiges nicht geklappt. Aber zum Schluss lief es trotzdem einigermaßen: Es war bunt, es war Musik da, und keinem fiel auf, dass eigentlich die Hauptattraktion eine andere sein sollte. Bei derartigen Veranstaltungen war die Bude immer rappelvoll. Die Leute mochten das. Vor allem dieses monochromatische Licht. Das war ja – ähnlich wie beim Laser – ein sehr reines, intensives Licht: Magenta, Grün, Orange, alle Farben. Und deren Reinheit hatte eine psychoaktive Wirkung. Man konnte sich das angucken, und egal wie mies man drauf war, nach ein paar Minuten hatte man so ein warmes, wohliges Gefühl im Bauch. Und es kam keine Aggression auf. Das ist ja eins der großen Geheimnisse, warum es immer so friedlich war im »Park«: Weil's einfach schön war.

Reiner Wolf führte das Gespräch am 18. Februar 2011 in Osnabrück.

Gisbert Wegener: Magische Orte

Wenn die Musik verstummt, gehen die Lichter aus.

In den Diskotheken als Orten der Sozialisation treffen sich die Lebenslinien vieler Menschen. Für die einen sind Diskotheken und Tanzclubs Tore zum Glück, für andere »Jagdgründe der Liebe« (Karen Krüger). Für einige wenige waren sie der erste Schritt und die persönliche Eintrittskarte auf dem Weg in die Drogenhölle.

In diesem Beitrag beschreibe ich die Konzepte des »Ocambo Clubs« von Horst Wodowos an der Herrenteichstraße in Osnabrück (1959 bis 1969), des »Jaguar Clubs – Scala – Herford« (1962 bis 1970) und seiner »Tamburin Disco« (1968 bis 1973) sowie der progressiven Diskothek »Scala« in Lastrup von Wolfgang Schönenberg (1970 bis Ende Februar 1977). Es folgt ein Vergleich mit dem frühen »Hyde Park« im »Schweizerhaus« in Osnabrück (1976 bis 1983).

Von den vier hier präsentierten Clubs hat nur einer überlebt: der »Hyde Park«.

Er ist einer der ältesten der heute noch unter ihrem Ursprungsnamen betriebenen Musikclubs im Weser-Ems-Gebiet. Übertroffen wird er von dem in Norddeich als Diskothek geführten »Haus Waterkant« von Sven Rogall – genannt »bei Meta«.

Das heutige Domizil des »Hyde Parks« am Fuße des Piesbergs unterscheidet sich sehr von den Gaststättensälen, in denen sich die ersten Underground-Diskos etablierten.

Jugend zwischen Bombentrichtern

In den Fünfzigerjahren sind die Folgen des Zweiten Weltkrieges auch in Osnabrück deutlich im Stadtbild zu sehen. Ruinen, Invaliden, Bombentrichter, in denen Kinder spielen, Trümmergrundstücke, eilig wieder bebaute Grundstücke, Schuttberge. Doch in diesem unwirtlichen Chaos zeichnet sich das Wirtschaftswunder schon ab. Varietés, Tanzlokale, Milchbars und Kinos florieren, die Ausgehkultur der Fünfziger erlebt ihren Höhepunkt.

Der Charme der Fünfziger: Die Milchbar im Kaufhaus Merkur, Osnabrück. (Mit freundlicher Genehmigung des Museums Industriekultur.)

Teenager und die prosperierende Elektronikindustrie bringt Tonbandgeräte, Plattenspieler, röhrenbetriebene Musiktruhen und später Transistorradios auf den Markt. Die Menschen erleben diese neuen Medien als persönliches »Tor zum Glück«. Die neueste Technik ist nicht selten der Stolz der Familie.

Immer mehr Jugendliche verfügen über eigenes Geld, die amerikanischen, dann auch die deutschen Kulturproduzenten entdecken sie als mögliche Kunden. Nur bei wenigen allerdings reicht das Einkommen für eine persönliche Schallplattensammlung. Die neuesten Hits aus den USA hört man aus Jukeboxen und vereinzelt im Radio.
1956 erscheint erstmals die »Bravo«. Sie ist konzipiert als jugendorientierte Fernseh- und Rundfunkillustrierte. Erstaufführungskinos bringen deutsche und amerikanische Rock 'n' Roll-Musik nach Osnabrück: Elvis Presley, Bill Haley, Ted Herold erobern die Herzen der

1958: Der Plan für Osnabrücks erste Diskothek entsteht

Im Winter 1958 macht der Hannoveraner Tanzkapelleninhaber Ferdi Brendgen dem gelernten Gastronomen Horst Wodowos einen Vorschlag: Er solle das alteingesessene »Wiener Café« an der Herrenteichstraße in Osnabrück übernehmen. Diese Lokalität sei aufgrund ihrer guten Lage eine »Ringeltaube« – ein Selbstläufer, mit dem man viel Geld verdienen könne.
Horst Wodowos ist zu dieser Zeit noch bei der Messe Hannover angestellt. Er kündigt, und beide Herren setzen den Plan um. Wodowos konzipiert am Herrenteichswall ein Tanzlokal mit südamerikanischem Flair nach Vorbild des Hannoveraner »Mokambo Clubs« (»Mokambo« aus dem Portugiesischen = Hütte). Der Clou: Das damals übliche Tanzorchester wird durch Plattenspieler ersetzt: »Durch eine Speziallautsprecheranlage wird die Illusion erweckt, als spiele ein großes Orchester im Raum selbst, obwohl ausschließlich Schallplattenmusik gebracht wird.« So wird es im Mai 1959 annonciert auf Seite 1 des redaktionellen Teils des Veranstaltungsplans »Stadt und Land Osnabrück«.

Der »Ocambo Club« eröffnet

Ferdi Brendgen und Horst Wodowos eröffnen den »Ocambo Club« im Mai 1959. Dieser Club verdient faktisch den Namen Diskothek und weist mit Horst Wodowos den ersten Diskjockey Osnabrücks auf. Allerdings sind die Bezeichnungen Diskothek und Diskjockey damals noch nicht geläufig. Damit ereignet sich die Premiere des »Ocambo Clubs« gut ein halbes Jahr, bevor Klaus Quirini in Aachen als Diskjockey debütiert. Bedeutende Medien wie die »Frankfurter Allgemeine Zeitung« oder »Spiegel online« beschreiben 2009 Klaus Quirini als ersten Diskjockey Deutschlands. War Horst Wodowos der erste Diskjockey Deutschlands? – Nein! In seiner Autobiografie »Dreimal geboren« beschreibt er detailliert, was er gut gelaunt im Telefoninterview im Dezember 2010 wiederholt: Auch im Hannoveraner »Mokambo Club« habe man seit etwa Mitte der Fünfzigerjahre schon Musik vom Plattenteller abgespielt. Der Grund: Viele Tanzkapellen und Tanzorchester, die früher in den Clubs für die Unterhaltung der Gäste zu sorgen hatten, seien zu vorgerückter Stunde so betrunken gewesen, dass die Qualität des Programms darunter gelitten habe und es Ärger mit den Gästen gab.

Der zu Rate gezogene Osnabrücker Bühnenbildner Munz habe das ehemalige »Wiener Café« nach einem Besuch im Hannoveraner »Mokambo« getreu dem Vorbild mit einer südamerikanischen Dekoration mit vielen Palmen versehen. Horst Wodowos lässt eine hochwertige Lautsprecheranlage installieren und bedient die Plattenteller von der Bar aus: »Ich präsentierte meine ausgewählten Stücke in Dreier- oder Viererblocks. Das erste Stück zum Anheizen, das zweite und dritte zum Engtanzen und Schmusen und das dritte bzw. vierte zum Ausklang. Danach gab es eine Tanzpause, in der ich auch schon mal einen Sketch von Heinz Erhardt zum Besten gab. (...) Beim Zusammenstellen der Anlage hatten wir darauf geachtet, dass Bässe und Höhen sehr gut wiedergegeben wurden. Wir hatten uns

Ein Osnabrücker Veranstaltungskalender vom Mai 1959. (Mit freundlicher Genehmigung des Gram Verlags, Osnabrück.)

zum Ziel gesetzt, den Eindruck zu erwecken, als stünde ein Orchester live auf der Bühne – und das haben wir auch erreicht.« Als Lichtanlage wird eine Schwarzlichtneonlampe installiert, die Oberhemden und Blusen zum Leuchten bringt.

Nach Aussage von Horst Wodowos schlägt der »Ocambo Club« ein wie eine Bombe. »Ich wusste damals schon, dass wir die allerneusten Hits so früh wie möglich unseren Gästen präsentieren mussten. Deswegen verbrachte ich regelmäßig drei Stunden am Freitagnachmittag beim Musikhaus Rohlfing [damals an der Großen Straße am ›Eduscho‹-Brunnen gelegen, heute L + T Sports, Anmerkung des Verfassers]. Ich hörte mir dort die Neuerscheinungen an. Diese präsentierte ich dann am Abend meinen Gästen. (…) Mir ging es darum, die Gesellschaften, die bei uns zu Gast waren, gut zu unterhalten und in Stimmung zu versetzen, die Stimmung wieder runterzufahren und neu aufzubauen.«

Mit der Zeit kristallisieren sich die besonderen Vorlieben der Gäste heraus: »So wusste ich, dass einige Herrschaften, die Frank Sinatra liebten, regelmäßig erst gegen drei Uhr nachts eintrafen. Darauf hatte ich mich eingestellt. Auch für sie hatte ich noch ein anregendes Programm parat.«

An diese Nachtschwärmer hat Horst Wodowos genaue Erinnerungen: »Wenn auch ein Richter, der stets bis nach Mitternacht im Gericht gearbeitet hat, im Nachhinein als Gast im ›Ocambo-Club‹ erschien, war es ein Kriminalbeamter, der mit einem Kollegen in der Anfangszeit dienstlich nach Mitternacht den ›Ocambo Club‹ aufsuchen musste, seinem Kollegen sagte: dass, wenn der junge Unternehmer wüsste, wie viel Jahre Zuchthaus an seiner Bar sitzen, er sicher morgen das Lokal wieder schließen würde. Nachdem sich später zwischen uns eine Freundschaft entwickelte, hat er mir diese Geschichte erzählt.«

Die musikalische Bandbreite

Zum musikalischen Repertoire von Horst Wodowos zählen in den Anfangsjahren unter anderem Frank Sinatra, Louis Armstrong, der Sänger und Trompeter Louis Prima (»The Wildest«) mit seinen Hits »Buona Sera« und »Oh Marie«, die Swing-Orchester Teddy Stauffer und Glenn Miller, Dinah Washington – »The Queen of the Blues« – mit ihrem größten Hit »What a Difference a Day Makes« und James Last. Später kommen zum Beispiel die Beatles und Tom Jones hinzu.

Häufig gespielt werden Titel der Weltmusiker Miriam Makeba (genannt »Mama Afrika«) und Harry Belafonte (»The Lion Sleeps Tonight«), der Schlagersänger und Entertainer Adamo, Peter Alexander und Udo Jürgens sowie der deutschen Chanson-Sängerin Alexandra, die Horst Wodowos persönlich kannte, des Hazy Osterwald Sextetts (»Kriminal-Tango«) sowie des Tanzmusikorchesters Hugo Strasser (»You're the Cream in My Coffee«).

Natürlich ändert sich der Musikgeschmack von Jahr zu Jahr, das Publikum erhebt neue Ansprüche. Horst Wodowos reagiert: »Im Jahr 1968 habe ich zirka ein Jahr lang versucht, alternativ mit Kapellen und Stars wie Chris Howland, Roy Black zu arbeiten, unter anderem ist auch Mary Roos am Anfang ihrer Karriere aufgetreten. Auch *Go Go Girls* aus Holland waren mal dabei. Auch habe ich in diesem Jahr unter dem Motto ›Jeder kann mitmachen‹ Nachwuchskräften die Chance geboten, öffentlich aufzutreten. ›Deutschland sucht den

Superstar‹ gab es noch nicht. Übrigens gab es im ›Ocambo-Club‹ Krawattenzwang und für Damen, die an der Bar gearbeitet haben, ein Tanzverbot.« Eine Osnabrücker Geschäftsfrau erinnert sich: »In meiner Ausbildungszeit hatten wir einen fortschrittlich eingestellten Chef. Nach einer Betriebsfeier gingen wir alle gemeinsam in den ›Ocambo Club‹ und feierten. Es war wie eine Art Nachtbar, etwas eng, dunkel und schummrig.«

Der Betreiber als DJ

Interessant im Vergleich zum »Hyde Park« und anderen Diskotheken, die verschiedene DJs beschäftigen, ist die Tatsache, dass im »Ocambo Club« der Betreiber zugleich der einzige DJ ist. Sein oberstes Ziel ist es, ein konstant hohes Unterhaltungsprogramm zu bieten, und diese Verantwortung will er nicht gern an jemand anderen delegieren. Nur einmal macht er nach eigener Aussage eine Ausnahme. Horst Wodowos: »Ich hatte für einige Wochen einen DJ eingestellt. Er legte aber nur Musik auf, die ihm selber gefiel. Das kam beim Publikum aus meiner Sicht nicht gut an. Seine Musikauswahl war mir viel zu rhythmusbetont. Ich selbst mochte lieber die melodiösen Nummern, weil die Gesellschaften sich dann schneller näher kamen. Mein Programm war eine Mischung aus melodiösen und rhythmusbetonten Nummern. Die rhythmusbetonten Beat-Nummern führten verstärkt dazu, dass die Menschen getrennt oder auch vermehrt alleine tanzten. Ich hatte den Eindruck, dass der Mensch bei dieser Musik immer mehr wie ein Produkt behandelt wurde. Diese Entwicklung gefiel mir persönlich nicht.«[19] Interessant ist das ausgetüftelte Gastronomiekonzept von Horst Wodowos auch im Vergleich zum »Hyde Park«, der in den Siebzigern keinen Verzehrzwang ausübt, vermutlich weil die Szene auch ohne Druck in Dreierreihen an den Theken steht und »säuft«, wie es ein Zeitzeuge beschreibt, und viele Gäste auch genügend Geld in der Tasche haben, ganz im Gegensatz zu den Jugendlichen Anfang der Sechzigerjahre: Am Anfang des gut 180 Quadratmeter großen »Ocambo Clubs« mit seinen etwa 150 Plätzen, auf mehrere gemütliche Nischen verteilt, sind Sitzgelegenheiten für diejenigen, die sich nur ein Bier oder eine Cola leisten können. Etwas weiter Richtung Tanzfläche serviert man Cocktails für die, die etwas mehr Geld ausgeben können. Wieder eine Stufe höher herrscht Weinzwang. Altersmäßig gibt es nach oben keine Grenze. Alle Altersgruppen können sich vergnügen. Ältere werden nicht schief angeschaut und eine Gesichtskontrolle gibt es nicht, wohl aber einen »Rausschmeißer« – abgeworben aus Amsterdam.

Wie Horst Wodowos weiter berichtet, machen ihm schon ab 1963 Nachahmer das Leben schwer. Nach einem schweren Autounfall 1969 schließt Horst Wodowos seine Osnabrücker Betriebe, darunter auch den kultbehafteten Hähnchengrill »Hühnerstall« in der Hasestraße. Anschließend führt er seine Geschäfte in Wyk auf Föhr fort. Osnabrück ist für Horst Wodowos Vergangenheit.

---

19 In Bezug auf seinen hohen Qualitätsanspruch gibt es eine Parallele zu der Diskothek »Scala« in Lastrup von Wolfgang Schönenberg. Wolfgang Schönenberg legt ebenfalls Wert auf die Zufriedenheit seiner Gäste und die Qualität seiner kristallklaren und überaus leistungsfähigen Lautsprecheranlage. Allerdings stehen sich die Musik der »Scala« und des »Ocambo Clubs« diametral gegenüber. Sowohl Wodowos als auch Schönenberg fahren eine musikalische und technisch orientierte Qualitäts- und Markenstrategie. Oberstes Ziel ist es, ein konstant hohes Unterhaltungsprogramm zu bieten, und diese Verantwortung wollen sie an niemand anderen delegieren.

Osnabrücker DJs im »Ocambo«

Zumindest zwei Osnabrücker legen zeitweise im »Ocambo Club« auf. Vermutlich geschieht dies nach dem Autounfall von Horst Wodowos. Der »Ocambo Club« wird von einem neuen Betreiber und später unter einem neuen Namen weitergeführt. Ernst Siebrecht aus Bramsche, der um 1970 zeitweise an der Herrenteichstraße auflegt, erzählt im Telefoninterview: »Angesagte Hits waren Deep Purples ›Child in Time‹ (1970), Pink Floyds ›See Emily Play‹ (1967) oder von Spooky Tooth ›Waitin' For the Wind‹ (1969).« Damit erreicht die progressive Rockmusik Osnabrück. Auch der wohl bekannteste Schallplattenverkäufer und Rock 'n' Roll-Spezialist in Osnabrück, Volker Campen, arbeitet zeitweise im »Ocambo Club«. Gespielt wird, so Campen, Soul von »Tamla Motown, Arthur Conley, Atlantic Records. (...) Und dann kam die etwas progressive Schiene. Dann ging es los mit Jethro Tull, Pink Floyd auch, aber auch ein bisschen T. Rex, wonach man noch tanzen konnte.«

Der Osnabrücker Michael G. erinnert sich an den »Ocambo Club« der frühen Siebzigerjahre, also nach dem Weggang Horst Wodowos', als einen »Zigeunerladen«.

Das Gebäude am Haarmannsbrunnen, es steht nach wie vor, beherbergt heute ein Chinarestaurant.

1965: Carola Frauli und der »Jaguar Club« in Herford

Bewahrt Horst Wodowos seine Vorliebe für melodiöse Tanznummern, so entdeckt die Herforderin Carola Frauli über ihre beiden Söhne Axel und Harald ihre Liebe zur Beat-Musik. Diese kommt etwa ab 1964 von England auch nach Deutschland. Die angesagten Beat-Schuppen sind damals in England der »Cavern Club« in Liverpool sowie in Deutschland der »Kaiserkeller«, das »Top Ten« und der »Star Club«, alle drei in Hamburg. Die Beat-Welle schwappt stark nach Deutschland herüber. Beat-Schuppen und Beatbands schießen überall aus dem Boden. In ihrem Buch »Musikszene der 60/70er Jahre. Jaguar Club. Treffpunkt internationaler Top-Stars« schreibt Carola Frauli: »Die meisten dieser Clubs wurden allerdings ohne besonders professionellen Anspruch geführt. Das entsprach nicht den Idealvorstellungen meiner Söhne Axel, gerade sechzehn, und Harald, noch nicht einmal fünfzehn Jahre alt. Sie wollten alles besser machen. (...) Ihr Ziel stand fest: Sie wollten den ›Schützenhof‹ in Herford für eigene Beat-

Rock 'n' Roll-Spezialist Volker Campen legte zeitweise im Ocambo Club auf.

Logo des Jaguar Clubs, Herford, ein Entwurf von Carola Frauli.

Veranstaltungen mieten« – und dabei auch selber mit ihrer Beatband, den Jaguars, auftreten. Im persönlichen Gespräch erzählt Carola Frauli: »Anfangs war ich neben meiner Berufstätigkeit als Fahrerin für ihre Musikanlage engagiert, da die Jungs noch keinen Führerschein besaßen. Als die Jaguars (zwei von ihnen) ihren Einberufungsbefehl bekamen, kündigte ich meinen sicheren Job, um die Jugendlichen nicht zu enttäuschen. Wie sich der ›Jaguar Club‹ später entwickelte, ist bereits überregional bekannt.«

Der Sänger und Moderator Camillo Felgen (»Spiel ohne Grenzen«; Radio Luxemburg) zu Gast bei Carola Frauli.

Die Beat-Welle rollt

Manchem Leser in der Region Osnabrück wird der Herforder »Jaguar Club« allerdings nichts sagen: Mit Hilfe der Mutter, damals um die 40, die den Mietvertrag unterzeichnet, entwickelt sich der »Schützenhof« mit dem »Jaguar Club« der Fraulis zum angesagten Publikumsmagneten für Beatfans. »Es gab kein Wochenende, an dem die Besucher nicht vom Lübbertor bis zum ›Schützenhof‹ Schlange standen, um Eintrittskarten zu ergattern.« Selbst das WDR-Fernsehen sei gekommen und habe im Februar 1965 berichtet.

Eine erste überregionale, europaweit beachtete Popmusik-Sendung, die sich speziell an Jugendliche wendet, ist der »Beat Club« von Radio Bremen unter der Regie von Michael Leckebusch. Der »Beat Club« gibt der rollenden Beat-Welle jeden Samstagnachmittag neue Energie, präsentiert neueste und bekannte deutsche und englische Beatbands und macht die Beat-Musik immens populär. Später holt der »Beat Club« auch deutsche, englische, holländische und amerikanische Pop- und Progressive-Rockbands nach Bremen. Zu dieser Zeit hat Carola Frauli bereits ein altes Kino, die »Scala«, angemietet und – als Folgeprojekt für den »Schützenhof« – dort den »Jaguar Club« ins Leben gerufen. Carola Frauli versteht es, gute Beziehungen zu Radio Bremen und Michael Leckebusch als auch zum 1962 eröffneten legendären »Star Club« in Hamburg aufzubauen, der regelmäßig englische Beatbands präsentiert und in dem zuvor die Karriere der Beatles begonnen hatte. Mit diesem Netzwerk gelingt es ihr, internationale Top-Stars nach Herford zu holen. Diese spielen oft einen Tag nach ihrem Bremer Fernsehauftritt beziehungsweise ihren Hamburger Gastspielen. Es kommt zu spektakulären Konzerten von The Who, The Cream, Jimi Hendrix, The Drifters, Geno Washington, Dave Dee, Status Quo, Frumpy – um nur einige Highlights zu nennen. Zuletzt treten Spooky Tooth auf.

Michael G. aus Osnabrück erinnert sich: »Ich war als Siebzehnjähri-

zum Auftritt von Jimi Hendrix nach Herford gefahren. Gleich am Eingang bekam ich ein paar aufs Maul – und ich verbrachte den restlichen Abend auf der Herrentoilette, von wo aus ich dem Konzert zuhörte. Jimi war allerdings nicht gut drauf und das Herforder Publikum war an diesem Abend sehr rabaukenhaft.«

Lange Zeit hat der »Jaguar Club« ein gutes Image in der Bevölkerung. Beat ist vor allem Beat-Spaß und alles kommt unbefangen, fröhlich und unterhaltend daher. Allerdings »zerstörten die von Jugendamt und Polizei durchgeführten Razzien in unserem Club das ehemals positive Bild, das die Öffentlichkeit von uns hatte. Für die ältere Generation waren die Besucher eines Beat-Clubs nur Rocker und Langhaarige, Menschen zweiter Klasse. Dieser Generationskonflikt brach immer wieder durch. Wir resignierten.« Am 30. Oktober 1970 schließt der »Jaguar Club« für immer seine Türen. Carola Frauli empfindet dies, auch heute noch, wie sie sagt, als Folge von Behördenwillkür, speziell die Auflage, die Musikdarbietungen ab 22 Uhr einzustellen. Die Musik ist danach aus. Die Leute gehen nach Haus. Und kommen nicht wieder.

Bürgerschrecktruppe in der westfälischen Provinz: The Who im »Jaguar Club« in Herford. (Archiv: Carola Frauli)

Sonntag, 28. Mai 1967 Einlaß 16 Uhr
JIMI HENDRIX and The EXPERIENCE aus England
The RAGS aus Herford auf Hansa-Schallplatten

Jimi Hendrix' Ruf war schon 1967, drei Jahre vor seinem Tod, legendär. (Archiv: Carola Frauli)

Fazit zum »Jaguar Club«

Die Bedeutung des »Jaguar Clubs« besteht darin, die neuesten Entwicklungen in der Beat-Kultur erlebbar und mitgestaltbar zu machen. Modenschauen setzen kreative Akzente und geben Bekleidungstipps. Zwischendurch wird der »Jaguar Club« auch als Großdiskothek unter dem Namen »Tamburin« verwendet. »Mach Schau!« ist ein beliebter Anspruch und Ausspruch auf der Bühne und beim Tanzen. Konservativen Kräften in der Gesellschaft missfällt allerdings die Art, wie im »Jaguar Club« jugendliche Freizeit gestaltet wird. Vermutlich fürchten sie, ihren Einfluss auf die Jugend zu verlieren und begreifen dies als Herausforderung, mit politisch legitimierter Macht aktiv zu werden.

Progressiv in Lastrup

In den Siebzigern hat die Region Osnabrück noch eine weitere Attraktion zu bieten. Von 1970 bis 1977 existiert in der kleinen Gemeinde Lastrup im Südoldenburgischen die Diskothek »Scala«. Diskjockey Wolfgang Schönenberg, ein Pädagoge aus Löningen, betreibt dort einen *Underground-Club*. In seiner »Scala« will er seinen Gästen insbesondere die neu aufkommende Musikrichtung *Progressive Rock* intensiv, in all ihrer Fülle und mit all ihren Finessen und Nuancen in voller Lautstärke erlebbar machen.

Die Vorgeschichte der Scala

Nach London-Besuchen 1966 und angeregt durch die großen kulturellen Veränderungen in der amerikanischen und englischen Jugendszene entschließt sich Wolfgang Schönenberg Ende der Sechziger, neben seinem Pädagogikstudium eine Tätigkeit als DJ aufzunehmen. Auf einige Zwischenstopps in kleineren Orten im Emsland folgt 1970 ein Engagement in der Diskothek »Scala« von Heinz Künnen in der Elisabethstraße in Lastrup im katholisch geprägten Oldenburger Münsterland. Nach zwei Jahren entschließt er sich, den von ihm als ungemütlich empfundenen Saal auf

„Zur Beatmusik die passende Mode. Anzeigenentwurf von Carola Frauli

JAGUAR-CLUB

Sonnabend, 15. April 1967   Einlaß 17 Uhr

Beat und Mode

Kaufhaus KLINGENTHAL präsentiert die letzten Modeneuheiten im »Carnaby-Style«, während der Beatveranstaltung mit mehreren Beatgruppen

Sonntag, 16. April   Einlaß 16 Uhr

CASEY JONES

von seiner neuen Begleitband, den QUANDOWNS

»SCALA« HERFORD

eigene Kosten zu renovieren und seine »Scala« nach eigenen Vorstellungen gemeinsam mit Günther Alberding selbst zu betreiben. Eine Neueröffnung am 1. September 1972 ist der Beginn einer Karriere als *Underground-DJ* und Diskothekenbetreiber in einer Person. Ähnlich wie später die »Hyde Park«-Betreiber macht er sich anfangs keine großen Sorgen, weil er keine Diskotheken-Konzession besitzt.

Zu dieser Zeit ist es besonders auf dem Lande außerordentlich schwierig für Schallplattenfans, an die neuste Musik der entstehenden Progressivrock-Szene zu kommen. Wolfgang Schönenberg fährt deshalb regelmäßig ins holländische Zwolle, wo er im »Studio 6« seine Neuerscheinungen besorgt. Die Holländer haben die Nase vorn, und Wolfgang Schönenberg hat die Neuheiten meist früher als die Konkurrenz auf seinem Plattenteller.

Seine nur 200 Quadratmeter große »Scala« wird zum Magneten der gegenkulturell orientierten Jugend in Weser-Ems. Auch in Osnabrück hat er einige Fans: Diese trampen manches Wochenende nach Lastrup – immerhin gut achtzig Kilometer entfernt. Sein »Scala-Sound« ist legendär und wie ein sozialer Kitt, der seine Gäste in einer großen »Community« – so würde man es heute nennen – vereint.

Wolfgang Schönenberg legt besonderen Wert auf einen exzellenten Klang. Diesen erzeugen zu Beginn vier Bose-901-Lautsprecherboxen, angetrieben von einem Bose-801-Verstärker, dem stärksten Verstärker für den Privatgebrauch seiner Zeit. Diese Technik ist erforderlich, denn der Progressivsound zeichnet sich durch enorm kunstvoll komponierte und produzierte Musik mit vielen interessanten Effekten und Ideen aus. Unvergessen bei Schönenbergs Fans ist seine psychedelische Lightshow, angelehnt zum Beispiel an die des Londoner »Ufo-Clubs«, die den Musikgenuss seiner Gäste noch steigert.

Die Treppe zum Himmel

Die Hauptbedeutung der »Scala« ist neben ihrer Funktion als Jugendtreffpunkt die Vermittlung und Präsentation der allerneusten, auch seltenen Musik und ihr optimales ästhetisches Hörerlebnis, verbunden mit zeitgenössischen Lightshow-Effekten. Die Tanzfläche und die Lightshow der »Scala« sind für die jugendlichen Gäste die persönliche »Treppe zum Himmel«. Kaum jemand ist damals in der Lage, sich diese Sound- und Gemeinschaftserlebnisse privat zu verschaffen – nicht nur

Anzeige zur Wiedereröffnung der Scala in Lastrup – mit Frisörsalon. (Archiv: Hildegard Schönenberg, Oldenburg)

Volle Konzentration: Plattenmagier Wolfgang Schönenberg bei der Arbeit im Jahr 1975. (Foto: Franz Spille, Werlte).

aus finanziellen Gründen. Ähnlich wie Carola Frauli und später auch die Betreiber des »Hyde Parks« muss Schönenberg mit den Behörden und lokalen kirchlichen Institutionen kämpfen. Diese sehen in den meist langhaarigen Gästen der »Scala« kommende Weltverbesserer, Revoluzzer, RAF-Anhänger. Im Februar 1977 muss die »Scala« schließen. Ein Verwaltungsgericht hatte einige Wochen zuvor verfügt, dass ab 22 Uhr Musikdarbietungen nur in Zimmerlautstärke erfolgen dürfen. »Da konnte man nur noch leise Hänschenklein spielen«, beschreibt Hildegard Schönenberg die Situation, und es ist natürlich der Todesstoß für eine Diskothek, ähnlich wie ihn Carola Frauli in Herford mit ihrer Diskothek »Tamburin« erlebte.

In seiner Autobiographie schreibt Wolfgang Schönenberg rückblickend auf gut 35 Jahre Diskothekenzeit: »Das Wissen, mit einer riesigen, harmonischen Gruppe Weltanschauungen geteilt und den gemeinsamen Kurs vorgegeben zu haben, bleibt zeitlebens haften.« Er verstand sich also durchaus als Vorbild und musikalischer »Leitwolf« für die Jugend.

Zu der erzwungenen Schließung seiner »Scala« heißt es in seiner Autobiographie: »Es gab nette, aufgeschlossene Behördenangestellte. Sie erzählten mir hinter vorgehaltener Hand die Wahrheit: Der Provinz-Mafia aus Klerus, Kapital und spießbürgerlichen Fundamentalisten, klein an der Zahl, aber groß an Macht, war ich ein Dorn im Auge. Sie fürchteten die linkspolitische Unterwanderung, Anarchie, Verfall der Werte – im Klartext, sie praktizierten ihren Gutsherrenstil und ließen sich nicht von den demokratischen Grundrechten ins Boxhorn jagen …«

1976: Der »Hyde Park« brummt von Anfang an

Ähnlich wie der »Ocambo Club« von Horst Wodowos ist der Osnabrücker »Hyde Park« vom ersten Tag an brechend voll. Das ist bei einer Größe von geschätzt 1.600 Quadratmeter nicht unbedingt zu erwarten. Die alternative und gegenkulturelle Szene explodiert zu dieser Zeit in Osnabrück und in der Region. Sie entwickelt und differenziert sich immer weiter. Die hohen Besucherzahlen signalisieren den großen Wunsch nach einem alternativen Szenetreffpunkt. Der frühe »Hyde Park« kann zu dieser Zeit mehr oder weniger als bewusstes Statement für eine Gegenkultur in Verbindung mit einer weitergeführten Rock 'n' Roll-Kultur verstanden werden. Die Entwicklung des Gegenkultur-Gedankens hat zuvor in Osnabrück viele Anhängerinnen und Anhänger gefunden – besonders unter den Studentinnen und Studenten der Fachhochschule und der 1975 gegründeten Universität.

In seiner Anfangszeit entwickelt sich der Osnabrücker »Hyde Park« zu einem bunten Sammelbecken von Gästen aller Art: Lehrlinge, Schüler, Studenten, Outlaws, Arbeiter, Musiker, Künstler, Philosophen, Angestellte, englische Soldaten, Professoren, Arbeitslose, Alkoholkonsumenten, vermutliche Konsumenten weicher und vermutlich auch harter Drogen, Abstinenzler, Schwule und Lesben, Wohngemeinschaften bis hin zu einigen skurrilen Exoten wie einer Mutter, die stets mit ihrem Sohn und ihrer Tochter kommt, einem ehemaligen Kellner-Paar, das zuvor im »Schweizerhaus« gearbeitet hatte, oder dem »Hyde Park«-Opa.

Anfangs klingt der Sound nur dürftig

Die Gäste freuen und vergnügen sich, weil sie einen riesigen, traditionsreichen Osnabrücker Raum »gekapert« haben, der weitestgehend ihren Vorstellungen entspricht. Dort können sie sich mit Gleichaltrigen treffen, entspannen, quatschen, trinken und tanzen. Dafür bieten die Kneipe, die Teestube und der Tanzsaal mit seiner Bühne an der Stirnseite genügend Raum. Tanzfläche und Musikanlage sind allerdings im »Hyde Park« anfangs nicht mehr so sehr eine »Treppe zum Himmel«, in dem selbstvergessen geträumt und getanzt wird.

Die Gäste des frühen »Hyde Parks« sind bis auf wenige Ausnahmen friedlich und meist auch eher unpolitisch, wohl aber gesellschaftskritisch gestimmt. Es gibt Jugendliche, die ihre persönlichen Erlebnisse auf dem Hippie-Trail hinter sich gebracht haben genauso wie Anhänger der Beat-Kultur, der Surf-Kultur, des Fünfzigerjahre-Rock 'n' Rolls, Fans von erzkonservativer Südstaaten-Country-Music, Heavy Metal-Rocker, Jung- und Althippies, Vondel-Park-Tramper, Anhänger der aus den USA heran rollenden ersten Disco-Welle, Fans von Soul-, Jazzrock- und Reggae-Musik, Freunde von progressiver und Krautrockmusik und Blues. Die nur etwas später aufkommende Punkmusik setzt darüber hinaus neue politische Akzente.

Der »Hyde Park« wird zum »Piratenschiff«

Aus heutiger Sicht kann man sagen, dass der Name »Hyde Park« und das darin enthaltene Wort »Park« Programm sind: ein öffentlicher, zuweilen auch anrüchiger, gastronomischer Versammlungsort in privater Hand mit Musik- und Unterhaltungsangeboten für Jugendliche und ältere Menschen, die ab und zu reinschnuppern wollen. Parks haben in diesen Jahren für die Jugend eine wichtige soziale Bedeutung – und das

Für langjährige »Hyde Park«-Gänger ein vertrautes Gesicht: Man nannte ihn liebevoll den »Hyde Park«-Opa«.

mag im ersten Moment überraschend oder auch banal klingen.
Ein ehemaliger niederländischer Hippie erinnert sich an die Zusammenkünfte im Amsterdamer Vondel Park: »Die Menschen gingen in den Park, setzten sich und machten es sich gemütlich, sprachen ruhig miteinander – das war die Bedeutung eines Parks.« Und ist das nicht auch eine gute Beschreibung des »Hyde Park«-Gefühls, wenn man hinzufügt: Und alle tanzen, zuweilen sogar barfuß?
Im »Hyde Park« erweitert sich das Parkgefühl um eine Tanzfläche und Theken, später auch elektronische Spielgeräte – und natürlich um ein zeitgenössisches Live-Musikprogramm. Dieses repräsentiert seit nunmehr 35 Jahren die unterschiedlichsten Stilrichtungen. Ein deutlicher Hang zum Mutigen, Extremen und Provozierenden innerhalb der Konzerte im »Hyde Park« ist dabei unübersehbar. An vielen Abenden seiner langen Geschichte verwandelt sich der »Hyde Park« in eine Art »Piratenschiff« (Alois Eilermann), auf dem die bürgerlichen Gesetze und Umgangsformen außer Kraft gesetzt werden, und das jeden mitnimmt, der mit der »Hyde Park«-Crew, den Livebands oder den DJs in See stechen will.

Äußeres Merkmal der ersten Besuchergeneration dieses »Piratenschiffs« sind lange Haare bei den Männern, abgewetzte Motorradjacken, vorzugsweise auf dem Flohmarkt

links: The Damned in ihrer New-Romantic-Phase im Holzbau.
rechts: Abseits bürgerlicher Normen und Werte: Atrocity mit Tänzerin.

erworben, indisch angehauchte Hippieklamotten, selbst gemachte Garderobe, auch bei den Männern, Baumwollpullover, Kleidung aus dem Altkleidershop, Rockerkluft, Cord- und Blue Jeans, Parka. Hauptsache, irgendwie interessant und anders.
Im Gegensatz zum »Ocambo Club«, zum »Jaguar Club« und zur »Scala Lastrup« tanzt man im »Hyde Park« oft für sich allein. Manche tanzen in sich gekehrt, andere suchen Blickkontakt. Wieder andere inszenieren ihre persönliche Schau, für die vielen Zuschauer am Rande.

Bei Conny geht alles

Blickt man von heute auf die Geschichte des »Hyde Parks« im »Schweizerhaus« zurück, so kann man vermuten, dass er eine Art gemeinsames Experiment ist, eine Diskothek und einen Musikclub mit mehreren Menschen zu führen, in der nur eine minimale Anzahl an Regeln gilt. Vielleicht ist er noch Ausdruck von den Träumen einer Beat-Generation, die wenig von Autorität und viel von Spontaneität hält, die erlaubt, so zu sein, wie man ist, wie man sein will und sein Leben so zu führen, wie man es persönlich für richtig empfindet: als Hippie, Rocker, Rock 'n' Roller, später als Popper, Normalo oder als Punk.
Sicher spielt auch das »große Herz« von Conny Overbeck und ihr Wunsch eine Rolle, für alle irgendwie »heimatlosen«, entwurzelten oder vermeintlich oder tatsächlich am Rand der Gesellschaft existierenden Jugendlichen und für »schwarze Schafe der Familie« sowie für Alternative und Neugierige eine Heimat zu bieten.
In einem Fernsehbericht, der einige Tage nach der Schließung des »Hyde Parks« vermutlich im NDR-Regionalprogamm läuft, ist eine einsame Conny Overbeck auf der verlassenen Tanzfläche des alten »Hyde Parks« zu sehen. Sie beklagt wehmütig, dass sie nun all ihre Kinder vermisse.

Fünf häufig gespielte Titel aus dem »Ocambo Club«:

Louis Prima: »Buona Sera«
Dinah Washington: »What a Difference a Day Makes«
Hazy Osterwald Sextett: »Kriminal-Tango«
Miriam Makeba: »Pata Pata«
Harry Belafonte: »The Lion Sleeps Tonight«

Zehn häufig gespielte Titel aus der »Scala – Herford«[20]:

Beatles: »Help«
The Byrds: »Tambourine Man«
Rolling Stones: »Satisfaction«
Aretha Franklin: »Spanish Harlem«
The Shirelles: »Everybody Loves a Lover«
The Beatles: »Rock 'n' Roll Music«
Bill Haley: »Skinny Minnie«
Chuck Berry: »Sweet Little Sixteen«
Rolling Stones: »Carol«
Rolling Stones: »Route 66«

Zehn häufig gespielte Titel aus der »Scala – Lastrup«:

Fever Tree: »Hey Joe«
Fläsket Brinner: »Ganglaten«
Wishbone Ash: »The King Will Come«
Rory Gallagher: »Going to My Hometown«
Alex Harvey: »Faith Healer«

---

20 Erstellt aus einer Titelliste aus dem Archiv von Carola Frauli und von Gisbert Wegener ergänzt um die vermutlichen Interpreten. Diese konnten in manchen Fällen jedoch nicht exakt ermittelt werden: Sehr viele Bands haben in den Sechzigerjahren dieselben Stücke (meist Rock 'n' Roll-Klassiker) erfolgreich eingespielt und auf Platte gepresst.

Eloy: »Future City«
Caravan: »Waterloo Lilly«
Manfred Mann's Earth Band: »Father of Day Father of Night«
Cressida: »Summer Weekend for a Lifetime«
Blonde on Blonde: »Castle in the Sky«

Zehn häufig gespielte Titel aus dem »Grammophon«:

T. Rex: »Get It On«
The Rolling Stones: »Sympathy For The Devil«
Lynyrd Skynyrd: »Sweet Home Alabama«
Bob Seger: »Turn the Page«
Creedence Clearwater Revival: »Have You Ever Seen The Rain«
Golden Earring: »Buddy Joe«
Jimi Hendrix: »All Along The Watchtower«
ZZ Top: »La Grange«
Santana: »Black Magic Woman«
Heart: »Barracuda«

Zehn häufig gespielte Titel aus dem »Hyde Park« der Anfangsjahre:

Stretch: »Why Did You Do It«
Sniff'n The Tears: »Driver's Seat«
The Commodores: »Brick House«
Gary Rafferty: »Baker Street«
AC/DC: »Whole Lotta Rosie«
Supertramp: »School«
Caroline Mas: »Sitt'n In The Dark«
George Benson: »On Broadway«
J. J. Cale: »Cocaine«
Climax Blues Band: »Couldn't Get It Right«
Peter Frampton: »Show Me the Way«

Quellen

Hans Domizlaff: Die Gewinnung des öffentlichen Vertrauens. Ein Lehrbuch der Markentechnik. Hamburg: Marketing Journal, 2005 (Siebte Auflage).

Alois Eilermann: »Terminal«. Veranstaltungs- und Literaturmagazin, diverse Ausgaben von 1981 bis 1984.

Carola Frauli: Musikszene der 60/70er Jahre. Jaguar Club, Treffpunkt internationaler Top-Stars. Krefeld: Amadeus Diefenbach, COMARKET, 1996.

Carola Frauli: Briefliche Mitteilungen an Gisbert Wegener, 2010.

J. Gehret (Hg.): Gegenkultur Heute. Die Alternativ-Bewegung von Woodstock bis Tunix. Amsterdam: Azid Presse. Ohne Jahresangabe.

Teddy Hörsch (Hg.): BRAVO 1956–2006. München: Collection Rolf Heyne, 2006.

Werner Jürgens: Progressive Klänge von der Waterkant. Tanzschuppen und Diskotheken in Ostfriesland, in: Peter Schmerenbeck 2007, S. 63-93.

Werner Jürgens: Komm wir geh'n zu Meta … Norden: SKN Druck und Verlag, o. J.

Harald Keller: Interview mit Volker Campen, 2010.

Karen Krüger: »Der Wangenkuss ist eine Kriegserklärung«. F.A.Z., 30. Dezember 2010, Seite R3.

Torsten Pöschk: Die Technik macht die Musik. In: Peter Schmerenbeck 2007, S. 209-219.

Udo Pooschke/Ulrich Meyer: Tot genug, um zu leben. Quakenbrück: Edition Oelkers, 1986.

Peter Schmerenbeck (Hg.): »Break on Through to the Other Side«. Tanzschuppen, Musikclubs und Diskotheken in Weser-Ems. Katalog zur gleichnamigen Ausstellung. Oldenburg: Isensee Verlag, 2007.

Wolfgang Schönenberg: Nur nicht bürgerlich. Oldenburg: Eigenverlag Hildegard Schönenberg, 2004.

-sh-: Let it Rock for Release. Hilfe für Rauschgiftsüchtige? Neue Osnabrücker Zeitung, 1.12.1971, Sonderseite »Junge Leute«.

Detlev Siegfried: Sound der Revolte. Studien zur Kulturrevolution um 1968. Weinheim und München: Juventa Verlag 2008.

Wido Spratte: Osnabrück 1945-1955: Stadtgeschichte in Bildern. Osnabrück: Verlag Wenner.

Verkehrsverein Osnabrück Stadt und Land e. V. (Hrsg.): Osnabrück Stadt und Land, Veranstaltungskalender, Ausgabe Mai 1959, Osnabrück: Gram Verlag, (Eröffnungsanzeige des »Ocambo Clubs« und redaktioneller Beitrag).

Gisbert Wegener: Interview mit Horst Wodowos und Carola Frauli, beide 2011.

Horst Wodowos: Dreimal geboren. Niebüll: Verlag videel OHG, 2005.

Edmund Wolf: London unter 21 – die jungen Nachtwandler. Fernsehreportage des Bayrischen Rundfunks vom 3. Juli 1967.

Reiner Wolf, Interview mit Gerd Michael Ebel, 2010.

Zur Diskussion um den angeblich ersten Diskjockey Deutschlands eine Auswahl:

Andreas Böhme: »Klaus Quirini – der erste Discjockey der Welt«, DER WESTEN, 18.10.2009.

Alfons Kaiser: Der Erfinder der Diskothek. Nach jeder Ansage wurde frenetisch geklatscht. FAZ online, 19.10.2009.

Benjamin Maack: Erfindung der Disco. Deutschlands erster Plattenprinz. einestages, Zeitgeschichten auf Spiegel Online.

Klaus Quirini: Die Geschichte der Discotheken. Juni 2009, 9. Auflage.

Christina Lotter, Anne Rüther[21]:
Die Konzertchronologie 1976-2010

Aufgelistet sind ausschließlich Konzerte, die im »Hyde Park« selbst oder auf dessen Gelände stattfanden. Während der diversen Umzugs- und Umbaupausen des »Parks« wurden Konzerte allerdings auch andernorts, beispielsweise in der Halle Gartlage, veranstaltet. Trotz sorgfältiger Recherchen konnten nicht alle Jahrgänge vollständig ermittelt werden. Auch lassen sich Fehler nicht ausschließen, da mitunter Konzerte kurzfristig abgesagt oder verlegt oder auch Vorgruppen ausgetauscht wurden. Solche Vorgänge sind im Nachhinein nur sehr schwer nachzuvollziehen. Nur teilweise dokumentiert sind die Auftritte der Pop Rivets, der ersten Band des britischen Autors, Künstlers, Kultmusikers und -produzenten Billy Childish (eigentlich Steven John Hamper). Carlo Korte erinnert sich an mehrere Gastspiele dieser Punk-Band – »noch im alten ›Park‹, immer sonntags und für zwei Mark«. Ab 1980 war Childish mit der mehr am Pubrock orientierten Formation Thee Milkshakes [sic!] unterwegs und stand mit ihr zwei Mal im »Park« auf der Bühne.

Häufigster Gast im »Hyde Park« war, viele werden es schon erraten haben, mit 18 Auftritten der niederländische »Rock 'n' Roll Junkie« Herman Brood. Es folgen die Essener Thrash-Metal-Veteranen Kreator, die im »Hyde Park« sieben Mal zum Dreschfest baten. Auf jeweils sechs Buchungen kamen im gegebenen Zeitraum Subway to Sally, Grobschnitt und die Doors-Coverband The Soft Parade.

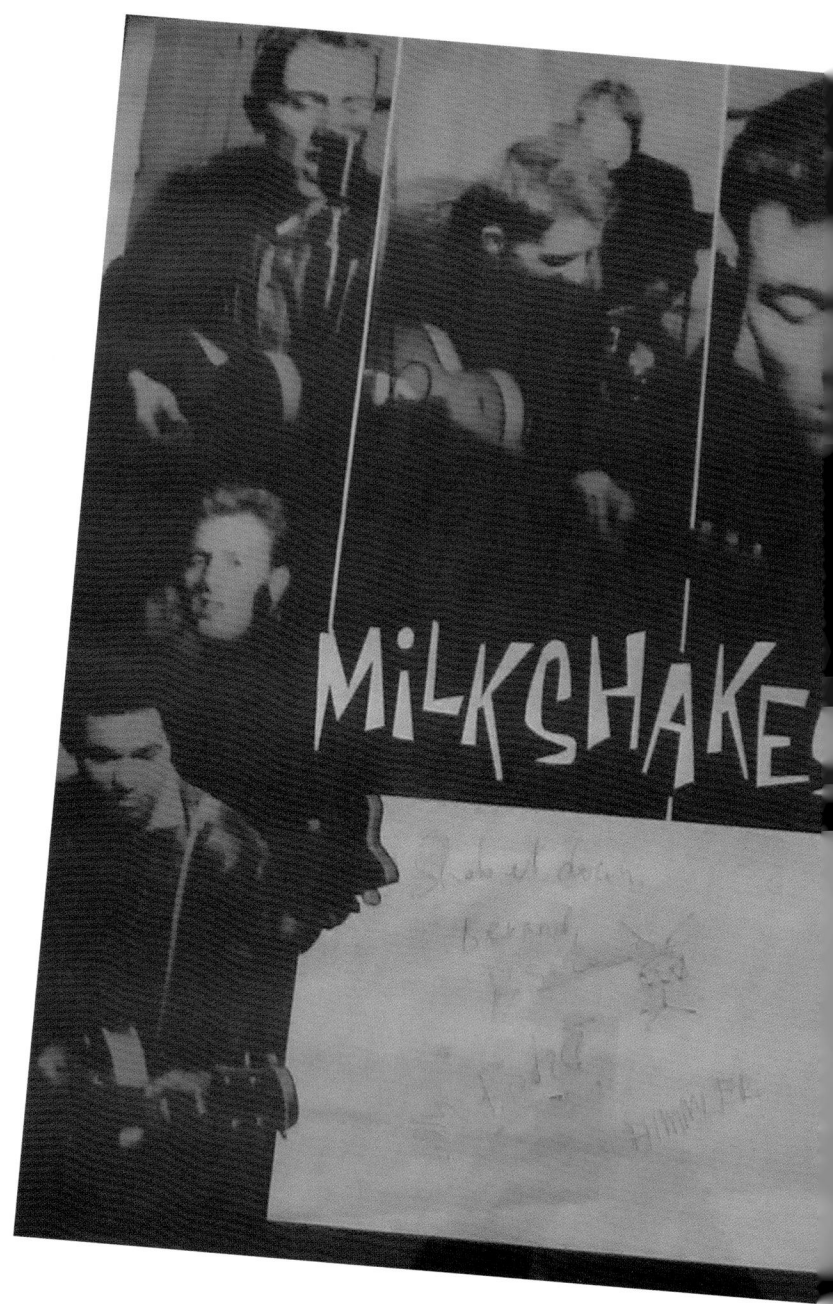

---

21 Unter Mitarbeit von Gisbert Wegener, Peter Schmitz und Harald Keller.

»Hyde Park«, Rheiner Landstraße[22]

1976

Juni
Omega	18.06.1976
Mad Jack	20.06.1976
Christian Rannenberg's Bluesband	25.06.1976

Juli
Jane	02.07.1976

August
Harlis	06.08.1976
Christian Rannenberg's Bluesband	07.08.1976
Budjie (England) [= Budgie]	12.08.1976
Scorpions	13.08.1976
Sunny Jim Band (GB)	20.08.1976
Reggis Rockes (USA)	21.08.1976
Bulldogg	28.08.1976

September
Sharaton (»City-Rock aus Amsterdam«)	03.09.1976
Cry Freedom (»Jazz-Rock aus Nürnberg«)	04.09.1976
The Edgar Broughton Band (»Polit-Rock aus England«)	08.09.1976
Franz K.	10.09.1976
Time Of Commotion (»Klassik-Rock«)	11.09.1976
Baal (»Deutsch-Rock aus Wuppertal«)	15.09.1976
Randy Pie	17.09.1976
Taurus (»Rock aus Dänemark«)	18.09.1976
Release Music Orchestra (»rockorientierter Jazz aus Berlin«)	24.09.1976
Berliner Rock Ensemble	25.09.1976

Oktober
Epitaph (»Deutschlands Rock-Band Nr. 1«)	01.10.1976
Camel	02.10.1976
Hölderlin (»surrealistischer Folk-Rock«)	08.10.1976

22 Die Schreibweise von Zitaten und Bandnamen folgt den »Hyde Park«-Flyern. Korrekturen der Herausgeber wurden in eckige Klammern gesetzt.

Christian Rannenbergs Bluesband bei ihrem Gastspiel im »Hyde Park« an der Rheiner Landstraße.

Salomon King Band (»Heavy Rock aus Israel«)	15.10.1976
Wallenstein + Mass (»Deutsch-Rock Abend ...«)	16.10.1976
Fumble (»Rock 'n' Roll der 50er Jahre«)	20.10.1976
Deep Motive (»8-köpfige Soul-Rock-Gruppe«)	22./23.10.1976
The Jess Roden Band (»sensationelle Newcomer Gruppe GB«)	27.10.1976
Eloy (»endlich in Osnabrück«)	29.10.1976
Schicke Führs Fröhling (»Gedankenspiele in Musik«)	30.10.1976

November

Marcel Dadi (»Finger Picking Gitarrist, Frankreich«)	03.11.1976
Amon Düül II	05.11.1976
Embryo	06.11.1976
Missus Beastly	12.11.1976
Osibisa (»Afro-Rock Gruppe«)	13.11.1976
Deadlock	19.11.1976
Canned Heat (USA) + A Band Called O	20.11.1976
Geff Harrison	26.11.1976

Dezember

Colosseum II	03.12.1976
Motor Head [= Lemmy Kilmisters Motörhead]	04.12.1976
Livin' Blues	10.12.1976
Sahara	11.12.1976
Alberto Y Lost Trios Paranoia (Rock-Show)	17.12.1976
Carol Grimes & The London Boogie Band	18.12.1976
Christian Rannenberg's Bluesband	25.12.1976

1977

Januar

The United Jazz + Rock Ensemble	12.01.1977
Train	14.01.1977
Ruphus (Dänemark)	21.01.1977
Sadista Sisters (»Wilde Weiber GmbH«)	22.01.1977
Peter Koller Group (»Deutscher Funky Rock«)	28.01.1977

Februar

Michael Chapman Band feat. Keef Hartley + Rod Clement	05.02.1977
Out (»Jazz-Rock Gruppe aus Osnabrück«)	11.02.1977

Frankie Miller's Full House, Kayak 18.02.1977
Graham Parker & The Rumour (England) 19.02.1977

März
Thirsty Moon 04.03.1977
Harry Muskee Band (»Ex-Cuby & The Blizzards«) 05.03.1977
Savoy Brown (England) 18.03.1977
Carol Grimes & The London Boogie Band 19.03.1977
Es 26.03.1977

April
Buffalo (»Country Rock aus Dänemark«) 01.04.1977
Tri Atma (»Far East Music«) 08.04.1977
Alcatraz (»Ex-Man«) 09.04.1977
Sassafras (im Rahmen eines »English Rock Weekends«) 15.04.1977
Doctors of Madness
(im Rahmen eines »English Rock Weekends«) 16.04.1977
Straight Back (»Original Blues Ltd. Besetzung«) 22.04.1977
A Band Called O 29.04.1977
Mandrake (»Pretty City Rock«) 30.04.1977

Mai
Pat Travers Band (»Canada's New Rock Sensation«) 01.05.1977
Octopus [= Octopus; Kraut-Rocker aus Frankfurt] 06.05.1977
Hopper Tippet Band (»Ex-Soft Machine«) 07.05.1977
Lake (»Morgen schon eine Supergroup«) 13.05.1977
Sunny Jim (»English Funk-Rock«) 14.05.1977
Horslips (»Irish Jigging Music«) 21.05.1977
Made in Germany (»Beat-Band«) 28.05.1977

Juni/Juli
Tri Atma 03.06.1977
Kursaal Flyers (London) 04.06.1977
John Cale 10.06.1977
Pell Mell (Klassik-Rock) 18.06.1977
Fargo 24.06.1977
Alex Orient Experience 01.07.1977

Juli/August Sommerpause

September

Plazzma	03.09.1977
Edgar Broughton's Childermass	07.09.1977
Camel	10.09.1977
Carol Grimes + Sweet F.A.	16.09.1977
Randy Pie	18.09.1977
Grobschnitt (vierstündige Rockoper »Rock-Pommel's Land«)	30.09.1977

Oktober

Livin' Blues	07.10.1977
Hardin & York (»die kleinste Big Band der Welt«)	14.10.1977
Bastard (»Hard Rock OS«)	15.10.1977
Damned (»Endlich: Punk Rock Band aus England im Park!«)	21.10.1977
Ultravox (»Electronic-Space-Punk-Rock aus England«)	28.10.1977

November

Alphonse Mouzon mit Miroslav Vitous	17.11.1977
Chicken Shack mit Stan Webb (England)	19.11.1977
Blues Meeting mit Blues Company, One Day Blues Band, Das dritte Ohr	25.11.1977

1978[23]

November

Ultravox	11.11.1978

1979

März

Sunny Jim Band	31.03.1979

April

Madhouse	07.04.1979
Creative Rock	14.04.1979

---

23 Daten lagen leider nicht vollständig vor.

Juni

»Jazzfestival«: Bicollection (»F/BRD«), Imre-Köszegi-Grob	
(»Ungarns Jazzgruppe Nr. 1«), Family of Percussion	08.06.1979
Hallucination Company	
(»Rock Theater, Österreichische Tubes«)	14.06.1979
The Broughtons (»frühere Edgar Broughton Band mit neuer	
Besetzung und New Wave und Reggae«)	24.06.1979

Juli

Mergers (»Reggae«)	06.07.1979

Oktober

Carsten Bohn's Band Stand	13.10.1979

Dezember

Toto Blanke's Electric Circus	14.12.1979
Toscho's Blues Company	22.12.1979
1. Allgemeines Verunsicherungstheater (»Rock-Theater«)	
[= Erste Allgemeine Verunsicherung]	28.12.1979

1980[24]

Mai

Rock and Roll Show mit Johnny Storm & Memphis	04.05.1980

Juni

Caravan	14.07.1980

Oktober

Inga Rumpf	10.10.1980
Ramblers	26.10.1980

November

Karel Wojtila [ein Gag im Programmheft – an diesem Tag war Papst Johannes Paul II. zu Besuch in Osnabrück – in Sichtweite des »Hyde Parks« auf der Sportanlage Illoshöhe]	16.11.1980

24 Daten lagen leider nicht vollständig vor.

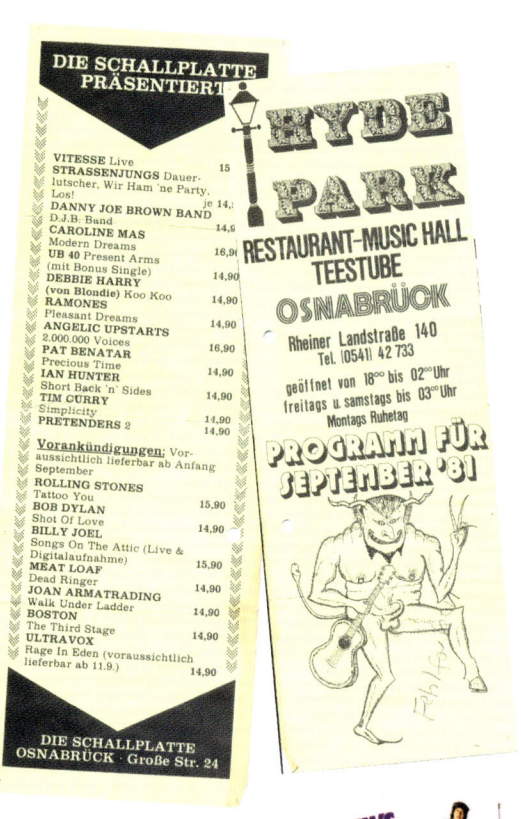

1981

Januar

[laut Veranstaltungsplan »noch unsicher«:]
Hallucination Company	03.01.1981
Hendrik Schaper, Helmut Hattler, Udo Dahmen (»hervorragende Musiker und Solisten«)	16.01.1981
Feedback Jinks	23.01.1981

Februar
Bleibtreu Revue (»aus Berlin«)	07.02.1981
Advocators (»Punk-Band aus Osnabrück«)	14.02.1981
Alex Harvey	21.02.1981
Meteors	28.02.1981

März
New Eyes	06.03.1981
Palmer Band	07.03.1981

April
Dianne Heatherington (»Rock aus Kanada«) [wurde eventuell verschoben, siehe Mai]	04.04.1981
Gruppo Sportivo (»aus Holland«)	10.04.1981
Jukka Tolonen Band (»Jazz-Rock aus Skandinavien«)	16.04.1981
Food Band (»Rock aus Köln«)	18.04.1981
Stealer (»New Wave aus Holland«)	24.04.1981

Mai
Dianne Heatherington (»unbedingt empfehlenswert«)	06.05.1981
Jenner Band	09.05.1981
New Eyes	15.05.1981
Skidmark (»aus Holland«)	23.05.1981

Juni
Ideal (»Deutschlands populärste New-Wave-Band«)	11.06.1981
D.A.F. – Deutsch-Amerikanische Freundschaft, X-mal Deutschland (»deutsche Frauen-New-Wave-Band«)	12.06.1981
Z, Scala 3 (»Berlin Wave Festival«)	26.06.1981

Juli
Vera Kaa Group (»ex BM-Smith, Heavy Hardrock bis New Wave«)	03.07.1981

Vic Vergat
(»Heavy-Metal-Rock mit dem wilden Mann an der Gitarre«) 10.07.1981

August
Sonderangebot (»Flexible Wave aus OS«) 21.08.1981
Vitesse (»Rock-Dynamit aus Holland«) 29.08.1981

September
Vitesse (»Rock-Dynamit aus Holland«) 04.09.1981
TV Smith's Explorers
(»Ex-Adverts • Punk – New Wave GB«) 12.09.1981
Cats TV (»Ostfriesen Wave aus Cuxhaven« –
»Rock Revue mit Feuerschlucker,
Transvestiten-Show, Teeny-Wahl«) 19.09.1981
Strassenjungs (»Straßen Rock'n'Roll zum Mittanzen«) 25.09.1981

Oktober
Ostro 430 (»Frauen-New-Wave-Band aus Düsseldorf«) 10.10.1981
Vera Kaa Band (Schweiz) 16.10.1981
Wolfgang Niedeckens BAP 23.10.1981
Elephant (»Rock aus Hamburg«) 25.10.1981
Törner Stier Crew (Aufnahme Live-LP) 30.10.1981

November
ZK (»Punkabilly«), Substral (»Frauen-New-Wave«) 04.11.1981
»New Wave Festival Die Berliner Krankheit«:
Einstürzende Neubauten, Mekanik Destrüktiw
Komandöh, Sprung aus den Wolken 06.11.1981
Fehlfarben 12.11.1981
Omega (Ungarn), Bleibtreu Revue 17.11.1981
Inga Rumpf & The Reality Band 20.11.1981
Gebr. Engel (»Polit-Speedrock aus Münster«) 28.11.1981

Dezember
Palais Schaumburg (»Die Neueste Deutsche Welle«) 04.12.1981
Comsat Angels (England) 09.12.1981
Ayi Busch Lee (Reggae-Funk aus Jamaika) 19.12.1981
Torfrock 23.12.1981
Fred Banana Combo 30.12.1981

Aus der Hochzeit der Neuen Deutschen Welle: Die Doraus & die Marinas.

1982

Januar

Classix Nouveau [»New Romantic Music«; möglicherweise verschoben]	08.01.1982
Ton Steine Scherben	17.01.1982
Elephant (»West-Coast-Rock«)	22.01.1982
The Sensational Alex Harvey Band	30.01.1982
D.O.M. (»Various Rock aus Osnabrück«) [möglicherweise verschoben]	29.01.1982

Februar

D.O.M. (»Rock aus OS«)	03.02.1982
Cats TV (»New-Wave aus Kokshafen«)	05.02.1982
Nichts	13.02.1982
Trio	19.02.1982
Pee-Wee Bluesgang	26.02.1982

März

Vera Kaa (Schweiz)	03.03.1982
Michels Abseits (»Rock mit deutschen Texten«)	06.03.1982
United Balls (»New Wave aus Münster«) [korrekt wäre: München]	10.03.1982
Die Doraus & die Marinas	12.03.1982
Aquarell (»Soft Rock«)	19.03.1982
Stan Webb's Chicken Shack (R&B)	21.03.1982
Fee (New Wave)	26.03.1982

April

Ginger Baker & Band	02.04.1982
Dr. Feelgood (England)	08.04.1982
Thee Milkshakes (GB)	11.04.1982
Herman Brood & His Wild Romance	16.04.1982
Miss Take (»Rock aus OS«)	17.04.1982
ZeitGeist	21.04.1982
The Wirtschaftswunder	23.04.1982
Nine Below Zero (»Rhythm and Blues aus GB«)	30.04.1982

Mai

Theatre of Hate	05.05.1982
Ramesh & Feel Wheel	07.05.1982

Morgenrot (»Rock aus Berlin«)	09.05.1982
Bo Diddley	15.05.1982
Fehlfarben, Mutterfunk	16.05.1982
Classix Nouveaux (England)	19.05.1982
Neonbabies (»Neue Deutsche Welle aus Berlin«)	21.05.1982
Gruppo Sportivo	30.05.1982

Juni

Strassenjungs	11.06.1982

Juli/August Sommerpause

September

825 Band (»Funk-Rock aus OS«)	03.09.1982
The Troggs	10.09.1982
Honeymoon Killers (Belgien)	12.09.1982
Gammarock (»USA, Funk/Soul«)	25.09.1982

Oktober

Sunny Jim Band	02.10.1982
»Punk'n'Beat Party«: Thee Milkshakes (GB), Pattex, Delirium	17.10.1982
»Westcoast-Night«: Gravenites-Cipollina Band (USA)	22.10.1982
Misty in Roots (»Reggae aus GB«)	28.10.1982

November

Lee Fardon (England)	07.11.1982
Hallucination Company (»Rocktheater aus Wien«)	11.11.1982
PVC (Berlin)	19.11.1982
»OS-rockt«: Squeb, Angefahrene Schulkinder, Stoff	26.11.1982

Dezember

Kolors feat. Peter Greenbaum	05.12.1982
Billy Cobham & Glass Menagerie	07.12.1982
Saraba	12.12.1982
Dead Kennedys	17.12.1982
Hot 'Lanta (»West-Coast-Rock«)	21.12.1982
Slime, Betoncombo	30.12.1982

Denkwürdiges Konzert, das auch auf DVD festgehalten wurde: Slime.

Pioniere des Heavy Rocks: Atomic Rooster mit Tastenteufel Vincent Crane († 1989).

Avantgarde aus Belgien: The Honeymoon Killers.

Verständliche Enttäuschung nach der kurzfristigen Absage des Bo-Diddley-Gastspiels: Carlo Korte.

Barry Hay von der international bekanntesten niederländischen Band Golden Earring.

1983

Januar

Motor Boys Motor, Robyn Hitchcock (»urbaner Rhythm and Blues aus GB«)	09.01.1983
Pigeon Drop (USA)	12.01.1983
Little Agreement (Pop-Rock aus OS)	21.01.1983
Atomic Rooster	26.01.1983
Ina Deter Band	30.01.1983

Februar

»OS-Rockt 2«: Der Verein, Back Stage Tone, Mother's Ruin	04.02.1983
Carambolage (Frauen-Rock-Band)	11.02.1983
Rainer Baumann Band	13.02.1983
Black Flag (Punk aus L.A.), Minutemen	17.02.1983

März

Richard Hell and the Voidoids (»Synthie-Pop aus den USA«)	25.02.1983
Pekka Pohjola (Finnland)	02.03.1983
Nichts	02.03.1983
Rainer Baumann Band	11.03.1983
Climax Blues Band, Flavium	15.03.1983
Hot 'Lanta	25.03.1983

April

Jackson Browne	01.04.1983
Cats TV	04.04.1983
Oreo Moon (Jukka Tolonen Band, Funk/Rock/Jazz aus Finnland)	10.04.1983
Aztec Camera (New Wave aus Schottland)	12.04.1983
Eric Burdon & Band	17.04.1983
Bo Diddley [wurde wegen eines Unfalls kurzfristig abgesagt]	19.04.1983
Man	24.04.1983
»OS-Rockt 3«: Cous Cous Band, Die Fantastischen 4, Black Jack Company	27.04.1983

Mai

Nuala	05.05.1983
Alvin Lee Band	15.05.1983
Undertones (Irland)	17.05.1983

»Rasta Punk Party«: Bad Brains, Slime, Toxoplasma, Delirium	19.05.1983
Jan Akkerman (»Funk/Jazz-Rock aus Holland«)	23.05.1983
Ian Cussick and the Fleet (»Power-Rock aus Schottland«)	27.05.1983

Juni/Juli

Ton Steine Scherben, Schroeder Roadshow mit Clown Eisi Gulp	07.06.1983
»Punk-Night«: Peter & The Test Tube Babies, Kanalterror, Pattex	14.06.1983
Surplus Stock, Limbo Connection	30.06.1983

27. August 1983 bis November 1984: Circus Hyde Park

August

Eröffnungsfeier mit Herman Brood	27.08.1983

Oktober

Golden Earring	30.10.1983

November

Accept	04.11.1983
Uriah Heep	13.11.1983
Kurtis Blow, The Break Dancers	23.11.1983

Dezember

Ina Deter Band & Nervous Germans	04.12.1983
The Chameleons	17.12.1983
Elephant	30.12.1983

1984

Januar

Blue Öyster Cult, Aldo Nova	29.01.1984

Blue Öyster Cult hatten mit ihrer Mischung aus Heavy Rock und Independent großen Einfluss auf nachfolgende Bands.

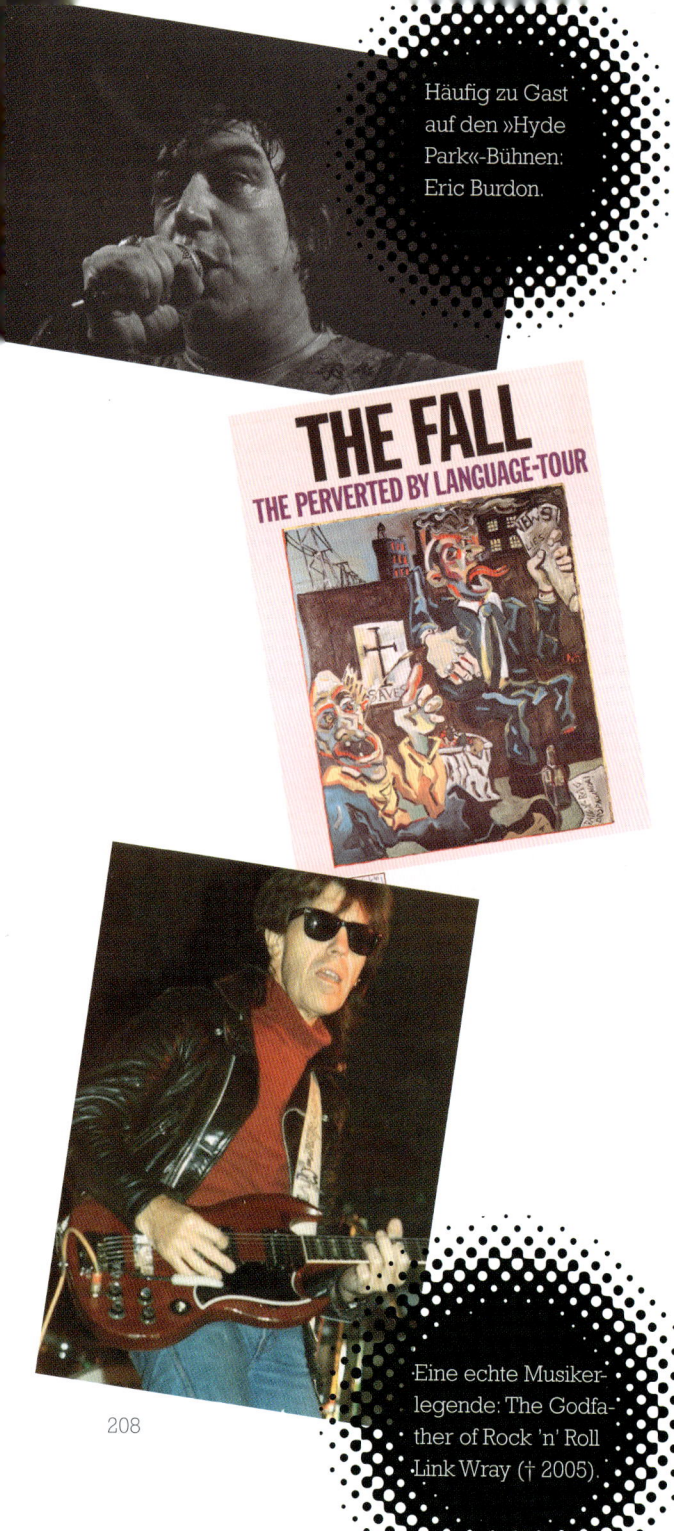

Häufig zu Gast auf den »Hyde Park«-Bühnen: Eric Burdon.

Februar
Killing Joke — 15.02.1984

März
Nina Hagen & the No Problem Orchestra — 08.03.1984
Billy Cobham & Band (»Jazz-Rock«) — 13.03.1984

April
Eric Burdon — 10.04.1984
The Fall & Die Radierer — 15.04.1984

Mai
Ton Steine Scherben — 03.05.1984
Erste Allgemeine Verunsicherung — 13.05.1984
Ina Deter Band — 17.05.1984

Juni
Ulla Meinecke & Band — 04.06.1984

August
Herman Brood & His Wild Romance — 30.08.1984

September
Link Wray, Tex Morton's Jet-Sets — 16.09.1984
Lake — 20.09.1984

Oktober
Vitesse — 14.10.1984

November
The Sisters of Mercy — 15.11.1984

1985

Januar bis Mai 1985: Konzerte in der Halle Gartlage

Juni
Jason & The Scorchers & Special Guest — 30.06.1985

September
The Damned — 20.09.1985

Eine echte Musikerlegende: The Godfather of Rock 'n' Roll Link Wray († 2005).

Oktober
Jeffrey Lee Pierce	20.10.1985
Eric Burdon & Band	29.10.1985

November
Anne Clark & Group	04.11.1985
Elephant	19.11.1985
»Heavy Metal Night«: Faithful Breath, Helloween, Vivian	25.11.1985

Dezember
Pseiko Lüde & die Astros, Delirium	05.12.1985
Herman Brood & His Wild Romance	26.12.1985

1986

Januar
Elephant, So wie gestern (OS, Abschiedskonzert)	26.01.1986

Februar
Helloween, Grave Digger, Celtic Frost	03.02.1986
Latin Quarter	17.02.1986
Psychic TV	20.02.1986

März
Strassenjungs	06.03.1986
Wolf Maahn & die Deserteure	09.03.1986

April
Twisted Sister, Pretty Maids	07.04.1986
The Cramps	15.04.1986
Jango Edwards Comedy Horror Night Show	24.04.1986
Channel 5	27.04.1986

Mai (10 Jahre Hyde Park)
»US Heavy Metal Night«: Anthrax, Agent Steel, Overkill	11.05.1986
Golden Earring	16.05.1986
Einstürzende Neubauten	18.05.1986
King Diamond & Iron Angels	26.05.1986
Rhapsody	29.05.1986

Frech und provokant: The Cramps mit dem Ehepaar Lux Interior (Mitte, † 2009) und Poison Ivy (rechts).

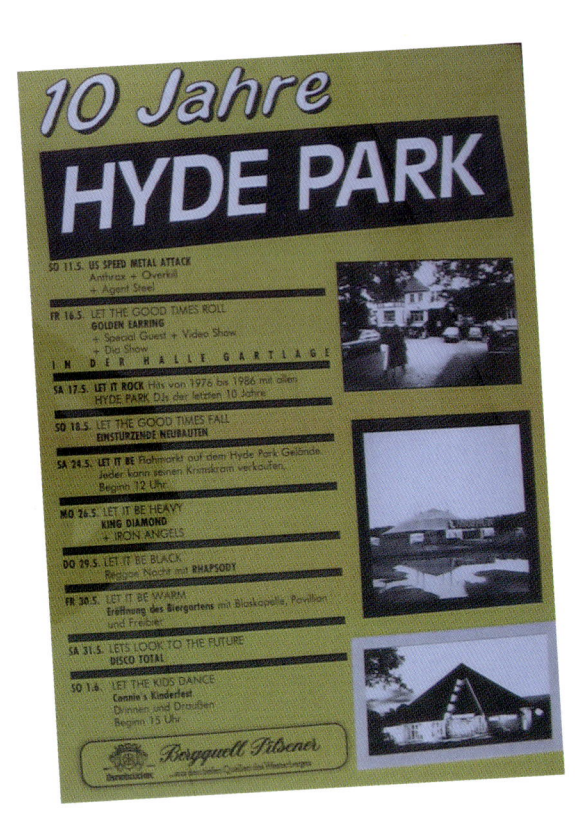

Juni
Frankie Miller — 24.06.1986

September
Rio Reiser — 22.09.1986

Oktober
Victory, Mad Max — 13.10.1986
Maanam — 14.10.1986
D.A.F. — 16.10.1986
Bollock Brothers — 21.10.1986

November
Cococzynzky, Tail End Charlie — 02.11.1986
Discharge, SDI — 03.11.1986
Trio Rio — 04.11.1986
Mezzoforte — 09.11.1986
Magnum, Sinner — 10.11.1986

Dezember
»10-Jahres-Party« mit Blues Company, Phoenix — 21.12.1986
Herman Brood & His Wild Romance — 25.12.1986

1987

Januar
Bollock Brothers — 21.01.1987

März
Grobschnitt — 16.03.1987
Rodgau Monotones — 19.03.1987

April
Channel 5 — 21.04.1987

Mai
Black Roots — 12.05.1987
Rodgau Monotones — 21.05.1987

Juni

»Power Package '87«: Steeler, Paganini, Rage	10.06.1987
Trio Farfarello, Phoenix	11.06.1987
Die Toten Hosen, Bluberry Hills, Stunde X	23.06.1987

Oktober

The Subtones, Task	06.10.1987
»Underground Festival« mit Cassandra Complex, Nitzer Ebb, Borghesia	11.10.1987
The Edgar Broughton Band, Orange Mechanics	28.10.1987
The Meteors	29.10.1987

November

Billy Cobham	03.11.1987
Wire	09.11.1987
»Metal Special«: Kreator, Voivod, SDI	16.11.1987

Dezember

Bollock Brothers	07.12.1987
Herman Brood & His Wild Romance	27.12.1987

Februar

Voodoo Child (Psychedelic Rock aus London)	03.02.1988
Family 5	25.02.1988

1988

März

Pretty Things	03.03.1988
John Mayall's Bluesbreakers	21.03.1988

April

Zodiac Mindwarp & The Love Reaction	04.04.1988
999	21.04.1988

Mai

Supercharge	04.05.1988
Trio Farfarello	17.05.1988
Nikki Sudden, Elliott Murphy	23.05.1988

Ein stets willkommener Stammgast: Herman Brood († 2001).

Juni
Bombitas (»Ex-Herman-Brood-Band«)   02.06.1988

September
Rage, Sabbath, Risk   19.09.1988

Oktober
Craft, Treat   25.10.1988

Dezember
The Cassandra Complex   20.12.1988
Herman Brood & His Wild Romance   26.12.1988

1989

Januar
Running Wild & Special Guest   16.01.1989

Februar
»Last Party Tour«: Grobschnitt   27.02.1989

März
Eek-A-Mouse   14.03.1989

April
Bollock Brothers   03.04.1989
»Metal Night«: Wehrmacht, Protector, Megamosh   05.04.1989
Zed Yago & Special Guest   11.04.1989

Mai
»Young Rebels Tour«: The Smarties, The Honx, Shifty Sheriffs,
Fun Fun Crisis   01.05.1989

Juni
Lüde & die Astros, Slawheads   06.06.1989
Axxis, Mad Max   28.06.1989

September
Sodom, Sepultura   25.09.1989

Oktober

Klaus Doldingers Passport	09.10.1989
John Martyn	18.10.1989
Neon Judgement	30.10.1989

November

Wishbone Ash, Ontario	06.11.1989
Normahl, Lustfinger	08.11.1989
Grobschnitt	20.11.1989
Abstürzende Brieftauben, The Honx	28.11.1989

Dezember

Coroner, Special Guest	04.12.1989
The Sweet	11.12.1989
Roger Chapman & The Shortlist	17.12.1989
Blues Company, Transilvania Phoenix	20.12.1989
Herman Brood & His Wild Romance	25.12.1989

1990

Februar

Dimple Minds	05.02.1990

März

Spirit feat. Randy California & Ed Cassidy, Special Guest: Kevin Coyne & Band	14.03.1990
Molly Hatchet	21.03.1990
Zeltinger Band, Lawdy	28.03.1990

April

»Speed Metal Day«:

Coroner, Watchtower, Special Guest: Horus	02.04.1990
Die Goldenen Zitronen, Special Guest: Bernd Begemann	04.04.1990
The Sweet, Special Guest: Enola Gay	09.04.1990
Ina Deter & Band	24.04.1990

Mai

Yngwie Malmsteen, China	02.05.1990
Black Uhuru	15.05.1990
Invisible Limits, Pink Turns Blue	21.05.1990

Juni
Celtic Frost, Slammer, Paradox … 06.06.1990

September
»Death Metal Day«
mit Obituary, Morgoth, Demolition Hammer … 03.09.1990
China, Steve Thomson … 17.09.1990
»Speed Metal Day« mit Sacred Reich, Venom, Atrophy … 24.09.1990

Oktober
Erotik in Lila … 07.10.1990
Carolyne Mas & Band, Special Guest: The Ballroom Stompers … 24.10.1990

November
Extrabreit … 19.11.1990
Cat Rapes Dog … 22.11.1990
The Blues Band … 28.11.1990

Dezember
Vitamin X, Rhapsody … 10.12.1990
Transylvania Phoenix … 19.12.1990
Herman Brood & His Wild Romance … 25.12.1990

1991

Januar
Sodom, Destruction … 19.01.1991

Februar
Blind Guardian, Iced Earth … 25.02.1991

März
Jingo de Lunch … 13.03.1991
Hawkwind + Shiny Gnomes … 18.03.1991
Emils + Suckspeed … 20.03.1991
»Metal Power Package«:
Dark Angel, Mordred, Re-Animator … 25.03.1991

April
Abstürzende Brieftauben … 03.04.1991

Chris Spedding & Band — 15.04.1991
Running Wild, Raven, Crossroad — 26.04.1991

Mai
Toy Dolls — 06.05.1991
The Meteors — 09.05.1991
U.D.O. — 13.05.1991
Brings — 22.05.1991
Lüde & Die Astros — 27.05.1991

Juni
The Dickies, Noise Annoys — 03.06.1991
Morbid Angel, Sadus, Unleashed — 05.06.1991
Soul Tax — 18.06.1991
Schwarze Messe — 20.06.1991
Monsters of Rock — 21.06.1991

August
All, Evil Horde — 12.08.1991

September
»Death Metal Day«: Morgoth, Massacre, Devastation — 11.09.1991
Hard-Ons, The Sect — 16.09.1991

Oktober
Jaded Heart — 04.10.1991
Dr. Feelgood, Roger Trash & The Wild Lovers — 07.10.1991
Mekong Delta, Coroner — 14.10.1991
Tom Gerhardt — 15.10.1991
Achim Reichel — 19.10.1991

November
The Sweet, Poison Ivy — 04.11.1991
»Death Metal Night«: Protector, Funeral Nation, Ravenous — 11.11.1991
Plan B, Terry Hoax — 13.11.1991
Extrabreit — 15.11.1991
Canned Heat — 21.11.1991

Dezember
Tom Gerhardt — 01.12.1991
Gruppo Sportivo — 05.12.1991

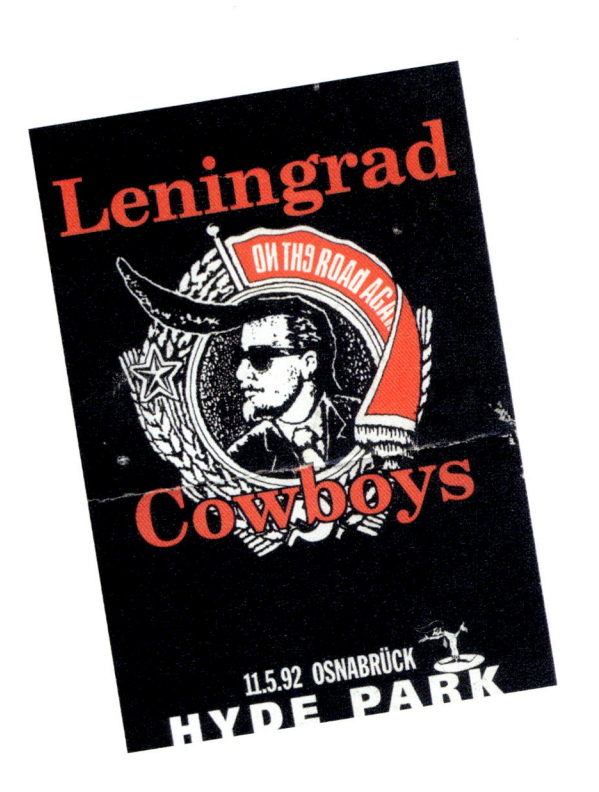

Freaky Fukin' Weirdoz, Blue Manner Haze	09.12.1991
Pur	11.12.1991
Peter & The Test Tube Babies, Die Skeptiker, Rubbermaids	19.12.1991
Blues Brothers Festival Band	23.12.1991
Herman Brood & His Wild Romance	25.12.1991

1992

Januar
»Death Metal Night«: Bolt Thrower, Benediction, Asphyx	23.01.1992

Februar
Jule Neigel Band	03.02.1992
Jingo de Lunch, Blue Manner Haze	13.02.1992

März
UFO	04.03.1992
Warriors of Death, Die Schweine, Metropolis	14.03.1992

April
Raven, Risk	06.04.1992

Mai
Eric Burdon & Brian Auger Band, Charles Womack Band	07.05.1992
Leningrad Cowboys, Tülay	11.05.1992
Stiff Little Fingers, NoHarms	14.05.1992
»Death Metal Night«: Pestilence, Monstrosity, Torchure	18.05.1992
»Indie Festival«: The Invincible Spirit, Tommy	
Stumpff, Secret Discovery, The Phantoms of Future	21.05.1992
Roger Chapman & The Shortlist, Nadja Petrick	24.05.1992

Juni
Saint Vitus, Cathedral	03.06.1992
Saga	07.06.1992
The Soft Parade	08.06.1992
Bad Religion, Angelos	19.06.1992
Die Schweine, The Fake, Feathers And Down, Sister Ray	24.06.1992
Fugazi, Pygmys, Tech Ahead	29.06.1992

Juli
Entombed, Disharmonic Orchestra	01.07.1992
Heggen & Band, Mr. Thing & The Professional Human Beings	19.07.1992

September
Los Reyes	06.09.1992
Blind Guardian, Iced Earth	07.09.1992
Stray Cats	13.09.1992
Gwar	14.09.1992
Till & Obel	20.09.1992
Tankard, Xentrix, Megalomaniax	21.09.1992
The Dubrovniks	23.09.1992

Oktober
The Soft Parade	11.10.1992
Sodom, Depressive Age	12.10.1992
Latin Quarter, The Dostojevskis	19.10.1992
The Jeremy Days	20.10.1992
Cannibal Corpse, Acheron, Sinister	22.10.1992

Dezember
Peter And The Test Tube Babies, Monkeys With Tools, The Bates	03.12.1992
Hallucination Company	07.12.1992
Rocktheater N8chtschicht	20.12.1992
Herman Brood & His Wild Romance	25.12.1992

1993

Januar
Unleased, Tiamat, Samael	11.01.1993
NOFX	21.01.1993

März
Slime, Mongol Shuudan	01.03.1993
Uriah Heep, Nazareth	04.03.1993
Till & Obel	08.03.1993
Terry Hoax, Cruel World Emigrants	15.03.1993
Razzia, The Bates	22.03.1993
Rick Wakeman	28.03.1993
Mekong Delta & Life Artist, Ram Your Rhino, Deterrent	29.03.1993

April

Thunder, My Little Funhouse	03.04.1993
Anne Clark & Band, Martyn Bates	05.04.1993
»Death Metal-Oster-Festival«: Full of Hate, Death, Cannibal Corpse, Tiamat, Carcass, Gorefest, Samael	13.04.1993
The Ukrainians, Rev Hammer	25.04.1993

Mai

Sargant Fury, Skew Siskin, Hittman	10.05.1993
Biohazard, Crowbar	17.05.1993
Tom Gerhardt	19.05.1993
John Mayall's Bluesbreakers	24.05.1993
Axxis	31.05.1993

Juni

Bon Scott (AC/DC-Cover-Band)	04.06.1993
Bollock Brothers	10.06.1993
Mucky Pup, Leeway, Shock Factor	14.06.1993
Dirty White, Cruel World Emigrants	17.06.1993
»Death Metal Night«: Deicide, Sinister, Messiah	23.06.1993
Leningrad Cowboys	28.06.1993

Juli

Psychotic Waltz	05.07.1993
Voivod	06.07.1993
NOFX, Offspring	09.07.1993
Heggen, Undercover Affair, BDC Squad	11.07.1993

September

Benediction, Dismember, Cemetary	06.09.1993
Pennywise, The Rest	23.09.1993
Alannah Myles, The September When	24.09.1993
Dimple Minds, Heinz + Die Piddlers	28.09.1993

Oktober

»Black Metal Night«: Samael, Unholy, Acheron	18.10.1993
Illegal 2001	31.10.1993

November

Pink Cream 69	01.11.1993
Morgoth, Entombed	08.11.1993
Achim Reichel	09.11.1993
»Doom Metal Night«: My Dying Bride, G.G.F.H., Warpath	15.11.1993

Dezember

The Hooters	03.12.1993
The Soft Parade	05.12.1993
Count Raven, Alien Boys	13.12.1993
»Headbangers Ball« mit Vanessa Warwick	17.12.1993
Herman Brood & His Wild Romance	23.12.1993
Blues Brothers Revival Band	25.12.1993

1994

Februar

Oyster Band	03.02.1994
Die Schweine, Oblique, Heer, Nitza, Purgartorium	14.02.1994
Rocktheater N8chtschicht	23.02.1994

März

Therapy?, Doughboys	10.03.1994
»Proud To Be A Kraut«: Amon Düül 2, Guru Guru, Jane	21.03.1994
Tankard, Wargasm, Megalomaniax	28.03.1994
Canned Heat	30.03.1994

April

Terry Hoax, Big Light	04.04.1994
Love Like Blood, Goodbye Mr. Mackenzie	05.04.1994
Doc Vox & The Lame Ducks	11.04.1994
Frontpage	16.04.1994
Hawkwind	18.04.1994
Heiter bis Wolkig	25.04.1994

Mai

Sodom	02.05.1994
Poems for Laila	05.05.1994
Die Ärzte	09.05.1994
Rumble Militia, King Size Terror	16.05.1994

Oktober

Spermbirds, Gunjah	27.10.1994
Hawkwind	31.10.1994

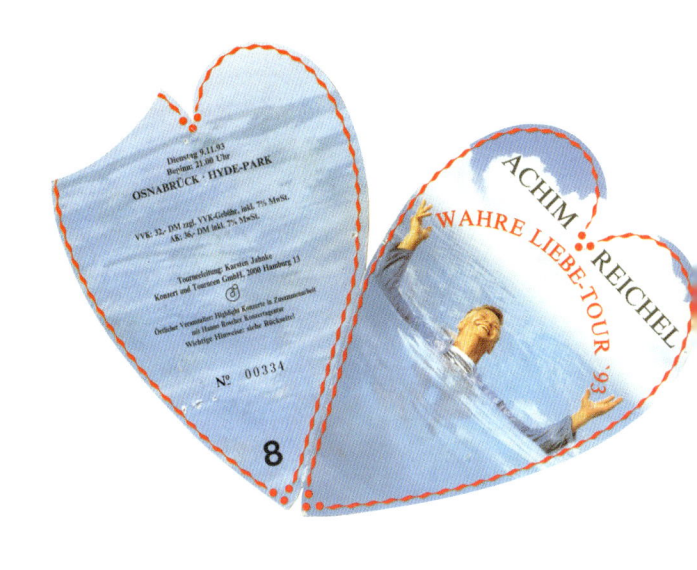

November

The Inchtabokatables, Hallberg	01.11.1994
Heggen, Doc Vox & the Lame Ducks	06.11.1994
Gorefest, Forbidden, Warpath	07.11.1994
Dog Eat Dog, Such a Surge	08.11.1994
Helloween, Skyclad	14.11.1994

Dezember

The Whisky Priests, Nelson's Wedding	07.12.1994
The Soft Parade	11.12.1994
Savatage, Fates Warning, Psychotic Waltz	16.12.1994
Dieter Thomas Kuhn & Band	18.12.1994
Herman Brood & His Wild Romance	23.12.1994

1995

Januar

Atrocity, Crematory, Hate Squad	16.01.1995
Freak of Nature, Bad Moon Rising	25.01.1995

Februar

Tesla, Pride & Glory	02.02.1995
Bolt Thrower, Cemetary, Asphix	06.02.1995
General Levy	12.02.1995
Weezer, Lag Wagon	13.02.1995
Annihilator, Crossroads, Therion	18.02.1995

März

NOFX, Wizo, Guttermouth	12.03.1995
Spudmonsters, Channel Zero, Suchas	30.03.1995

April

Bad Manners	04.04.1995
No Use for a Name, Good Riddance	05.04.1994
Offspring, Disaster Area	13.04.1995
Blackeyed Blonde	17.04.1995
Voodoocult feat. Phillip Boa, Warrior Soul	21.04.1995
H-Blockx	30.04.1995

Mai

Guru Guru	05.05.1995
The Bates	11.05.1995
»Black Mark Festival«: Morgana Lefay, Cemetary, Edge of Sanity, Memento Mori	22.05.1995
Stars from »The Commitments«	24.05.1995
Blind Guardian, Nevermore	30.05.1995

Juni

Grave Digger, X-Wild	05.06.1995
»School's Out-Party« mit: Drunken Horseman, Pendikel, Nogs, Cubistic Pop Manifesto	22.06.1995
Rage, Iced Earth	26.06.1995

Juli

Biohazard, Orange 9mm	01.07.1995
Weezer, Handfullaflowers	04.07.1995

August

»Record Release Party«: Levellers	12.08.1995
Monster Magnet, Trouble	22.08.1995

September

Badtown Boys, Satanic Surfers, Disaster Area	12.09.1995
Pennywise, My Favorit Comic, Millencolin	20.09.1995
My Dying Bride	21.09.1995
Propagandhi, Fyp	22.09.1995
Rancid & Guest	26.09.1995

Oktober

Death, Benediction & Guest	02.10.1995
Stoppok	22.10.1995
Overkill	25.10.1995
Gamma Ray, Morgana Lefay	30.10.1995

November

Saga, John Wetton	01.11.1995
Crowbar, Cathedral	12.11.1995
Terry Hoax	21.11.1995
Oyster Band	22.11.1995
Unleashed	29.11.1995

Dezember

Dismember	18.12.1995
The Inchtabokatables	21.12.1995
Herman Brood & His Wild Romance	25.12.1995

1996

Mai

The Honx, Shifty Sheriffs, Fun Fun Chrisis, The Smarties	01.05.1996

Juni

Terrorgruppe, Lokalmatadore	28.06.1996

August

Millencolin & Special Guest	19.08.1996

September

Downset, Humungous Fungus	04.09.1996
Lag Wagon, Terrorgruppe, Thumb	12.09.1996
Amorphus, Therion, Hardware	25.09.1996
Such a Surge, Queerfish, Lisa	30.09.1996

Oktober

The Bates, The Three O'Clock Heroes	10.10.1996
NOFX, Good Riddance, Vandals	12.10.1996
»A Tribute to the Doors«: The Soft Parade	27.10.1996

November

Eric Burdon, 12 Apostel	05.11.1996
Overkill, Vicious Rumors, Anvil	08.11.1996
Birth Control, Alex Oriental Experience	19.11.1996
Annihilator, Dearly Beheaded, Kill 2 This	21.11.1996
My Dying Bride, Cathedral	26.11.1996

Dezember

The Bollock Brothers, The Sentiments	14.12.1996
Lacrimosa, The Gathering, Sentenced, Depressive Age, Dreams of Sanity	18.12.1996
Satanic Surfers, 50 Times The Pain, Liberator, Mindjive	19.12.1996
The Inchtabokatables	23.12.1996
Herman Brood & His Wild Romance	25.12.1996

1997

Januar
Illegal 2001 & Guests	10.01.1997
Carolyne Mas	17.01.1997

Februar
»Kiss-Party« mit Love Gun	07.02.1997

März
SNFU & Guests	04.03.1997
»Out of the Dark III«: My Dying Bride, Sentenced, Secret Discovery, Therion, Dark Sundown	17.03.1997
»Black Metal Festival«: Cradle of Filth, Dissection, In Flames, Dimmu Borgir	26.03.1997
Deutsche Schlagerparade	27.03.1997
Pro Pain, Spudmonsters, Gurd, My Own Victim	31.03.1997

April
Lacrimosa, Secret Discovery, The Gallery, Darkseed	01.04.1997
1Yothu Yindi & Guest	04.04.1997
Laibach & Guest	11.04.1997
Ten Foot Pole, Hi-Standard	24.04.1997

Mai
W.A.S.P & Guest	14.05.1997
Waltari, Pyogenesis	15.05.1997
Shock Therapy, Gorgon	22.05.1997
Deutsche Schlagerparade	28.05.1997
Immortal, Krabathor & Guests	30.05.1997

Juni
»Skate-Festival«: Millencolin, SNFU, Goldfinger, Thumb, Voodoo Glow Skulls	01.06.1997
Grip Inc. & Guest	03.06.1997
Die Krupps, Morgoth, Richthoven	04.06.1997
Fates Warning, Omen, Scanner	13.06.1997

August
Rockbitch	08.08.1997

September

Napalm Death, Neurosis	05.09.1997
Gwar, Mad Sin	08.09.1997
»Out of the dark Part IV«: Crematory, Therion, Lake of Tears, Dark, Graveworm	29.09.1997

Oktober

Deutsche Schlagerparade	02.10.1997
Tiamat, The Gathering, Paradise Now	09.10.1997
Six Feet Under, Brain Damage, God Dethroned	16.10.1997
UK Subs, C.O.N.T.R.A. Banda, Diggensag	22.10.1997
Oysterband, Rev Hammer	26.10.1997
Lag Wagon, Blink 182, Pulley, Donots	27.10.1997
U.D.O., Blackshine, Warhead, Megaforce	30.10.1997
Napalm Death & dBH	31.10.1997

November

Savatage, Vanderhoof (Ex-Metal Church)	05.11.1997
No Use for a Name, Swingin' Utters, The Suicide Machines	11.11.1997
Shelter & Guests	12.11.1997
Gotthard & Friends, Monkey Cab	14.11.1997
Stoppok & Gäste	15.11.1997
Flotsam & Jetsam, Anvil, Exciter	19.11.1997
Rockbitch	20.11.1997
Richie Havens, Country Joe McDonald	21.11.1997

Dezember

Kreator, Dimmu Borgir, Richthofen, Krisiun	03.12.1997
Kingdom Come & Special Guest	08.12.1997
UFO feat. Michael Schenker & Special Guest	11.12.1997
Subway to Sally & Special Guest	14.12.1997
»Blackmetal Night '97«: Dark Tranquility, Enslaved, Bewitched, Swordmaster, Demoniac, Delamorte	22.12.1997
Herman Brood & His Wild Romance	25.12.1997
»Kiss-Mas-Party« mit Love Gun & Guests	27.12.1997

1998

Februar
Atrocity, Haggard — 20.02.1998

März
Pro Pain, Gurd, Fury of V, Pissing Razors — 03.03.1998
No Fun At All, Refused, Liberator, The Hives — 23.03.1998
Morbid Angel, Vader, Entwined — 25.03.1998
The Gathering, Seigmen, Lacuna Coil — 31.03.1998

April
»Nuclear Blast Festival«: Hypocrisy, Benediction, Gorgoroth, Covenant, Night In Gales, Children of Bodom — 06.04.1998
»No Mercy Festival Part 2«: Cannibal Corpse, Immortal, Angel Corpse, Orbituary, Marduk, God Dethroned — 13.04.1998
Hellacopters, The Trashmonkeys — 15.04.1998

Mai
»HipHop Jam«: Too Strong, Main Concept, Ohne Gleichen — 06.05.1998
Millencolin, Bouncing Souls, Disaster Area — 18.05.1998
The Bates & Special Guest — 22.05.1998
Overkill, Nevermore, Angel Dust, Nocturnal Rites — 25.05.1998
Theatre of Tragedy, Bliss — 28.05.1998

Juni
Suicidal Tendencies, Thumb, Samiam, Real Big Fish, Ignite — 03.06.1998
Death feat. Chuck Schuldiner & Dew Scented — 05.06.1998
Two feat. Rob Halford & Special Guest — 29.06.1998

Juli
Six Feet Under & Special Guest — 07.07.1998
Stuck Mojo & Special Guest — 07.07.1998

August
Rockbitch — 07.08.1998
»Monsters of Punk«: Donots, Dash, Morgenrot, Nervenkrieg, Cockroach — 28.08.1998

September
»Nuclear Blast Festival, Pt. II«: Dismember, Gorgoroth, Children of Bodom, Agathodaimon, Raise Hell — 11.09.1998

Oktober

Infernal Majesty, Monstrosity, Kataklism, Flescraw	05.10.1998
»Massive Metal Festival«: Death, Benediction, Crack Up	06.10.1998
Iced Earth, Sentenced, Wicked Angel, Brainstorm	14.10.1998
Marduk, Mystic Circle, Sudden Death	15.10.1998
Molly Hatchet & Special Guest	16.10.1998
Haggard, Tristania, Solefald	21.10.1998

November

Hammerfall, Primal Fear, Labyrinth, Pegazus	04.11.1998
»A Tribute to the Doors«: The Soft Parade	06.11.1998
Impaled, Nazarene, Ritual Carnage, Driller Killer	25.11.1998
Arena, Headstone	26.11.1998

Dezember

Cradle of Filth, Napalm Death, Borknagar Krisiun	04.12.1998
The Brandos & Special Guest	12.12.1998
In Flames, Covenant & Guest	15.12.1998
Peter & The Test Tube Babies, Vanilla Muffins	18.12.1998
Herman Brood & His Wild Romance	25.12.1998

1999

September

Lacrimosa, Lacuna Coil	29.09.1999

Oktober

Rockbitch	01.10.1999
Great White & Special Guest	26.10.1999
»Out of the Dark-Festival«: Kreator, Blind Passengers u. a.	29.10.1999

November

Metal Church, Thunderhead, Marshall Law	11.11.1999
New Model Army & Guest	13.11.1999
Saxon, Skew Siskin & Guest	26.11.1999

Dezember

Hermann Brood & His Wild Romance	25.12.1999
Subway to Sally & Milla Mar	29.12.1999

2000

Februar
Moonspell, Kreator, Katatonia, Witchery (anschließend
Abschiedsparty – der »Park« zog wieder einmal um)   05.02.2000

September
»Golden Summer Jam« (»Open Air am Park«):
New Model Army, Killer Barbies, Hedgehogkiller, Waterdown   01.09.2000

November
»Eröffnungswochende«:
Cradle of Filth, Christian Death & Guest   30.11.2000

Dezember
Knorkator   01.12.2001
Thin Lizzy, Ben Granfeldt Band   04.12.2000
Molly Hatchet & Special Guest   08.12.2000
The Inchtabokatables   21.12.2000
In Extremo & Substyle   27.12.2000

2001

Januar
Hammerfall, Virgin Steel, Freedom Call   18.01.2001

April
»No Mercy Festival«: Marduk, Vader, Mordician, Sinister,
Amon Amarth, God Dethroned, Mystic Circle,
And Oceans, Bal-Sagoth   21.04.2001
Rage, Vicious Rumours   19.04.2001
Subway to Sally & Special Guest   26.04.2001

Juni
Rose Tattoo, Backstreet Girls   26.06.2001

September
Gamma Ray, Sonata Artica & Guest   21.09.2001

Oktober

Heinz Rudolf Kunze & Verstärkung	26.10.2001

Dezember

»Christmas Metal Meeting«: Kreator, Cannibal Corpse, Marduk u. a.	11.12.2001
In Extremo, Boon	27.12.2001
Destruction, Sodom, Kreator, Holy Moses	31.12.2001

2002

Januar

Bolt Thrower, Benediction, Fleshcrawl, Disbelief	28.01.2002

Februar

Asia	22.02.2002

März

Fettes Brot	06.03.2002
Deine Lakaien	26.03.2002

April

»No Mercy Festival«: Immortal, Hypocrisy, Mayhem, Vader, Malevolent Creation, Destroyer 666, Obscenity	08.04.2002
Rhapsody, Angel Dust, At Vance	15.04.2002
Vollplayback-Theater: »Hanni & Nanni meets John Sinclair«	25.04.2002
Sportfreunde Stiller	30.04.2002

Mai

Pro Pain, Crack Up, Do Or Die, Against All	08.05.2002

Oktober

Readymade, Nova	02.10.2002
Tiamat, Pain	03.10.2002
Die Happy	08.10.2002
In Flames, Pain, Soilwork	12.10.2002
The 69 Eyes, Sulpher	14.10.2002

November

Leningrad Cowboys	01.11.2002

Dezember
Doro, Messiah's Kiss   06.12.2002
Subway to Sally, Jelly Planet   26.12.2002
Donots   28.12.2002

2003

Januar
Hammerfall, Masterplan, Nostradameus   11.01.2003
Saxon, Wolf, Evidence One, Nocturnal Rites   17.01.2003

Februar
Samael, Cathedral, Without Face   04.02.2003

März
Patrice & Special Guest   11.03.2003

April
J.B.O. & Special Guest   20.04.2003
Manfred Mann's Earthband   25.04.2003

Mai
Children of Bodom, Soilwork, Suid Akra   19.05.2003

Oktober
ASD (Afrob und Sammy Deluxe)   16.10.2003
Die Happy, Cameran   23.10.2003
Southside Johnny & The Asbury Jukes   25.10.2003
Paradise Lost, Godhead & Guest   28.10.2003

November
Helloween, Rage, Mob Rules   02.11.2003
Vollplayback-Theater: »Die drei ???«   20.11.2003

Dezember
»X-Mas Metal Meeting«: Deicide, Destruction, Amon Amarth,
Nile, Dew Scented, Misery, Index, Graveworm   10.12.2003
Saga, Regicide   14.12.2003
Donots, One Man and His Droid   28.12.2003
»Silvester Metal Party«: Doro, Blaze, Rawhead Rexx, Epica 31.12.2003

2004

Januar
Grave Digger, Symphorce, Wizard	06.01.2004

Februar
Blumentopf	07.02.2004
Krokus & Special Guest	29.02.2004

März
»No Mercy Festival«: Cannibal Corpse, Hypocrisy, Vomitory, Exhumed, Carpathian Forest, Spawn of Possession, Prejudice	30.03.2004

April
Anne Clark	30.04.2004

Mai
NOFX, Swinging Utters, The Epoxies	23.05.2004
W.A.S.P., Dragonforce, Dyecrest	28.05.2004
Uriah Heep, Regicide	30.05.2004

Juni
Anthrax & Special Guests	23.06.2004

Juli
Fear Factory & Guest	02.07.2004
Rose Tattoo, Billy Butcher, Boozed	15.07.2004

September
Schandmaul	03.09.2004

Oktober
H-Blockx, Excilia, Cziltang Brone	31.10.2004

November
Southside Johnny & The Asbury Jukes	07.11.2004
Mad Caddies, Belvedere, Throw Rag	13.11.2004

Dezember
»Super Mover 2004«: Winston Hazel, Sid LeRock, Tonschub	03.12.2004

»X-Mas Metal Meeting«:
Napalm Death, Marduk, Finntroll, Vader,
Black Dahlia Murder, Belphegor   07.12.2004
Nazareth, Thomson, The Big Disaster   12.12.2004
Die Happy, Julia   17.12.2004
Subway to Sally, Lacrimas Profundere   22.12.2004
Donots   29.12.2004

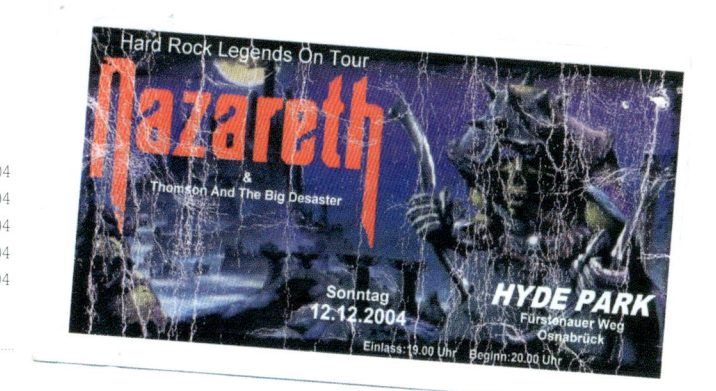

2005

Februar
Barclay James Harvest, Asia   06.02.2005
WIZO, Rock 'n' Roll Stormtroopers   15.02.2005

März
Bushido, Sonny Black, Baba Saad   09.03.2005
Cradle of Filth, Moonspell & Special Guest   14.03.2005
Masterplan, Circle II Circle, Rob Rock, Pure Inc   25.03.2005

April
Gwar   19.04.2005
Fettes Brot   27.04.2005

Mai
Manfred Mann's Earthband   01.05.2005
»Trashville Party«: The Bosshoss   20.05.2005

Juni
Lacrimosa, Gothminister   02.06.2005
Ronny James Dio, Mob Rules   07.06.2005
Misfits, U.S. Bombs, Boozed   28.06.2005

Juli
»Osnabrücker Act 2005« – Bandcontest   01.07.2005

August
Axel Rudi Pell, Pump   05.08.2005
No Use for a Name, Useless ID, Tribute to Nothing   17.08.2005

September
»Benefiz Konzert«:
Vintage Area, Sofa-Band, Mr. G & His Billy Boys,
Swing Power, Funky Monks   18.09.2005
Subway to Sally, Coppelius   30.09.2005

Oktober
Arch Enemy & Guest   09.10.2005
Nevermore, Dew Scented, Mercenary   11.10.2005
Panteon Rococo, Les Babacools, Groovin Goblins   13.10.2005
Gamma Ray, Nocturnal Rites & Guest   21.10.2005

November
Boss Hoss & Guest   04.11.2005
Christina Stürmer & Band   18.11.2005
»Sin City Party«: Codex, Flexor   25.11.2005

Dezember
M3 – Classic Whitesnake   09.12.2005
Saxon   17.12.2005

2006

Februar
Die Happy, Disgroove   01.02.2006

März
Boysetsfire, Hell Is For Heroes, Tribute to Nothing   18.03.2006

April
Doro, Sonata Arctica, Altaria   26.04.2006
Rage, Mob Rules   30.04.2006

Mai
New Model Army & Guest   04.05.2006
Gotthard & Special Guest   19.05.2006

Dezember
Boss Hoss   16.12.2006

2007

Januar
Dropkick Murphys   28.01.2007

März
Christina Stürmer & Band   06.03.2007

April
Schandmaul   07.04.2007
Lagwagon & Guest   19.04.2007
Clueso   24.04.2007

Mai
»Record Release Party«: Boozed, Surfaholics,
Good Witch, Peter Pan Speedrock & Special Guest   04.05.2007
La Fee & Guest   11.05.2007

2008

Januar
Obituary, Holy Moses, Avatar   05.01.2008

Februar
Culcha Candela   20.02.2008

März
Unheilig, Down Below   14.03.2008

April
Rage, Edenbridge, FreaKozaks   30.04.2008

Mai
Kettcar   03.05.2008

Juni
Cavalera Conspiracy & Guest   03.06.2008
Jimmy Eat World   09.06.2008

November
Millencolin, The Briggs   06.11.2008

Dezember
»Cradle of Filth«: Gorgoroth, Moonspell, Septicflesh, Asrai   20.12.2008

2009

Januar
»Neujahrspogo«:
Sondaschule, Montreal, Planlos & Special Guests   03.01.2009

Mai
»Fieber: Boozed Record Release & DVD Recording Party«:
The Quireboys, Cellophane Suckers, Triggerfinger,
V8 Wankers, December Peals   02.05.2009
La Fee   16.05.2009

September
»Hellflame Festival«: Dark Tranquillity, Belphegor,
Necrophobic, Shining, Dornenreich, Chrome Division,
Grantig, Moribund Oblivion, 1349   05.09.2009

Oktober
ASP   04.10.2009

November
»Rock 'n' Roll Hell Festival«: Batmobile, Mad Sin,
Roghee & The Sarnos, Phantom Rockers,
Tazmanian Devils & Special Guests   07.11.2009

2010

Januar
Overkill, Obituary & Guest   07.02.2010

Mai
Grobschnitt   29.05.2010

November

»Rock 'n' Roll Hell Festival«: Demented Are Go,
The Quakes, The Go Getters, Klingonz, Coffin Nails,
The Radiacs, Rat Monkey   06.11.2010
Eisbrecher, Stahlmann   07.11.2010

Quellen

Archiv Harald Keller

Archiv Bernd Meckert

Archiv »Stadtblatt Osnabrück«

»Hyde Park«-Programme, -Anzeigen und -Plakate

Eintrittskarten

»Hyde Park Jubiläumsheft 1976–2006«

»Terminal« (Archiv Alois Eilermann)

Die Autoren

Martin Barkawitz wurde am 22. Februar 1962 in Hamburg geboren und ist nach einem Studium der Literaturwissenschaft und Soziologie seit 1997 als freier Autor tätig. Er schreibt überwiegend in den Genres Krimi, Western, Mystery und Romance.

Corinna Berghahn. Jahrgang 1979, Redakteurin. Studierte in Osnabrück und war leidenschaftliche »Park-Gängerin«, bis sie Münster und seine Indie-Musik-Szene für sich entdeckte. Nach einem Volontariat in Göttingen lebt sie heute wieder in Osnabrück.

Conny Dachs, a. k. a. Michael G. Konrad. Pornodarsteller, Sänger und Moderator, Jahrgang 1963

Beate Dölling, 1961 in Osnabrück geboren, studierte nach mehrjährigem Auslandsaufenthalt in Spanien und den USA Englisch, Spanisch, Kulturwissenschaften und Philosophie. Heute lebt die Mutter einer Tochter als Schriftstellerin in Berlin, schreibt Kinder- und Jugendbücher, Hörspiele und leitet Schreibwerkstätten. Einige ihrer aktuellen Projekte entstehen in Zusammenarbeit mit dem französischen Musiker und Autor Didier Laget. Siehe www.beatedoelling.com.

Christoph Ehrenberg. Jahrgang 1946. Ministerialdirigent a. D., ehem. Abteilungsleiter im Bundesministerium für Bildung und Forschung.

Marcel Kawentel. Geboren 1979 in Hannover, kam zum Studium der Germanistik, Anglistik und Medienwissenschaft nach Osnabrück. Der »Hyde Park« war seine erste Anlaufstation für das wöchentliche Freizeitgetränk bei ›vernünftiger‹ Musik. Er arbeitet als freier Autor für die »Neue Osnabrücker Zeitung«, Kindermagazine sowie Film & Fernsehen. Er ist verheiratet, hat zwei Kinder und lebt in Osnabrück.

Thomas Klein, Jens Meggers. Rechtsanwälte und Fachanwälte für Strafrecht. www.kanzlei-für-strafrecht.de

Didier Laget. 1957 in Clermont Ferrand geboren, studierte Gitarre am Conservatoire Nationale de Musique in Tours. Als Gitarrist verschiedener Bands tourte er in den Achtzigern durch ganz Europa, hat Schallplatten, Singles, Videoclips eingespielt, als (Filmmusik-)Produzent gearbeitet und Werbefilme gedreht. Seit 1994 ist er als Webdesigner und Internetberater tätig und war von 2000 bis 2006 Dozent an der amerikanischen Parsons School of Design in Paris. Seit 2005 arbeitet er mit Beate Dölling zusammen. Siehe www.didierlaget.com.

Rainer Lahmann-Lammert. Jahrgang 1958; ist seit 1980 Redakteur bei der »Neuen Osnabrücker Zeitung«, verheiratet und hat zwei Kinder.

Günter Mey. Jahrgang 1961; Autor und Regisseur des Dokumentarfilms »Hyde Park« (gemeinsam mit Günter Wallbrecht, 1988), Studium der Psychologie in Osnabrück und Berlin, wissenschaftlicher Assistent an der TU Berlin, 1999 promoviert zum Thema »Adoleszenz und Identität«, Leitung des 2005 gegründeten Instituts für Qualitative Forschung in der Internationalen Akademie an der FU Berlin, seit 2009 Professor für Entwicklungspsychologie an der Hochschule Magdeburg-Stendal mit den Arbeitsschwerpunkten Kindheit, Jugend und Intergenerationenbeziehungen.

»Freddy« (Friederike) Nolte. 1963 bei Osnabrück geboren; die Schließung des »Schweizerhauses« veranlasste sie zum ersten Auslandsaufenthalt in Frankreich; es folgten mehrere Jahre in Washington, DC, USA und in Brüssel. Lebt heute in München und trauert immer noch alten Zeiten hinterher.

Dr. rer. pol. Dirk Pellmann (46). Musiksoziologe. In Osnabrück geboren und (im »Hyde Park«) aufgewachsen. Profimusiker (Schlagzeug) von 1985 bis 2000. International tätiger Konzertagent, Fachautor (Recording Magazin, Drumheadz, Soundcheck), Live-Toningenieur, Studiobetreiber. Seitdem ich nicht mehr Musik für Geld machen muss, macht es mir (seit 2004) wieder Spaß. Und: Ich habe 2009 meine Frau in einem Tourbus kennengelernt.

Udo Pfennig. Geb. 1942 in Prenzlau, lebt in Osnabrück, Diplom-Sozialarbeiter, Diplom-Sozialwirt, war in der öffentlichen Verwaltung (Jugendamt) tätig.

Anne Rüther. Jahrgang 1968, Studium der Musik- und Medienwissenschaften sowie der Kunstgeschichte. Beruflich zurzeit als PR- und Marketing-Assistentin im Weiterbildungssektor tätig. Privat Vinyljunkie, Managerin einer Punkrock-Band und leidenschaftliche Konzertgängerin, mehr oder weniger in Szene-Tempeln der Weser-Ems-Region aufgewachsen. Das Motto der Autorin: Musik ist Trumpf!

Kirsten Schuhmann. 1977 in Thuine, Emsland geboren. Ihr Magisterstudium an der Universität Osnabrück schloss sie in Anglistik, Germanistik und Medienwissenschaften ab. Ihr Studium finanzierte sich Kirsten u. a. als Resident-DJane im Hyde Park. Es folgte der Weggang aus Osnabrück bedingt durch ein Volontariat als Nachrichtenredakteurin bei BB Radio, Brandenburg. Kirsten arbeitet heute weiterhin als DJane, Profisprecherin und Pädagogin.

Martin Sonneborn. Jahrgang 1965. Satiriker (»Titanic«; »heute show«).

Dr. Christopher Tenfelde. Geboren 03.11.1979, Abitur 1999 (Ursulaschule Osnabrück). Ab 1999 Jura-Studium an den Universitäten Augsburg und Münster, Erstes Staatsexamen 2004, danach Referendariat in Dortmund und Politikwissenschaftliches Studium in Hannover. Zweites Staatsexamen 2007, seit 2008 Rechtsanwalt. Promotion zum Dr. phil. durch die Philosophische Fakultät der Universität Hannover im Jahr 2009, Thema: »Die Rote Armee Fraktion und die Strafjustiz, Anti-Terror-Gesetze und ihre Umsetzung am Beispiel des Stammheim-Prozesses«. Seit 2010 Rechtsanwalt in der Kanzlei Dr. Funk, Prof. Dr. Tenfelde und Partner in Osnabrück.

Gisbert Wegener. Medienwissenschaftler und Inhaber einer Werbeagentur und PR-Agentur, beschäftigt sich in seiner Freizeit seit 2003 mit der historischen Dokumentation alternativer Diskotheken und ihren Musikprogrammen.

Dietmar Wischmeyer. Wurde so weit weg von Osnabrück geboren (Oberholsten), dass er seine Kindheit weitestgehend unbeschadet überstand. Mit dem Eintritt in die weiterbildende Schule (wieso heißt die nur so?), rückte er dem Unheil der Welt schon näher (Melle). Erst mit dem Beginn des Studiums (Bielefeld) konnte er sich dem Sog der sündigen Metropole Osnabrück ganz entziehen. Heute lebt er ganz weit weg.

Roger Witte wurde 1959 in Osnabrück geboren und war von Ende der Siebziger bis Mitte der Achtziger »Hyde-Park«-Stammgast. Er ist Mitinhaber einer Werbeagentur und eines Verlages, in dem u. a. das STADTBLATT Osnabrück erscheint.

Thomas Wübker. Ich bin 47 Jahre alt, habe circa zehn Jahre im »Hyde Park« gewohnt (Rheiner Landstraße, Zirkus und Festbau am Fürstenauer Weg) und dort als DJ und Stagehand gearbeitet. Jetzt überlebe ich als freier Journalist. Mein größter literarischer Erfolg (falls das hierhin gehört): Gewinn eines Lottoscheins beim Poetry Slam in der Lagerhalle mit drei Richtigen, die mir etwa fünf Euro eingebracht haben. Das Geld habe ich im Gedenken an Charles Bukowski in Bier investiert.

Jenni Zylka. Wurde 1969 in Osnabrück geboren, verbrachte ihre Kindheit und Jugend in der Wüste, in Hasbergen und im »Hyde Park«, und zog 1988 nach Berlin. Dort schreibt sie für Zeitungen, Radio, Fernsehen, Film und den Rowohlt-Verlag, nominiert Filme für die Berlinale und den Grimme-Preis, Rundfunkstücke für den Deutschen Radiopreis, moderiert Interviews und Filmgespräche für die Berlinale und das Filmfest Emden, prüft Fernsehinhalte für den Jugendschutz und wendet vor allem abends alles an, was sie im »Hyde Park« gelernt hat. Außerdem arbeitet sie als Geheimagentin. Doch das ist natürlich geheim.

Die Herausgeber

Harald Keller. Geboren im selben Jahr wie Prince und Michael Jackson. Magere Mittelschulbildung, später Zweiter Bildungsweg und Studium der Literatur-, Medien- und Kunstwissenschaften. Heute frei tätig als Autor journalistischer, populär- und streng wissenschaftlicher Texte sowie Gelegenheitsromancier. Letzte Veröffentlichungen: »Die Geschichte der Talkshow in Deutschland« (S. Fischer) und »Ein schöner Tag für den Tod« (Oktober Verlag).

Reiner Wolf. 1990 kam er nach Osnabrück, um seinen Zivildienst im »JZ Ostbunker« abzuleisten. Nach dem Abitur (auf dem Zweiten Bildungsweg) studierte er Geschichte, Philosophie und Literaturwissenschaften. Heute lebt er mit seiner Frau und seinen beiden Kindern in Osnabrück und arbeitet als Historiker und Filmemacher. Zum ersten Mal besuchte er den Hyde Park als 17-Jähriger, das war 1987.

Bildnachweise

S. 10/11: Gerd Mittelberg

S. 12/13: Beate Dölling

S. 13 oben: Bernd Meckert

S. 13 unten: Kai Hagedorn

S. 14: Susanne Römermann

S.15: Archiv Bernd Meckert

S.16: Pete Foss

S. 17: Rudolf Feldmann

S. 18: E. Telsemeyer;

Archiv des Schaustellerverbandes Weser-Ems e. V.

S. 18/19 links: Rudolf Feldmann

S. 23: E. Telsemeyer;

Archiv des Schaustellerverbandes Weser-Ems e. V.

S. 24/25: E. Telsemeyer;

Archiv des Schaustellerverbandes Weser-Ems e. V.

S. 27: Gerd Ebel

S. 30: Hermann Pentermann

S. 30/31: Harald Keller

S. 32/33: Rudolf Feldmann

S. 34 oben: FSR Unterhaltungsbüro

S. 34 unten: Rainer Ehricke

S. 42/43: Roger Witte

S. 44: Gerd Mittelberg

S. 50/51: Conny Overbeck

S. 52/53: Rainer Ehricke

S. 54: Archiv Bernd Meckert

S. 55 oben: Friedel Kantaut

S. 55 unten: Archiv Bernd Meckert

S. 56 links: Tom Bullmann

S. 56 rechts: Archiv Bernd Meckert

S. 57 oben: Archiv Bernd Meckert

S. 57 unten: Tom Bullmann

S. 58: Archiv Bernd Meckert

S. 60/61: Tom Bullmann

S. 62/63: Klaus Lindemann;

Archiv Neue Osnabrücker Zeitung

S. 64 Mitte: Didi Kröhn

S. 64 unten links: Archiv Stadtblatt Osnabrück

S. 64 unten rechts: Archiv Diaton

S. 67: Klaus Lindemann

S. 68/69: Gerd Mittelberg

S. 71: Archiv Stadtblatt Osnabrück

S. 72: Archiv Stadtblatt Osnabrück

S. 73 links: Gisbert Wegener

S. 73 rechts: Archiv Bernd Meckert

S. 74/75: Andreas Deffner; Archiv Diaton

S. 76: Archiv Stadtblatt Osnabrück

S. 77 Archiv Stadtblatt Osnabrück

S. 78 oben: Archiv Stadtblatt Osnabrück

S. 78 unten: Archiv Neue Osnabrücker Zeitung

S. 78/79: Archiv Stadtblatt Osnabrück

S. 80: Archiv Diaton

S. 81: Archiv Diaton

S. 84: Gert Westdörp;

Archiv Neue Osnabrücker Zeitung

S. 86: Manfred Pollert

S. 89: Archiv Diaton

S. 92: Archiv Stadtblatt Osnabrück

S. 93: Didi Kröhn; Archiv Stadtblatt Osnabrück

S. 94: NDR

S. 95: Archiv Diaton

S. 96 oben: Gert Westdörp;

Archiv Neue Osnabrücker Zeitung

S. 96 unten: Archiv Diaton

S. 100: Archiv Stadtblatt Osnabrück

S. 102: Archiv Stadtblatt Osnabrück

S. 108: Gert Westdörp;

Archiv Neue Osnabrücker Zeitung

S. 110/111: Archiv Stadtblatt Osnabrück

S. 113: Off Design Bielefeld

S. 114/115: Gerd Mittelberg

S. 116/117: Archiv Bernd Meckert

S. 117: Archiv Bernd Meckert

S. 118 oben: Archiv Bernd Meckert

S. 118 unten: Rainer Ehricke

S. 119 links: Rainer Ehricke

S. 119 rechts: Archiv Bernd Meckert

S. 122/123: Peter Clasen

S.124/125: Rainer Ehricke

S. 126: Archiv Bernd Meckert

S. 128/129 oben: Archiv Bernd Meckert

S. 128/129 unten: Archiv Diaton

S. 130 unten links: Archiv Diaton

S. 130 oben rechts: Roger Witte

S. 130/131 oben: Rainer Ehricke

S. 130/131 unten: Archiv Bernd Meckert

S. 132 oben: Archiv Conny Overbeck

S. 132 unten: Roger Witte

S. 132/133: Dietmar Koch

S. 133: Dietmar Koch

S. 134 rechts: Rainer Ehricke

S. 135 links: Archiv Bernd Meckert

S. 136: Rainer Ehricke

S. 136/137 oben: Bernd Meckert
S. 136/137 Mitte/unten: Rainer Ehricke
S. 139: Judith Kantner
S. 140: Alexx Botox
S. 141: Archiv Bernd Meckert
S. 142/143: Rainer Ehricke
S. 144 links: Carlo Korte
S. 144 rechts: Archiv Carlo Korte
S. 145 oben: Hanns-Martin Heise
S. 145 unten: Friedel Kantaut
S. 146 links: Archiv Bernd Meckert
S. 147: Archiv Todor Todorovic
S. 148: Rainer Ehricke
S. 149: Archiv Conny Overbeck
S. 150: Gisbert Wegener
S. 151 oben: Gisbert Wegener
S. 151 unten links/rechts: Archiv Bernd Meckert
S. 152 links: Gerd Mittelberg
S. 152 rechts unten: Archiv Bernd Meckert
S. 153: Harald Keller
S. 154 links: Archiv Conny Overbeck
S. 154 rechts: Bernd Meckert
S. 157: Conny Dachs
S. 158/159: Archiv Hildegard Schönenberg
S. 160 oben: Archiv Hildegard Schönenberg
S. 160 unten: Peter Schmitz
S. 162 rechts: Udo Pooschke
S. 163 oben: Harald Keller
S. 163 unten: Rainer Ehricke
S. 164 oben: H. Strenger
S. 164 unten: Rainer Ehricke

S. 165 oben/unten: Archiv Bernd Meckert
S. 166: Christoph Hobein
S. 167 oben: Rainer Ehricke
S. 167 unten: Archiv Bernd Meckert
S. 170: Tom Bullmann
S. 171: Susanne Römermann
S. 172/173: Tom Bullmann
S. 174: Susanne Römermann
S. 176: Archiv Bernd Meckert
S. 177 oben: Walter Hauser
S. 177 unten: Susanne Römermann
S. 179: Dietmar Koch
S. 180: Archiv Museum Industriekultur Osnabrück
S. 181: Gram Verlag & Druck
S. 184 links: Harald Keller
S. 184 rechts: Archiv Carola Frauli
S. 185: Archiv Carola Frauli
S. 186: Archiv Carola Frauli
S. 186/187: Archiv Carola Frauli
S. 187: Archiv Carola Frauli
S. 188: Archiv Hildegard Schönenberg
S. 189: Franz Spille
S. 190: Rainer Ehricke
S. 190/191: Archiv Bernd Meckert
S. 191: Tom Bullmann
S. 196: Bernd Meckert
S. 197: Archiv Bernd Meckert
S. 198: Todor Todorovic
S. 199: Archiv Bernd Meckert
S. 200: Archiv Bernd Meckert
S. 201: Archiv Bernd Meckert

S. 202 oben/unten: Archiv Bernd Meckert
S. 203: Carlo Korte
S. 204 oben: Tom Bullmann
S. 204 Mitte: Carlo Korte
S. 204 unten: Archiv Bernd Meckert
S. 205 oben: Slime
S. 205 Mitte: Bernd Meckert
S. 205 unten: Tom Bullmann
S. 206 oben: Tom Bullmann
S. 206 Mitte/unten: Archiv Bernd Meckert
S. 207 oben: Bernd Meckert
S. 207 Mitte/unten: Archiv Bernd Meckert
S. 208 oben: Rainer Ehricke
S. 208 Mitte/unten: Archiv Bernd Meckert
S. 209 oben: Archiv Bernd Meckert
S. 209 Mitte: Gisbert Wegener
S. 209 unten: Carlo Korte
S. 210 oben: Archiv Bernd Meckert
S. 211 unten: Gerd Mittelberg
S. 212 Mitte: Archiv Rainer Mehring Rulle
S. 213 unten: Archiv Harald Keller
S. 213 unten: Archiv Bernd Meckert
S. 216: Peter Schmitz
S. 221: Peter Schmitz
S. 229: Archiv Rainer Mehring Rulle
S. 231 oben/unten: Archiv Rainer Mehring Rulle
S. 234: Archiv Bernd Meckert

Von **Harald Keller** ebenfalls im Oktober Verlag erschienen:

»Ein schöner Tag für den Tod«

(Nordholland-Krimi mit Rezepten)
Mord und Nachschlag 6
ISBN 978-3-938568-95-8

Die Küstenregion Nordholland ist eigentliche eine ruhige Gegend zum entspannten Urlauben. Aber plötzlich überschlagen sich die Ereignisse: Ein in Flammen stehender Cadillac, eine umherirrende Frau, die ihr Gedächtnis verloren hat, und eine männliche Leiche in einem alten Wehrmachtsbunker bescheren dem leitenden Ermittler Van Barenveld, der sich bewusst aus dem drogenverseuchten und verrohten Amsterdam an die Küste versetzen ließ, einen arbeitsreichen Einstieg in Den Helder. Als sich auch noch Kokainspuren im Umfeld des Cadillac finden, führt Van Barenveld die Spur zurück nach Amsterdam ...

In der Reihe »Mord & Nachschlag« (Regionalkrimis mit Rezepten) finden Sie u. a. auch folgende Bücher:

Franziska Steinhauer, »Mord im Hause des Herrn«
Schweden-Krimi mit Rezepten
ISBN 978-3-938568-97-2

Ulrich Land, »Einstürzende Gedankengänge«
Eifel/Island-Krimi mit Rezepten
ISBN 978-3-941895-03-4

Ben Faridi, »Das Schweigen der Familie«
Azoren-Krimi mit Rezepten
ISBN 978-3-938568-74-3

Jost Baum, »Picasso sehen uns sterben«
Provence-Krimi mit Rezepten
ISBN 978-3-938568-40-8

Alle Bände der Reihe als Broschur für 14,– €.